품질관리
기술사

품질관리 기술사

이광범 · 구자활 지음

이담
Books

나는 몸값을 제대로 받고 있는가?

나만의 전문자격을 확보하고 있고 경쟁력이 있는가?

회사를 그만두면 현재 두 배의 연봉을 받을 준비가 되어 있는가?

나만의 지식, 기술, 정보, 휴먼 네트워크를 구축하고 있는가?

나는 현재 수입의 30%를 나 자신의 미래를 위해 투자하고 있는가?

이렇게 던진 질문들이 당신 가슴에 아무런 파장을 일으키지 않는다면

당신의 미래에 심각한 문제가 아닐 수 없다.

지금 이 순간부터 자신의 미래에 투자하라.

기술사가 여러분의 미래를 기다리고 있다.

<u>성공을 위해서는 집념이 있어야 한다.</u>

집념이 있다는 것은 한번 시작한 일을 끝까지 마무리하겠다는 악착같은 마음이다. 자신이 설정한 목표에 대해서는 반드시 마무리를 짓겠다는 확고한 생각을 가져야 한다. 현재 진행 중인 방법이 미래에 돈이 되는지, 아니면 쓸데없는 노력을 하고 있는지를 선별할 줄 알아야 한다. 아무리 작은 일이라 할지라도 끝마무리를 깔끔히 하고, 작은 일부터 성공하는 습관을 길러야 한다.

<u>자신의 업무에 대한 전문지식을 가지고 있어야 한다.</u>

자신의 나이와는 상관없이 항상 공부하고 훈련하여야 한다. 학습하지 않는 사람은 낙오될 수밖에 없다. 지금은 분초를 다투는 스피드 시대이기 때문에 어제의 전문지식은 오늘날 누구나 알고 있는 상식일 뿐이다.

자기 분야에 있어 궁금한 사항 또는 문제해결을 위해 결정권을 행사할 수 있는 전문 기술사가 되어야 한다.

급변하는 21세기에 국내외 제조산업은 소리 없는 전쟁을 치르고 있다. 글로벌시대의 경쟁력은 무엇이고, 글로벌이 의미하는 바를, 나 자신과 나를 둘러싼 환경요인들을 곰곰이 따져 보면 정말 무서울 따름이다.

과거 70년대만 해도 국내산업은 정부의 보호 아래 만들면 팔리는 시대였고, 열심히 일하면 먹고사는 데 문제가 없던 시절이었다. 그런데 21세기인 지금은 우리가 만든 제품은 세계 초일류 기업들과 동등한 입장에서 경쟁을 해야 하고, 여기서 경쟁력을 갖추고 살아남아야 기업은 비로소 생존할 수 있다. 국내 지방의 조그만 공장에서 만들어 낸 제품도 시장에 출시하는 그 순간부터 세계 초일류 기업과 품질, 원가경쟁을 해야 하고, 중국, 베트남 기업과도 경쟁을 해야 한다. 참으로 벅차고 어려운 한국의 현실이 아닐 수 없다. 실제로 우수한 핵심기술과 국제특허를 가지고 야심차게

사업을 시작한 벤처기업들이 3년을 못 넘기고 문을 닫는 원인은 무엇일까? 많은 생각을 하게 되었고, 그 원인 중 하나는 국내 중소기업들에는 우수한 인력이 부족하고, 핵심기술을 돈을 버는 양산기술로 전환하는 과정에서 많은 제조상의 관리기술 부족으로 인한 생산효율 저하, 고질적인 품질문제로 제조원가의 상승압박 등으로 공장 문을 닫는 사례를 많이 보아 왔다. 왜 그럴까? 어떻게 하면 한국의 제조업이 기업 경쟁력을 가지고 세계시장을 무대로 종횡무진 활약할 수 있을까?

이에 대한 해답의 하나로 제조기업에 보다 많은 관리 전문가 인력과 집단이 생산효율과 품질 향상을 하는 데 전문적인 노력을 해야 한다. 그래서 국내의 제조에 관련된 우수한 경험자들이 좀 더 체계적으로 공장관리, 품질관리에 대해 공부하고, 기술사 자격을 취득하여 국내외 많은 한국 제조업 분야에 투입되어 한국의 경쟁력, 제조기업의 경쟁력을 제고시키기를 바랄 뿐이다. 국내 제조기업의 비효율성을 반영하듯 2008년 기준으로 국내의 품질관리기술사를 취득한 인원이 160명밖에 안 되는 실정이다. 물론 품질관리기술사가 모든 산업현장의 생산효율 및 품질경쟁력을 증대시키는 것은 아니지만 국내 품질관리기술사의 숫자와 제조기업의 생산효율 및 품질경쟁력 저하와 전혀 무관하지 않기 때문에 앞으로 더욱 많은 품질관리기술사가 배출되어야만 국내 제조업의 효율도 올라

갈 수 있다고 생각한다. 그동안 품질관리기술사 합격 인원이 적은 이유 중의 하나는 품질관리기술사 시험의 범위가 너무 광범위하여 시험응시 인력이 타 기술사 시험보다 적었고, 또 다른 이유는 품질관리기술사 시험을 어떤 방법으로 어떤 교재를 가지고 공부를 해야 하는지 모르는 예비 수험생들이 많다는 데 있다. 그래서 어떻게 공부를 해야 하는지에 대한 질문을 자주 받곤 한다.

이번에 품질관리기술사이자 제조 현장에서 컨설턴트로서 일하고 있는 필자들이 뜻을 모아 품질관리기술사 시험 대비 교재를 출판하고자 한다. 부디 뜻있고 의욕 있는 제조현장의 관리자들께서 본 교재에 많은 관심을 가져 주길 바라며, 열심히 공부하여 국내 최고의 박사급 자격증을 취득하여 한국의 제조경쟁력이 향상될 수 있는 토대가 될 수 있기를 바란다.

2009년 2월 구미에서
품질관리 기술사 이광범, 구자활

기술사 시험 준비 요령

기술사는 국가공인기관에서 인증하는 최고의 국가기술자격자를 의미한다. 또한 엔지니어로서는 자격증의 의미 외에 자신에 대한 자긍심과 자존심 그 자체이다. 단기간에 이루어지는 일이 아니니 굳은 각오, 독한 마음이 필요하다. 하루에 3시간씩 집중적인 학습을 한다 해도 1년에 200일 이상 시간 내기 어려운 법이니, 최소 1년은 걸린다고 보면 된다. 그렇다고 너무 장기적인 계획으로 시작을 하면, 심리적으로 이완되어 학습효율이 떨어지고 결국은 포기하게 되므로, 일단 이번 기회에 1차 시험을 목표로 하여 모든 시간을 투자해야 한다(모임, TV시청 등 사생활을 자제하고 휴일 등에는 독서실에서 보내야 한다).

내가 언젠가는 꼭 합격할 것이라는 확신을 가지고, 그 언젠가가 바로 이번 시험이라는 결의를 가진다. 실력이 없으면 합격을 해도 큰 의미가 없다. 스스로의 이해와 응용력이 없는 학습은 아무 의미가 없다.

모든 합격자들은 하나같이 "요령보다는 실력을 쌓아라."고 말한다. 이 말은 합격자들이 이 시험을 준비하는 과정에서 자신의 실력이 많이 늘었다는 것을 실감했기 때문에 오히려 강조하는 것이라 해석된다. 굳이 실력을 쌓으라고 강조하지 않아도 자연스럽게 실력이 향상될 것이다. 각자가 학창시절 만들던 시간표를 만들고, 매일매일 공부한 시간을 상세하게 기록하여 관리할 필요가 있다.

중요한 것은 기출문제에 대한 분석이다(문제의 절대 과반수가 과거 출제되었던 것과 유사 유형임을 명심하기 바란다).

대부분의 합격자들은 스스로의 정리노트를 작성하여 공부하였다. 시험 준비 기간 중 매회 시험을 응시하는 것이 좋다. 시험 경험이 합격의 커다란 요인이고, 또한 출제되었던 문제를 분석해서 최신 경향을 파악하도록 한다(특정 부문의 시험 출제율이 높다).

시험 경험은 답안 작성요령을 스스로 익히는 데도 크게 일조한다. 평소 최신 기술 동향 및 학/협회 논문, 월간지 등에 관심을 가지고 정독하여 읽어 보고 이해하는 것도 중요하다. 용어 및 단답형 문제에 대한 확실한 정리가 필요하고, 눈으로 공부하는 것보다 쓰는 공부가 시간은 걸리더라도 효과가 있다. 요즘처럼 글씨를 잘 안 쓰다가 시험당일 수십 페이지를 쓰다 보면 손이 굳어서 쥐가 날 수도 있으므로 사전에 연습이 필요하다.

가장 중요한 것은, 시험보기 전 최종적으로 자신이 만든 공부 노트를 다시 한번(제대로) 써 보고 모의시험을 실전처럼 수차례 치러서 자신의 현 수준을 높여야 한다. 대부분 4전5기로 합격한 기술사가 현업에서 더욱 능력을 인정받는다.

단답형: '**서론 – 본론 – 결론**'의 **형태**가 좋다(상황에 따라서 다른 경우도 있음).

서술형: '**개요 – 특징 – 문제점 및 대책 – 결론**'의 **형태**가 좋다.

한 문제당 가능하면 보충 그림이나 도표가 있으면 좋으나 시간이 많이 걸리므로 시간 분배를 잘해야 한다(동그라미 등이 있는 Template를 지참). 한문 및 영어의 적절한 사용은 유리하게 작용할 수 있으나 무리하게 의식하여 사용할 필요는 없다. 한 교시 100분 동안 10페이지 분량을 작성하면 좋다고 이야기하지만 실제 응시장에서 그런 분량을 쓰는 사람은 극히 드물다. 실제 합격권 답안지 평균쪽수는 8페이지 내외면 적당하다.

※ 문제지, 답안지를 받고 나면 3분간 문제를 파악하고 작성 방향을 수립하는 전략이 필요하다.

문제 파악 후 가능한 한 점수가 많은 문제와 자신 있는 문제부터 답안지를 작성한다.

▶ 시간은 항상 부족하다. 100분을 효율적으로 배분, 활용하는 것이 합격의 관건이라 할 수 있다(한 문제에 30분 이상 할애하면 안 된다).
▶ 채점자가 읽기 쉽도록 깨끗하고 정연하게 작성해야 한다.
– 글씨를 못 쓰는 것은 상관없으나 판독이 어렵거나 성의 없는 글씨는 곤란하다.

▶ 알쏭달쏭한 것을 기억해 내려 하다가는 시간이 모자라 낭패를 본다.

– 그렇다고 잘 모르는 것을 함부로 기술하면 안 된다(그런 경우 십중 팔구 집에 와서 찾아보면 본인이 틀린 경우가 많다).

▶ 정성적 내용 외에 정량적으로 기술하는 것도 중요하다.

▶ 교과서적인 답안 외에 자신이 직·간접적으로 경험한 실무적인 내용 이 가능한 한 포함되도록 하면 유리하다.

▶ 채점자는 대부분 기술사 또는 박사 이상 교수들이기 때문에 채점자 가 좋아하는 답안, 즉 논술형(서론, 본론, 결론)에 입각하여 체계적, 논리적 답안이 되도록 해야 할 것이다.

▶ 볼펜은 한두 개 더 여분으로 준비하여, 길이 잘 들어 쉽게 써지고 손이 아프지 않는 것으로 선택한다.

원서접수 방법

■ **수험원서 접수**

가. **수험원서 접수방법(<u>인터넷 접수만 가능</u>)**

○ 원서접수홈페이지 : www.Q－net.or.kr

나. **수험원서 접수시간**

○ <u>원서접수 첫날 00:00부터</u> *원서접수 마지막 날 18:00까지*

다. **수험원서 접수기간**

○ 필기시험 대상자: 해당종목의 필기시험 원서접수기간

○ 실기(면접)시험 대상자: 해당종목의 실기(면접)시험 원서접수기간

○ 기타 대상자

－ 필기시험 면제자(외국자격 취득자 포함): 해당종목의 실기시험 원서접수기간

－ 실기시험 면제자: 해당종목의 필기시험 원서접수기간

－ 필・실기시험 면제자(외국자격 취득자 포함): 원하는 일자에 접수 가능

■ ***종목에 따라 시행일정이 다르므로*** 응시하고자 하는 종목의 '회별 검정시행일정' 및 '종목별 시행회'를 정확히 확인하여 시험 준비에 착오 없게 해야 한다.

■ **_필기(필답)시험_** 시험시간은 다음 표와 같다.

등 급	부	시험시간	비 고
기술사	–	08:30～17:20	※입실시간 기준 ※기사, 산업기사(전문사무)인 경우는 종목별 시험시간이 상이함
기능장	2부	11:00～12:30	
기사	1부	09:00～제한시간	
산업기사(전문사무)	2부	13:00～제한시간	
기능사	1부	09:00～10:30	
	2부	11:00～12:30	

■ **_응시자격이 제한된_** 기술사, 기능장, 기사, 산업기사, 전문사무(일부종목) 필기시험 합격예정자는 **당회 실기시험 원서접수 첫날부터 8일 이내(토·일 제외)**에 소정의 응시자격서류(졸업증명서, 공단 소정 경력증명서, 근로기준법 제39조에 따른 사용증명서 등)를 제출하여야 하며 지정된 기간 내에 제출하지 아니할 경우에는 필기시험 합격예정이 무효가 될 수 있으므로 착오 없게 해야 한다.

※ 단, 근로기준법 제39조에 따른 사용증명서는 재직기간, 소속, 직위 및 담당업무의 내용이 구체적으로 기재된 것에 한한다.

※ www.Q‑net.or.kr [자격검정업무‑응시자격서류심사안내] 참조.

※ 응시자격이 학력일 경우에는 공단에서 D/B로 구축하여 보관·관리하므로 응시자격서류 제출기간 이전에도 제출할 수 있다(추후 동일 직무 분야에 응시할 경우 추가 제출 불필요).

○ <u>응시자격서류심사 기준일</u>은 응시하고자 하는 종목의 **필기시험 시행일이다.**

○ <u>실기시험 원서접수는 4일간이며 마지막 날은 18:00까지이다</u>(응시자격의 제한이 없는 **기능사는 3일간**).

○ <u>실기시험 접수마감일 이후 응시자격서류 제출자는 응시자격서류심사만 가능</u>하고 실기시험 접수는 불가하다.

○ 응시자격서류심사 종료 후 서류심사 불합격자(자격미달, 미제출자)에 대해서는 인터넷에 공고하니 반드시 확인한다.

■ *작업형 실기시험은* 시험장 임차기관의 시설, 장비 및 일정, 수험인원 등을 고려하여 시행하므로 평일에도 시행하고 있으며, 일부 종목은 부득이 타 지역으로 이동하여 응시해야 하는 점을 유의한다.

○ 수험사항 사전 공고 종목에 대해서는 원서접수 시 시험일시 및 장소를 고지하고 있으니 참고한다.

■ *주관식 필기로 시행하는 실기시험은* 시험이 시작되는 *첫째 주 일요일*에 전국에서 동시에 시행된다.

■ *자격증은 공단홈페이지를 통하여 인터넷으로 발급 신청*이 가능하다.

■ 기타 안내사항

가. 접수된 응시자격서류 등은 일체 반환하지 않는다.

나. 수수료 환불은 www.Q-net.or.kr을 참고한다.

다. 시험시간 중에는 통신기기 및 전자기기(휴대전화기, 휴대용 개인정보단말기(PDA), 휴대용 멀티미디어 재생장치(PMP), 휴대용 컴퓨터, 휴대용 카세트, 디지털 카메라, 음성파일 변환기(MP3), 휴대용 게임기, 전자사전, 카메라펜, 시각표시 외의 기능이 부착된 시계)를 사용할 수 없다.

라. 수험원서 및 답안지 등의 허위, 착오 기재 또는 누락 등으로 인한 불이익은 일체 수험자의 책임으로 간주한다.

마. 접수된 서류가 허위 또는 위조한 사실이 발견될 경우에는 불합격 처리 또는 합격을 취소한다.

바. **필기시험 면제기간** 산정 기준일은 **당회 필기시험 합격자 발표일로부터 2년간이다.**

사. 천재지변, 응시인원 증가 등 부득이한 경우에는 시행일정을 별도로 지정할 수 있다.

아. 시험장에는 차량출입을 할 수 없으니 가급적 대중교통을 이용한다.

자. 기타 의문사항은 HRD고객센터(☎1644 – 8000) 또는 공단 지역본부, 지사로 문의한다.

■ 자격검정 정보 안내
  ○ 인터넷원서접수: www.Q-net.or.kr
  ○ 홈페이지: www.hrdkorea.or.kr

CONTENTS

CONTENTS

CONTENTS

CONTENTS

10 관리도 / 공정능력 / 229

11 신뢰성 / MSA / 251

CONTENTS

CONTENTS

CONTENTS

PART 1

품질관리기술사 공통

- 구술시험 공통
- 기술사 및 기술사 직무
- 역할

CHAPTER 01

구술시험 공통

1차 필기시험을 합격한 분들은 2차 구술시험까지 잘 치러야 완전한 기술사 자격을 취득하게 된다. 2차 시험은 면접이라기보다 전문분야의 구술시험으로 여기서도 절반가량이 불합격을 받게 되니 아래 사항을 참고하여 차분하게 준비하여 영광의 자격증을 취득하길 바란다.

1. 구술시험대응

1) 복장 : 가능한 깨끗한 정장으로 준비 한다.
2) 인사 : 면접관 앞에서 안녕하십니까? "0번 홍길동 입니다." 또박또박 인사 한다.
3) 착석 : 의자에 등을 바로 세우고 양손을 무릎 위에 가지런히 얹는다.
4) 주시 : 앞의 면접관을 자연스럽고 예의 바르게 주시한다.
5) 답변 : 질문한 요지에 맞게 전문성 있고 이해하기 쉽게 대답을 하도록 한다.

2. 구술시험(일반)항목사례

1) 개인 신상에 대하여 간단하게 이야기 해보시오.

2) 현재 하고 있는 업무에 대하여 이야기 해보시오.

3) 품질관리(공장관리) 관련 업무는 어떤 일을 하였는가?

4) 기술사 취득 목적이 무엇인지 이야기 해보시오.

5) 기술사가 되면 어떤 자세로 업무를 하겠는가?

3. 구술시험(전공)항목사례

1) 신QC 7가지에 대하여 설명해보시오

2) 품질관리 기법을 공정에 적용한 사례를 이야기 해보시오

3) 다구찌 품질공학에 대하여 설명해보시오

4) 강건 설계에 대하여 설명해 보시오

5) 실험계획법 중 라틴방격에 대하여 설명해보시오

6) Xbar-R관리도와 Xbar-S관리도 중에서 어떤 때에 Xbar-S관리도를 사용하는가?

7) Lean Six-Sigma에서 Lean의 의미에 대해 설명하시오

8) 불량율와 고장율 지표 관리 시 어떻게 접근하여야 하는가?

9) 불량이 '0'이면 검사에서 어떤 검사를 실시하여야 하는가?

10) P.L법에 대하여 설명 해보고, 면책사유에 대하여 이야기해보시오

11) 우리나라 중소기업의 품질경쟁력 방향에 대하여 설명해보시오

12) 귀하가 중소기업의 품질향상을 위하여 컨설팅 요청시 지도는 어떻게 하겠는가?

13) TPM활동이 품질향상에 어떤 영향을 주는지 설명해보시오

14) TPM 자주보전활동 단계에 대하여 설명해 보시오

15) TPS활동을 우리나라에 적용하려면 어떻게 하면 되겠는가?

16) 6시그마가 우리나라에서 성공하지 못한 이유에 대하여 설명해보시오.

17) TPM의 8본주에 대해 설명하시오.

18) 품질에는 설계품질, 제조품질, 시장품질이 있는데 제조자 입장에서 무엇을 만족해야 한다는 의미인지 설명하시오.

19) Six-Sigma 추진 로드맵에 대해 설명하시오.

20) VOC 측정방법과 Lean 과제 추진 방법에 대해 설명하시오.

02 기술사 및 기술사 직무

1. 기술사

기술사법 제2조, '기술사'라 함은 해당 기술 분야에 관한 고도의 전문 지식과 실무경험에 입각한 응용능력을 보유한 자로서 국가기술자격법 제10조의 규정에 의하여 기술사의 자격을 취득한 자를 말한다.

2. 기술사 직무

기술사법 제3조, 기술사는 과학기술에 관한 전문적 응용능력을 필요로 하는 사항에 대하여 계획·연구·설계·분석·조사·시험·시공·감리·평가·진단·사업관리·기술판단·기술중재 또는 이에 관한 기술자문과 기술지도를 그 직무로 한다.

3. 품질관리기술사의 직무 범위

품질계획 및 설계, 품질관리조작, 통계적 품질관리, 품질원가관리 및 공업표준화, 기타 품질관리에 관한 사항

03
CHAPTER

역 할

1. 품질관리 책임자의 역할

1) 분임조 육성 / 지도
2) 방침 / 목표 및 중요 문제를 부하에게 이해시킴
3) 계획적으로 개선 진행
4) 부하 교육
5) 개선의욕 & 부문별 역할 배정
6) 제안활동 활성화

2. 최고경영자의 역할

1) 동기부여, 인식 및 참여를 증대시키기 위해 조직 전체에 품질방침 및 품질목표를 촉진시킨다.
2) 조직의 품질방침 및 품질목표를 수립한다.
3) 전 조직에 걸쳐 고객 요구사항에 초점을 맞추고 있음을 보장한다.
4) 품질방침 및 품질목표에 관련된 활동을 결정한다.
5) 품질경영시스템의 개선을 위한 활동을 결정한다.

6) 품질목표를 달성하기 위해 효과적이고 효율적인 품질경영시스템의 수립, 실행 및 유지를 보장한다.

7) 고객 및 기타 이해관계자의 요구사항이 충족되고 품질목표가 달성될 수 있도록 적절한 프로세스가 실행되도록 보장한다.

8) 품질경영시스템을 주기적으로 검토한다.

品質의 槪念

CHAPTER 01 생산성과 경쟁력

1. 3정5S

3정	정품, 정량, 정위치
5S	정리, 정돈, 청소, 청결, 습관화 정리(Seiri), 정돈(Seiton), 청소(Seiso), 청결(Seiketsu), 습관화(Sitsuke)를 나타낸 것으로 일본어에서 유래

3定의 개념	3定은 눈으로 보는 관리를 위한 수단이며 물건이 어디에(정위치), 어떻게(정용기), 얼마큼(정량) 있는지를 누구라도 쉽게 알 수 있도록 하는 것이다. 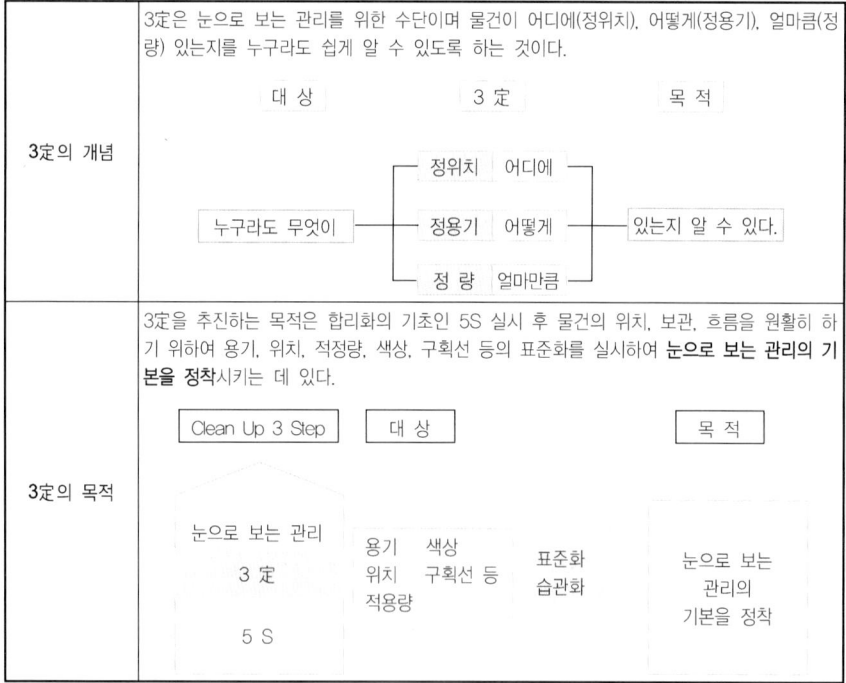
3定의 목적	3定을 추진하는 목적은 합리화의 기초인 5S 실시 후 물건의 위치, 보관, 흐름을 원활히 하기 위하여 용기, 위치, 적정량, 색상, 구획선 등의 표준화를 실시하여 **눈으로 보는 관리의 기본을 정착**시키는 데 있다.

1) 정 품

(1) 의미: 정위치에 정품이 놓여 있어야 한다.

(2) 방법

   ① 둔 물건 자체가 무엇인가를 나타낸다.

   ② 품목표시를 떼 낼 수 있도록 간판의 기능을 유지하고 위치변경을 가능하도록 한다.

   ③ 담기 쉽고 꺼내기 쉬워야 한다.

   ④ 상하차 및 운반방법이 합당해야 한다.

   ⑤ 가급적 소형화하여야 한다.

   ⑥ 가공부터 조립까지 한 용기를 사용해야 한다.

   ⑦ 가볍고 튼튼해야 한다.

2) 정 량

(1) 의미: 정위치에 정품이 정량으로 확보되어 있어야 한다.

(2) 방법

   ① 적치장과 신반의 크기를 제한한다.

   ② 최대재고량과 최소재고량을 확실히 명시한다(적색, 황색).

   ③ 한눈에 수량을 알 수 있도록 놓는다.

   ④ 수량은 손운반 14kg, 대차운반 150kg 이내라야 한다.

   ⑤ 계수가 용이하게 정수비로 담아야 한다.

   ⑥ 한 종류 혹은 LOT단위로 담아야 한다.

⑦ 적재높이는 150㎝ 이내로 건너편이 보이도록 해야 한다.

⑧ 제품은 바닥에 놓지 말고 반드시 규정된 팔레트에 놓아야 한다.

3) 정위치

(1) 의미: 각 물건을 두는 위치를 알기 쉽도록 미리 정해둔다.

(2) 방법

① 장소표시와 번지표시로 나눈다.

② 장소는 BIN으로 결정해야 한다.

③ 장소는 사방 5㎝ 이상 변화가 있어서는 안 된다.

④ 선입, 선출이 되도록 하여야 한다.

⑤ 눈으로 보는 관리가 가능하도록 해야 한다.

4) 5요소(5S): 정리, 정돈, 청소, 청결, 습관화

(1) 5S의 정의

■ 5S의 정의	■ 5S의 효용
◎ 정리(arrangement) 불필요한 것을 처분한다. 필요한 것과 불필요한 것을 구분하고 작업현장에는 필요한 것 이외는 일체 두지 않는 것. – Slash Trash ◎ 정돈(being in order) 언제든 금방 사용할 수 있는 상태. 필요한 것을 누구나 손쉽게 금방 꺼내 쓸 수 있도록 가지런히 정리하는 것. – Erase Errors ◎ 청소(cleaning) 먼지, 오염원 없는 상태로 작업현장을 먼지 하나 없을 정도로 말끔한 상태가 되게 가꾸는 것. – Bust Dust ◎청결(cleanliness) 깨끗한 상태를 정돈, 청소를 철저히 하는 것. 언제 누가 보아도, 누가 사용해도 불쾌감을 주지 않도록 깨끗이 해 두는 것. – Stay Safe ◎습관화(discipline) 정해진 규율을 지킨다. 정해진 것을 정해진 대로 올바르게 실행할 수 있도록 습관화하는 것. 직장의 RULE이나 규율을 준수하는 것. – Combat Clutter	◎ Sales 5S는 고객으로부터 깨끗한 공장이라고 칭찬받는다. 소문을 듣고 많은 사람들이 공장을 견학하러 온다. 이런 공장이라면 주문해도 안심이라는 마음이 든다. ◎ Saving 5S작업장은 절약 작업장이다. 소모품이나 공구, 윤활유에서 작업준비, 시간, 작업시간까지 무엇이든지 절약된다. ◎ Safety 생산 리드타임도 줄게 되므로 납기지연이 없다. 넓고 밝고 훤히 트인 작업장. 물건의 흐름이 일목요연하다. 단 쌓기(부품Box, 빈 용기 등) 제한을 준수한다. 교통 위반을 하지 않는다. 복장, 보호구를 단정하게 또한 올바르게 착용한다. ◎ Standardization 모두가 정해진 것을 올바르게 실행한다. 어느 작업장에 가든 즉시 작업할 수 있다. 품질, Cost는 안정되고 양품율 100%(Zero Defect)를 지향한다. ◎ Satisfaction 5S로 조성되는 즐거운 현장 밝고 깨끗한 작업장에는 Trouble이 없다. 작업장 전체에 개선의 무드가 조성된다. 작업자 전원이 합심하면 무슨 일이든 해낼 수 있다는 자신감 넘치는 작업장 분위기.

2. 생산성 저해 요소

1999년도 말 기준 국내 중소제조기업의 생산관리 활동 중 생산성 향상 저해요인분석 설문조사결과

① 기술수준의 저위 12.9%.	⑥ 설비능력의 부족 10.2%.
② 비효율적인 공정관리 12.7%.	⑦ 공해방지에 과대한 제약 8.4%.
③ 기능인력의 부족 12.5%.	⑧ 공장부지 확보난 8.3%.
④ 원자재확보곤란 10.9%.	⑨ 유틸리티 부족 8.1%.
⑤ 보유설비의 노후 10.8%.	⑩ 노사분규로 인한 조업차질 5.1%

3. 4M 생산성 개선 대책

Man	◆ 다능화(다공정담당), 분임조, 규정준수 교육, Fool Proof	작업숙련도, 훈련교육, 작업부하
Machine	◆ 자동화, Fool Proof, Fail Safe, TPM	가동률, 준비교체시간, 예방보전, 계획보전, MTTF, MTTR, C / T, 금형치공구 관리
Material	◆ 자주검사, 납품업체지도, 전수검사, JIT	검사방법, 검사항목, 납품방법, 보관방법
Method	◆ 표준작업, 흐름작업, 동기화 작업	작업표준, 표준시간
Environment	◆ 작업환경 개선	Layout, 공정조건, 3정5S

4. 부분별 혁신 테마

품질향상 및 유지	(1)공정불량을 줄인다 (2)공정을 안정상태로 한다 (3)산포를 줄인다 (4)고장의 재발방지 (5)부주의 미스를 줄인다 (6)관리점을 명확히 한다 (7)작업지도서를 올바르게 지킨다	(1)초기불량을 줄인다 (2)관리도로 공정을 관리한다 (3)품질이상을 줄인다 (4)표준화한다 (5)클레임을 줄인다 (6)신뢰성을 향상시킨다 (7)품질을 향상시킨다 (8)관리의 정착, 재발방지를 한다 (9)품질공정능력을 올린다
코스트 절감	(1)경비를 절감한다 (2)공수를 줄인다 (3)재료, 부품을 절약한다 (4)손보기를 감소시킨다 (5)원단위를 절하한다	(1)성인화한다 (2)작업시간을 단축한다 (3)수율을 향상시킨다 (4)시간을 활용한다 (5)설비의 가동률을 올린다
생산향상	(1)생산량을 증가시킨다 (2)생산성을 향상시킨다 (3)납기를 지킨다 (4)작업시간을 단축시킨다 (5)재고를 줄인다	(1)진척관리를 한다 (2)재고관리를 충실히 한다 (3)치공구를 개선한다 (4)레이아웃을 개선한다 (5)설비의 가동률을 향상시킨다 (6)능률을 향상시킨다

사기향상	(1)환경의 미화 (2)개선제안을 활발히 한다 (3)출근율을 향상시킨다 (4)즐거운 직장 만들기 (5)적정하게 배치한다	(1)팀워크가 좋아지게 한다 (2)분임조 활동을 즐겁게 한다 (3)한 사람 한 사람의 능력을 향상시킨다 (4)품질의식을 고양한다 (5)직장규율을 확립한다
안전확보	(1)직장의 안전을 확보한다 (2)정리, 정돈한다 (3)자기들의 안전을 확보한다	(1)환경을 정비한다 (2)재해사고를 감소시킨다 (3)안전관리를 충실히 한다

5. 기업의 경쟁력 확보방안(대책)

품질비용의 절감	• 제조업 Q-COST: 판매액의 20~30%, 서비스업의 경우 30~50% • 과거 고품질은 고비용을 의미 → 현재 고품질은 저비용을 의미 • 쥬란(품질의 혜택이 비용을 능가), 파이겐바움(TQC, 품질은 모두의 일), 크로스비(무결점 운동, 품질은 무료) → 예방평가 활동강화, 실패비용 감소
체계적 혁신 시스템 도입 (고객만족)	• Lean 6Sigma 품질향상, 속도의 가속화(사이클 타임단축), 팀워크의 증대 • 산포의 감소 낭비의 제거, 프로세스의 단순화 및 효율화

6. 5~10명 정도의 중소기업 경쟁력 제고 방안

현 황	• 노동생산성: 미국의 1/2 • 중국 대비 임금, 금리, 법인세, 물류비 과다
경쟁력의 본질	• 상품력, 원가력, 판매력 → 품질/생산성/**기술혁신** • 상품력(상품 자체의 품질, 외관, 디자인, 성능) • 판매력(마케팅능력, 물류, 판매능력) • 원가력(제품의 판매가, 제조원가, 재료비, 노무비, 인건비)
전략적 아웃소싱	• 기업의 비핵심 부문의 기능에 대한 전략적 아웃소싱
e-QM (전자품질경영)	• 정보기술활용, 품질경영활동의 효율화 및 활성화 • **유연제품 개발 시스템:** 고객요구에 따른 기술적 대안을 지속적으로 제품개발에 통합 활용 • e-CRM/e-SCM/인터넷 마케팅 활용 - 비즈니스 프로세스 혁신
공정개선	• 설비의 라인화(라인밸런싱화), 多공정담당, 각 공정 동기화, 설비가동률 향상, 관리의 효율제고 • 공정개선을 위한 ECRS, 즉 Eliminate(불필요 공정의 제거), Combine(결합), Rearrange (재배치), Simplify(공정의 단순화)

7. 중소기업의 QC방안 - 원천적 품질경영

1) 불량품을 만들지 않는 체제를 지향한다

제품을 생산할 때 불량품은 여러 가지 원인에 의하여 발생된다. 공장의 경영에 있어서 불량이 발생하면 불량품의 발생에 따른 손실은 물론 작업의 일정계획이 엉망이 되며, 이를 대체하기 위한 보이지 않는 관리적 노력을 필요로 한다. 따라서 원천적으로 불량품이 발생하지 않는 체제를 구축하는 것이 중요하다.

2) 같은 실수를 되풀이하지 않는 수단을 강구한다

작업자가 생산과정에 참여하여 제품을 만들어 내야 하므로 작업 중에 실수가 뒤따르기 마련이다. 그러나 같은 실수를 계속하여 저지른다면 많은 관리노력도 아무 성과를 올리지 못하게 된다. 실수의 원인을 조사하고 이를 분석하여 대책을 강구함으로써 다음번에는 똑같은 실수를 반복하지 않기 위한 노력을 기울여야 한다. 실수한 작업에 대해서는 올바른 작업방법을 정하고, 작업표준을 설정하며, 개선방법을 강구한다.

3) 자기검사를 중시한다

사람은 제품을 만드는 과정에서 주도적인 역할을 수행한다. 작업자가 품질을 중요하게 인식하고 적극적으로 고품질의 제품을 만들려는 노력을 기울이는 측면이 대단히 중요하다. 사람은 자존심을 갖고 있기에 스스로 만든 제품에 대하여 스스로 품질을 확인하는 자주검사제도는 품질향상을 위한 동기유발도 되는 것이다.

4) 공정이 갖고 있는 생산능력을 최고로 발휘시킨다

새로운 기계의 도입이나 공정의 개선은 손쉽게 달성될 수 있는 것이 아니다. 그런 것들은 회사의 전반적인 재정상태나 수요의 확보 등 외부적요인 등을 검토하여 이루어진다. 품질개선노력을 획기적인 설비투자에만 의존할 수는 없다. 현재 공장에 있는 설비들을 항상 사용할 수 있도록 보수하고 정비하여 둠으로써 최선의 품질을 달성하는 것이 가능하게 되기 때문이다.

8. 모기업에서 요구한 품질과 협력업체가 납품한 품질과의 Gap 발생 시 대처방안

제품 균질성 확보와 품질 확보를 위한 품질경영의 4단계
① 표준설정
② 표준에 대한 적합도 평가
③ 차이를 줄이기 위한 시정조치
④ 표준에 적합시키기 위한 개선

9. 매입자와 판매자의 품질관리 10원칙

① 매매쌍방은 상대방 QC시스템을 이해하고 협력하여 품질경영을 실시할 책임이 있다.

② 각기 자주성을 갖고 상대방의 자주성을 존중해야 한다.

③ 구매자는 공급자가 무엇을 만들면 좋은지 명확히 알도록 자신의 요구를 공급자에게 전할 책임이 있다.

④ 매매쌍방은 거래를 개시할 때 질, 량, 가격, 납기, 지불조건 등에 대해 합리적인 계약을 체결해야 한다.

⑤ 공급자는 구매자가 사용상 만족할 수 있는 품질을 보증할 책임이 있다.

⑥ 양자가 만족할 수 있는 평가방법을 계약 시 결정해야 한다.

⑦ 양자 간의 문제를 해결하는 방법이나 순서 등을 계약 시 결정해야 한다.

⑧ QC를 실시하는 데 필요한 정보를 상대방의 입장에서 제공해야 한다.

⑨ 양자의 관계가 원활히 되도록 발주, 생산, 재고계획, 사무처리, 조직 등을 충분히 관리해야 된다.

⑩ 최종소비자의 이익을 충분히 고려해야 된다.

10. 품질혁신 추진방법

① 최고경영자의 의지 표명
② 품질혁신 추진팀의 결성
③ 품질혁신 분위기 조성
④ 품질코스트 평가
⑤ 품질 데이터 조사
⑥ 발생원인 조사 분석
⑦ 근절대책의 수립
⑧ 대책내용의 실천
⑨ 실시 결과 평가
⑩ 재발방지 및 반복 시행

02

품질의 개념

1. 하버드 대학의 가빈 교수(5가지 개념)

1) 선험적 품질: 본래 제품의 절대적인 우수성으로 품질을 이해

2) 제품관점의 품질: 제품의 '유용성'으로 제품이 특정속성을 갖추고 있는지에 따라 품질을 객관적으로 평가하는 입장

3) 제조관점의 품질: 요구조건이나 시방과의 일치 여부에 따라 결정된다는 생산자 내지 공급자 입장의 전통적인 입장

4) 사용자 관점의 품질: 고객의 요구와 기대사항을 만족시키는 개념에 따라 품질을 주관적으로 이해하는 마케팅적 견해

5) 가치관점의 품질: 바람직한 원가나 가격으로 제공되는 성능으로 품질을 이해하는 복합적 견해

2. 품질관리 발전단계(파이겐바움: 6단계)

1) 작업자에 의한 품질관리

2) 감독자에 의한 품질관리

3) 검사에 의한 품질관리

4) 통계적 품질관리

5) 종합적 품질관리

6) 전사 종합적 품질관리

3. D. A Garvin 분류, 제조품질 8차원

특성 (feature)	◆ 제품의 기본 기능을 보조하는 2차적 특성 ◆ 특정의 제품이 가지고 있는 경쟁적 차별성
성능 (performance)	◆ 제품이 가지고 있는 운영적인 특징 ◆ 제품의 1차적 운용 특성
내구성 (durability)	◆ 물리적 열화 전까지의 사용량 → 한 제품이 고장 나서 대체하는 것이 수리를 계속하는 것보다 선호되기 전까지의 총 사용량 ◆ 제품이 고객에게 지속적으로 가치를 제공할 수 있는 기간
서비스성 (serviceability)	◆ 수리할 때의 속도, 정중성, 능력, 용이성 ◆ 기업이 고객을 통하여 가질 수 있는 경쟁력으로 속도, 친절, 경쟁력, 문제해결 능력
심미성 (aesthetics)	◆ 디자인에 대한 소비자의 평가 ◆ 사용자 감각에 소구(遡求)할 수 있는 내용
知覺品質 (perceived quality)	◆ 이미지, 광고, 그리고 상표이름이 제품 그 자체보다는 제품의 품질 지각에 영향 ◆ 기업 혹은 브랜드의 명성
일치성 (conformance)	◆ 디자인 및 운용특성이 설정된 기준을 충족하는 정도 ◆ 고객들의 세분화된 요구를 충족시킬 수 있는 능력
신뢰성 (reliability)	◆ 제품이 특정기간 동안 기능을 규격대로 발휘할 수 있는 확률

4. 품질의 3원칙(쥬란)

1) 제품이든 서비스이든 고객의 불만을 야기할 소지가 있는 불량품은 처음부터 만들지 않는다.

2) 만에 하나 이러한 첫 번째 원칙을 준수하지 못해 불량품이 나오는 경우가 있다면 이것을 절대로 고객에게 전달하지 않는다.

3) 두 번째 원칙마저도 무너져 불량품이 고객에게 전달되는 경우가 발생한다면 신속하게 조처해야 한다.

* 조치에 대한 믿음을 주고, 재발 방지에 노력해야 한다.

5. 품질비용

1) 예방비용(Prevention Cost): 생산 공정에서 발생하는 불량을 예방하고 제거하는 활동에 의한 비용
예) 교육, 계획, 공급자 평가 비용

2) 평가비용(Appraisal Cost): 불량품질의 제품을 생산 후 단계에서 고객에게 배달되기 전에 발견하는 데에 따른 비용
예) 검사, 실험

3) 실패비용(Failure Cost): 생산 공정에서 또는 생산 후 배달 공정에서 발생하는 비용
예) 불량 자재, 재작업, 반품비용, 보증비용, 고객불만족이나 시장상실에 의한 잠재비용

문제] 생산자, 소비자, 사회관점에서의 품질 개념에 대하여 설명하라.

풀이) 1) 생산자 관점: 시방과 일치성 또는 요건에 대한 일치성으로 품질

을 이해한다.

품질개념의 초기개념이다.

이에 관련된 학자는 크로스비, 그루콕 등이 있다.

2) 소비자 관점: 사용, 용도의 적합성, 사용목적을 만족시키는 성질, 성능, 고객의 기대에 부응하는 특성 고객만족 등으로 이해한다. 이에 관련된 학자는 쥬란, 파이겐바움 등이 있다.

3) 사회적 관점: 요구를 만족시키는 특성, 사회손실을 회피하는 특성 등으로 이해한다. 이에 관련된 학자는 다구찌가 대표적이다.

문제] 설계 / 생산준비에서의 품질관리에 대하여 간단하게 설명하라.

풀이) 제품개발 단계에서 해야 할 일은 품질목표를 정하는 일이다.

이는 품질 설계를 하는 것이다. 이를 제품기획이라고도 한다.

품질 설계에 이어서 공정 설계를 한다. 설계단계의 중요한 업무 중 하나는 표준화 작업이다.

이를 위해서는 설계 관련 매뉴얼의 정비, 작도 룰의 정비, 기술 계산 서비스, 설비의 충실화, 기술의 효율화를 위한 매뉴얼의 정비 등이 있다.

공장설계단계의 품질관리로는 제조방법의 확립, 원재료 부품 및 그 조달선의 선정, 설비 치공구 계측기의 선정, 기술개발, 설계심사 등이 있고 생산준비단계에서는 원재료 부품의 조달, 설비 치공구 계측기 등의 조달요원의 확보와 기능의 훈련 등이 있다. 이러한 항목 각각을 준비한다.

문제] 요구품질이 어떤 과정을 거쳐 시장품질로 바뀌는지 형성과정을 설명하시오.

풀이) 사용자가 요구하는 요구품질을 실현하기 위해서 제품을 기획한다. 기획 후에 제품 생산을 설계하고 도면화한다. 이렇게 시방이나 설계도면에 의해 짜여서 넣어진 품질이 설계품질(design of quality)이다. 설계품질이 완성되면 설계된 것이 제조공정을 통하여 실물로 실현하기 위한 준비작업 중 공정 설계와 원자재의 구매활동, 인력의 확보 등이 이루어지며, 이것들의 투입에 의해 제조단계에서는 설계품질을 제품화한다.

여기서 실현된 품질은 제조품질(product of quality) 또는 적합품질이다.

제조활동을 통해 실제 제품화된 제품은 영업활동을 거쳐 실수요자에게 배송된다. 시장에 나간 제품은 하나의 상품으로써 사용자들의 평가를 받게 된다. 이 품질을 시장품질(market of quality)이라고 한다.

문제] 생산단계에서의 품질관리에 대하여 간단하게 설명하라.

풀이) 생산단계에 있어서의 품질관리는 실제로 생산하는 과정이다.

요즈음의 생산단계의 관점으로는 다품종 소량생산, 인도기간의 단축, 안전의 확보와 공해방지의 문제 등이 있다. 이러한 문제점을 늘 인식하면서 질, 양, 비용의 관점에 맞추어 생산해야 한다.

생산단계에서의 기초적인 품질관리 활동은 공정관리, 공정개선, 검사, 공정능력조사, 품질분임조 활동 등이 있다.

공정관리는 좋은 공정을 유지하면서, 문제 발생 후의 개선보다는 예방에 힘써야 한다. 이를 위해서는 관리도로 관리하여 공정의 이상을 검출하여야 한다.

품질의 특성

■ 품질의 특성 분류

1. 설계품질

　기업의 품질정책 및 제조능력(장비, 시설, 기능, 인력) 등을 고려하여 추상적인 요구 품질을 구체적으로 설계도면 등에 명문화한 품질. 즉 제품의 크기, 모양, 강도, 성능 등의 규격을 구체적으로 결정하여 고객의 욕구를 충족시킬 방안을 마련하여 제조활동의 지침을 제공하는 역할을 한다.

　* 황의철 교수: 설계파트가 시장품질과 공정품질을 경제적으로 균형시킬 수 있는 시방을 설정하는 것이다.

2. 제조품질

　설계품질을 기준으로 설계품질과 어느 정도 적합하게 되도록 제조된 품질.

　제조품질은 설계품질에 어느 정도 적합하느냐 하는 것이 품질수준을 결정하게 된다.

3. 시장품질

제품이 판매된 다음 고객의 손에 넘어가서 사용되었을 때에 최종단계의 평가가 이루어지는데 이때에는 서비스의 질, 클레임 처리, 보증 및 보상 등의 유통기구를 포함한 관계자의 인간관계까지도 평가되는데 이 단계의 품질을 시장품질이라 한다.

■ 참특성: 소비자가 요구하는 관능적 품질특성
　위생도기: 스타일, 경제성, 편리성, 소음 등 관능적 요구 품질

■ 대용특성: 참특성을 해석한 품질특성
　위생도기: 길이, 높이, 색상 등으로 표시

참특성을 대용특성으로 나타냄에 있어서 부족함이 없도록 하는 것이 고객을 만족시키는 것이다.

1. SERVQUAL 모형

1) 서비스품질 측정도구

SERVQUAL은 미국의 파라수라만(A. Parasuraman), 자이다믈(V. A. Zeithaml), 베리(Leonard L. Berry) 등 세 사람의 학자(PZB)에 의해 개발된 서비스품질 측정도구로서 서비스 기업이 고객의 기대와 평가를 이해하는 데 사용할 수 있는 다문항 척도(Multiple - item scale)이다.

2) 서비스(service)

소비자의 편익이나 만족의 목적으로 인간 또는 설비와의 상호작용을 통하여 제공되는 무형의 행위.

3) 서비스품질(service quality)

서비스속성의 집합이 사용자를 만족시키는 정도가 서비스의 품질이며, 이것을 흔히 기대에 대한 인식의 일치라고 한다. 즉 고객의 서비스 기대에 대한 상대적인 인식으로 고객이 서비스 사용 전에 가졌던 기대보다 고객의 서비스 이용 후에 갖는 인식이 더 큰 경우에 서비스품질이 있다고 판단된다.

4) 서비스품질의 정의

표적집단면접 결과 서비스품질이 훌륭하다는 것은 고객이 기대하는 바를 충족시켜 주거나, 기대 이상의 서비스를 제공하는 것임을 분명히 드러낸다. 즉 고객이 지각하는 서비스품질이란 고객의 기대나 욕구 수준과 그들이 지각한 것 사이의 차이의 정도로 정의된다.

5) 기대에 영향을 미치는 요인들

고객의 기대를 형성하는 데 기여하는 핵심요인은 구전, 고객들의 개인적 욕구, 서비스를 이용해 본 과거의 경험, 서비스 제공자의 외적 커뮤니케이션 등이었던 것으로 나타났다.

6) 서비스품질의 차원

서비스품질 평가를 위해 고객이 사용하는 공통적이고 일반적인 10개의 준거들은 다음과 같다.

2. SERVQUAL 평가 10가지(RATER)

① 유형성 – 물리적 시설, 장비, 직원, 자료의 외양

② 신뢰성 – 약속한 서비스를 믿을 수 있고 정확하게 수행하는 능력

③ 대응성 – 고객을 기꺼이 돕고 신속한 서비스를 제공하려 하는 것

④ 능력 – 필요한 기술 소유 여부와 서비스를 수행할 지식 소유 여부

⑤ 예절 – 일선 근무자의 정중함, 존경, 배려, 친근함

⑥ 신빙성 – 서비스 제공자의 신뢰성, 정직성

⑦ 안전성 – 위험, 의심의 가능성이 없는 것

⑧ 가용성 – 접촉 가능성과 접촉 용이성

⑨ 커뮤니케이션 – 고객들이 이해하기 쉬운 고객언어로 이야기하는 것,
고객의 말에 귀 기울이는 것

⑩ 고객 이해 – 고객의 욕구를 알기 위해 노력하는 것

3. SERVQUAL 점수 = 고객의 지각점수 – 고객의 기대점수

한 회사의 5개 차원 각각에 관한 서비스품질 점수는 각 차원을 구성하는 문항들의 SERVQUAL 점수를 평균하여 구하며, 계산결과 점수가 (–) 값을 가질수록 고객의 눈에 비치는 서비스품질의 문제가 심각한 것이다.

서비스품질의 종합측정치는 5개 서비스 차원의 SERVQUAL 점수를 평균하여 구하며, 단순평균 계산에 의한 비가중(Unweighted) SERVQUAL 점수와 각 서비스 차원에 대해 고객이 부여한 상대적 중요성을 감안한 가중(Weighted) SERVQUAL 점수를 산출할 수 있다.

문제] 서비스품질 개선을 위하여 자이다믈 등(Zeithaml, Berry)의 고객과 시스템 사이에서 발생 가능한 5가지의 GAP은?

풀이)

GAP1: 고객의 기대된 서비스 – 고객기대에 대한 서비스 제공자의 GAP1 은 고객의 기대와 고객기대에 대한 서비스 제공자의 지각 차이 이다. 서비스 기업의 서비스 제공자들은 어떠한 특성들이 고객 에게 높은 품질을 의미하는지 고객의 요구를 충족시키기 위해 서비스가 어떠한 특성을 가져야 하는지 또 그러한 서비스 특성 들의 수준을 어느 정도 수행하여야 고객들이 높은 서비스품질 을 느끼는지 정확히 이해하고 있지는 않을 것이다.

GAP2: 고객의 기대에 대한 서비스의 제공자의 지각 – 지각에 기초한 서비스 표준 명세 GAP2는 고객의 기대에 대한 서비스 표준 / 명세와의 차이이다.

이는 곧 고객의 기대를 파악하기가 어렵고 또한 고객의 기대를 정확히 파악하였다 할지라도 기대를 충족시키기 위하여 실제 제공되는 서비스 표준 / 명세와의 차이를 의미한다.

GAP3: 지각에 기초한 서비스 표준 / 명세 – 실제 제공된 서비스 GAP3은 서비스의 표준 / 명세와 실제로 제공된 서비스 간의 불 일치를 서비스 성과 차이라고 하는데 이것을 표준화된 서비스를 담당직원이 제대로 수행하지 못함으로써 발생하는 차이이다.

GAP4: 실제 제공된 서비스 – 고객에 대한 외부의사소통 GAP4는 실제 제공된 서비스와 고객에 대한 외부의사소통 간의 불일치를 의미하는데 과대한 왜곡뿐만 아니라 기업이 제공하는 서비스에 대해 고객이 정보를 갖지 못할 경우에 발생한다.

GAP5: 기대된 서비스 – 지각된 서비스

고객들은 궁극적으로 기대된 서비스와 지각된 서비스 차이인 GAP5의 크기와 방향에 따라서 서비스품질을 평가하게 된다. 서비스 제공자의 측면에서 보면 GAP5는 결국 위에서 설명한 4가지 GAP의 크기와 방향에 의해 결정된다.

□ KANO 품질 분석

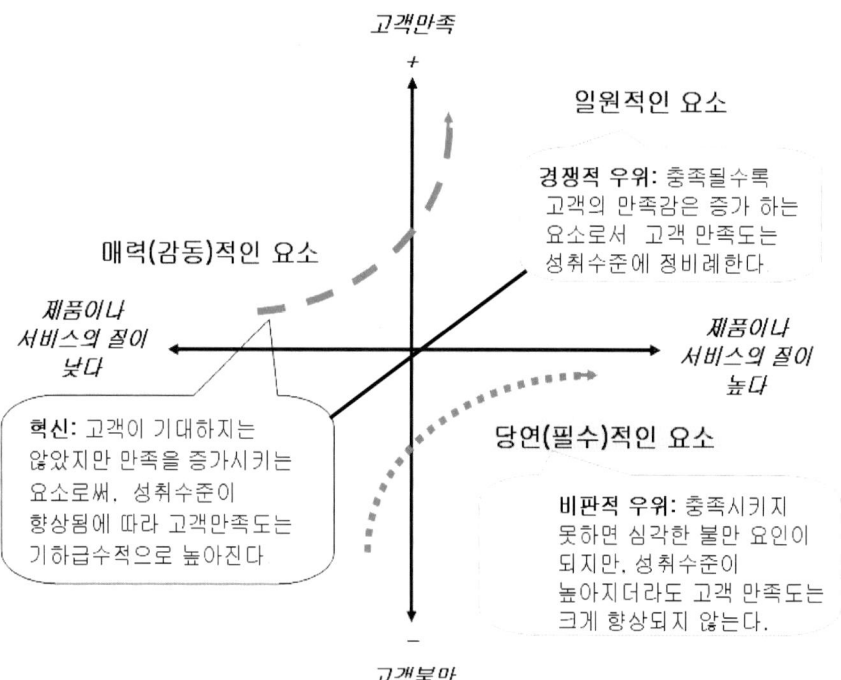

1. 당연적인 요소

* 충족시키지 못하면 고객만족도가 급속히 떨어져서 심각한 불만을 초래한다.

  예) 항공기에서 안전한 도착, 정확한 예약, 승객과 동시에 수하물 도착시스템

2. 일원적인 요소

* 대부분의 고객 요구사항은 이 부류에 속하며 이 요구사항에 대한 성취 수준을 10% 향상시킬 경우, 고객만족도도 10% 높게 된다.

  예) 항공기에서 안락한 좌석, 기분전환, 승무원의 친절함, 수화물 처리 정시도착

3. 매력(감동)적 요소

* 커다란 이익을 가져올 잠재력이 있는 요소로서, 고객이 이러한 요소에 대해 의식하거나 인식하지 못하고 있을 수도 있다.

  시간의 경과에 따라 감동 요소는 1차원적인 요소로 바뀌게 된다.

  예) 항공기에서 무료 업그레이드, 개인용 영화와 게임, 승무원들의 특별한 배려와 서비스, 컴퓨터

05

QC 4대 임무

1. QC의 4대 업무

1) 신제품 관리: 제품에 대한 바람직한 cost, 기능 및 신뢰성에 대한 품
   질표준을 확립하여 규정하는 동시에 본격적인 생산을 시작하기 전
   에 품질상의 문제가 될 만한 근원을 제거한다거나, 또는 그 소재를
   확인하는 것을 말한다.

2) 수입 자재관리: 시방의 요구에 알맞은 부품만을 가장 경제적인 품질
   수준으로 수입 및 보관하는 것을 말한다.

3) 제품관리: 불량품이 만들어지기 전에 품질시방으로부터 벗어나는 것
   을 시정하고 시장에서의 제품서비스를 원활히 하기 위하여 생산 현
   장이나 시장의 서비스를 통해 제품을 관리하는 것이다.

4) 특별 공정 조사: 불량품의 원인을 규명한다든지 품질특성의 개량 가
   능성을 결정하기 위한 조사나 시험을 말한다.

2. QA 업무의 사전대책 및 사후대책

- 사전대책

  1) 시장조사(시장정보)

  2) 공업화 연구(기술지도)

  3) 고객에 대한 PR 및 기술지도

  4) 공정능력 파악

  5) 품질 설계 – 품질규격, 사내표준(품질표준), 포장규격, 구매규격

  6) 공정관리(공정해석 → 안정화 → 품질화)

- 사후대책

  1) 제품검사(검사규격 작성, 검사 실시)

  2) 클레임 처리(만족한 처리, 재발방지의 항구적 처리, 클레임 해석)

  3) After Service, 기술서비스

  4) 보증기간 동안 보증(신뢰성)

  5) 품질감사(제품 AUDIT, 내부품질감사)

06

CHAPTER

QM의 사고와 개념

1. QM의 기본적인 사고방식 18가지

1) 경영자의 참여 및 의지

2) 총체적 품질방침, 품질문화 형성

3) 경영간부의 리더십 발휘

4) 기술 중시

5) 인재육성과 인적자원의 활용

6) 전원참여

7) 팀 활동

8) 부문 간 협조

9) 모든 공정, 제품, 서비스 및 업무의 지속적 개선

10) 사실에 의한 관리와 과학적 관리

11) 공정관리

12) 공급자와의 협력관계 증진

13) 장기적인 관점에서 성과평가

2. TQM의 핵심요소

1) 이윤 창출을 위한 품질

2) 적시의 무결점 활동

3) 품질비용

4) 경쟁적 벤치마킹

5) 전 구성원의 참여

6) 팀 활동에 의한 시너지 효과

7) 주인의식과 자율경영

8) 역할모델로서의 관리자

9) 인정과 보상

10) 품질전달 체계

3. TQC: 소비자가 요구하는 고도의 품질요구를 만족시킬 수 있도록 제품생산의 전 과정에 걸친 품질보증 활동

* TQC의 기본 원칙

(1) 전원참가

(2) 관리(PDCA) CYCLE 철저

(3) 품질방침의 책정과 전개

(4) 타 공정은 고객

(5) 기능별 관리, 기능별 위원회

(6) 중점 지향(Vital Few)

(7) 원류관리, 재발방지, 미연방지

(8) 공정통제(process control)

(9) 산포관리

(10) 통계적 수법의 활용

(11) QC Story에 의한 문제해결

(12) 표준화와 유지관리

(13) Top으로부터 추진(리더십)

4. TQM의 기본 원리 중 5가지

1) 기업의 체질개선 수단으로서의 역할
2) 기업의 장기적 이익획득에 대한 기여
3) 상품의 기능을 통한 사회에 대한 공헌
4) 인간성 존중의 수단으로서의 역할
5) 관련 기업과의 공존공영

5. 기업에서의 TQC 효과

1) 이익증대: 품질이 좋은 제품은 잘 팔린다. 더욱이 경제의 저성장시
대에는 고품질이 아니면 경쟁에서 타 제품을 이길 수 없다.

TQC의 가장 중요한 목적은 좋은 품질을 만드는 데 있다.

2) 생산성 향상: TQC의 핵심 추진 사항 중 하나는 생산성 저하의 원인을 찾아내어 해결하는 것이다.

3) 납기관리: TQC의 부문별 관리와 기능별 관리는 납기를 종합적으로 관리한다.

4) 기술의 향상과 축적: TQC의 기술표준은 개인의 기술과 노하우를 체계적으로 관리 가능하게 한다.

5) 업무개선: TQC에 의해서 업무 흐름의 문제점이나 불합리한 점을 개선한다.

문제] ISO8402 QM 개념에 대하여 설명하시오.

풀이) 품질방침, 목표 및 책임을 결정하고, 품질시스템 내에서 품질계획, 품질관리 품질보증 및 품질개선과 같은 수단에 의해 그것들을 수행하는 전반적인 경영기능의 모든 활동을 말한다.

$$QM = QP + QC + QA + QI$$

– 품질경영이란?

최고 경영자의 리더십 아래 품질을 경영의 최우선과제로 하고 고객만족의 확보를 통한 기업의 장기적 성공은 물론 기업구성원과 사회 전체의 이익에 기여하기 위해 경영활동 전반에 걸쳐 모든 구성원의 참가와 총체적 수단을 활용하는 전사적 종합적인 경영관리 체계. 즉 품질경영이란 고객중시, 인간중시, 기술중시의 경영이다.

QM의 발전단계

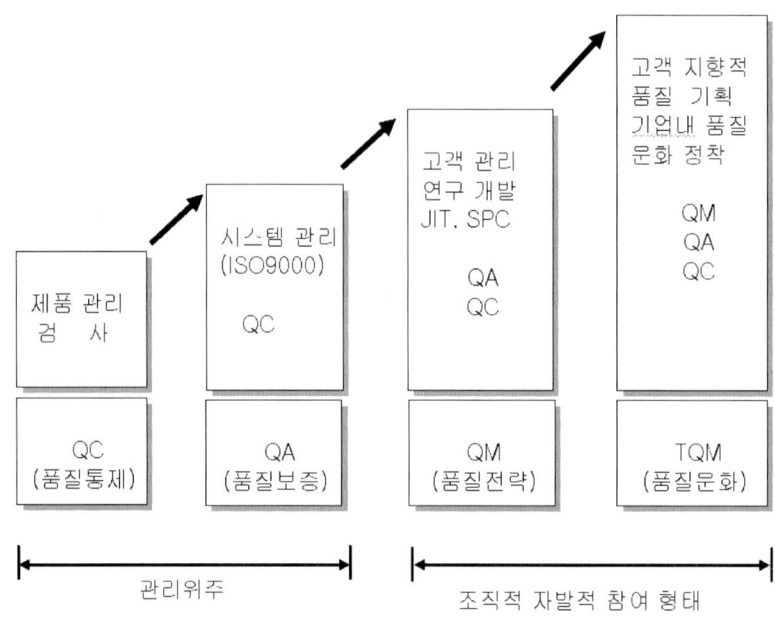

문제] QM 추진 4단계를 설명하시오.

풀이) 1) QC 단계(품질 통제 단계): 품질에 관련한 가장 초보적 수준의
    단계로 제품규격에 따른 검사활동을 중심으로 예정된 품질을
    확보해 나가는 단계

    2) QA 단계(외부 품질보증 단계): ISO9000인증을 받을 수 있는
    품질시스템을 구축하여 소비자에 대한 품질보증을 해 나가는
    단계로 소극적이고 방어적인 QM 단계

3) 3단계(품질전략단계): 본격적인 QM의 도입단계 및 협의의 QM 단계로 소비자 Needs의 파악, 적합품질의 확보, 외주업체의 육성과 관리를 통하여 품질을 향상시켜 나가는 단계

4) 4단계(품질문화시대): 품질경영의 완성 단계로서 전 종업원이 창의적 개선활동에 참여하여 제품의 품질뿐만 아니라, 총체적인 질의 향상을 추구하는 QM 문화의 단계

문제] 일본 품질관리의 특징을 설명하시오.

풀이) 전 세계적으로 일본 품질경영을 중요시하고 있다.

70년대 이후 일본제품이 세계시장을 지배하면서부터이다.

일본품질관리의 특징은 전사적 품질관리(Company Wide Quality Control)가 기본이다.

QCC활동이 활발한 것이 다른 나라와 차이점이다.

오늘날 일본산업의 품질관리는 제품의 라이프사이클 모든 단계에 걸쳐서 전사적으로 실시되고 최고경영층이 참여하여 품질우선의 경영을 펼치는 전사 종합적 품질경영(TQM)을 전개하고 있다.

일본품질관리의 특징을 정리하면 다음과 같다.

① 경영자 주도에 의한 전 부문 전원참가의 QC활동

② 기획개발에서 판매서비스에 이르는 품질보증

③ QCC활동

④ QC기법의 개발활용

⑤ QC교육 훈련

⑥ 전국적인 추진, 진단, 방침관리

⑦ 제조업에서 다른 업종으로 확대

⑧ 품질우선 경영

품질 리더십

문제] 품질 리더십에 대하여 설명하시오.

풀이)

리더십은 실질적인 결과를 초래하는 무형의 자산이다.

Motorola사 전 사장인 BOB Galbin은 "품질이 보장되면 재무적인 성과는 자연히 뒤따른다."고 주장하면서 모든 중역회의의 첫 번째 의제로 품질을 정례화할 것을 지시했고 그의 이러한 품질 리더십 때문에 모토롤라사는 말콤볼드리지 품질상을 수상했다.

일본에서 품질관리의 아버지라고 부르는 데밍은 품질개선의 철학을 14가지의 실행항목으로 정하였는데 제일 마지막인 14번째 실행항목에서 앞의 13가지 실행항목에 나타난 변화를 달성할 수 있도록 리더가 리더십을 발휘하여 변혁을 위한 조치를 취할 것을 강조하고 있다.

말콤볼드리지 품질상도 리더의 역할을 강조하여 "품질에 대한 가치와 열망의 강화는 조직원들의 상당한 참여와 몰입이 필요하므로 지도자는 명확한 품질가치와 높은 기대감을 창조해야 하며 이를 위해 전략수립, 시스템 창조, 품질의 탁월성, 성취방법의 창안에 적극 참여해야 한다."고 규정하고 있다.

　이러한 규정에서도 알 수 있듯이 조직에서의 품질문화를 정착시키려면 지도자가 핵심적 역할을 수행해야 하는데 그 이유는 지도자가 계획을 수립하고 목표를 설정하며 목표를 수행하는 과정에서 자원을 분배하므로 이러한 과정 전체에 품질이 포함되어야 하기 때문이다.

　지도자가 관리과정에서 단기적, 구호만 있는 형식적인 품질문화를 형성할 시에는 품질은 사장되고 만다.

문제] 품질전략을 실행하는 데 있어 경영자, 중간관리자, 작업자의 역할은?

풀이)

* 품질전략의 기본요소

　(1) 고객중심의 비전

　(2) 고객의 소리에 관심

　(3) 우수기업에서의 벤치마킹

　(4) 종업원에 대한 관심

　(5) 품질달성에 장애가 되는 요인의 제거

　(6) 품질과 성과의 측정 수단 및 계획

1) 경영자의 역할

　(1) 조직이 고객의 욕구에 초점을 맞추고 있다는 사실을 확인해야 한다.

　(2) 회사의 비전 가치가 조직 전체에 반영되도록 촉진시켜야 한다.

　(3) 전략계획 등 자신들이 관여하는 프로세스를 개선함으로써 프로

세스의 성과를 향상시키고 문제해결을 위해 품질관리도구의 사용 능력을 보여주어야 한다.

(4) 품질경영의 이상과 주장, 방침을 전사적으로 공표하고 실질적인 진행을 위한 추진팀을 구성해야 한다.

(5) 목표달성을 위한 제반 여건을 제공하고 책임과 권한을 부여한다.

2) 중간관리자의 역할

(1) 팀 대표가 되어 팀의 아이디어와 의사결정을 정확하게 외부에 전달하는 책임과 역할을 해야 한다.

(2) 지속적인 개선과정의 실행

　: 운영시스템과 프로세스를 향상시키도록 해야 한다.

(3) 최고의 성과 달성자를 개발하고 보유해야 한다.

3) 작업자의 역할

(1) 품질 프로세스에 대한 주인의식과 책임감을 가지고 업무를 수행

⇒ 주인의식을 가지도록 하기위해서는 작업자들에 대한 교육훈련, 인정, 작업자들괴의 원활한 의사소통이 필요하다.

문제] 품질 리더십에 대하여 설명하시오.

풀이)

(1) 의미: 품질의 목표를 달성하기 위하여 구성원에게 영향을 주는 것· 또는 정해진 목표를 추구하도록 구성원을 설득하는 능력

또는 목표달성을 위하여 지도적 기능을 발휘하는 것.

(2) 기능: 상황 판단의 기능(조직내외의 상황, 변화의 재여건)

목표달성의 기능 (구성원의 조직화)

집단유지의 기능 (구성원의 일체감 조성, 내분갈등 방지)

(3) 기술: 전문적 기술, 인간적 기술, 개념적 기술, 행정적 기술

■ 품질관리 발전 추세

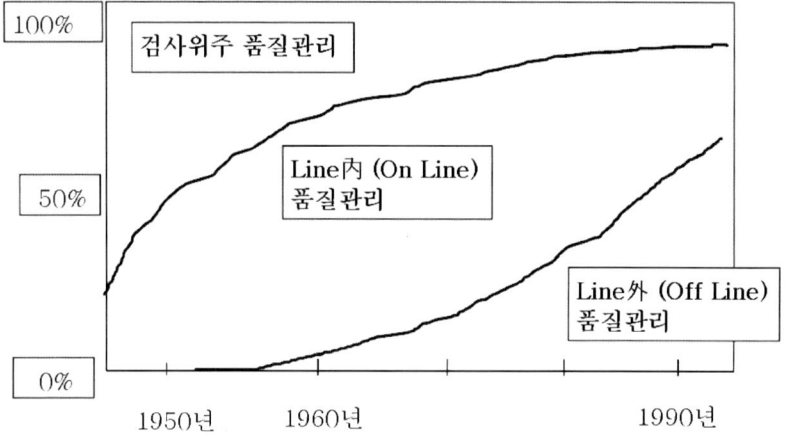

구 분	담당 부서
Line內(On Line) 품질관리	생산 판매
Line外(Off Line) 품질관리	설계, 개발 생산기술

1. CS 경영시스템 구축의 7가지 선결조건

1) TOP Management의 강력한 리더십

   고객만족경영은 무엇보다도 최고경영자가 고객에 대한 확고한 가치관을 가지는 데서 출발해야 하는 것이 정석이다.

2) 전사적인 고객중시의 가치관 무장

3) 현장경영의 중요성

4) 감동적인 고객서비스 목표를 설정해야 한다.

5) 고객만족도를 평가하고 지표화해야 한다.

6) 내부 고객의 중요성을 인식해야 한다.

7) 1 : 10 : 100의 Rule과 10:10:10의 원칙을 숙지할 필요가 있다.

   1 : 10 : 100 ⇒ 이 경구는 서비스 부문에서 최초로 말콤브리지드 국가품질상을 수상한 미국의 화물 특수운송업체 페더럴 익스프레스의 프레데릭 스미스(Frederic Smith) 회장이 종업원들에게 강조하는 자신의 경영철학 가운데 한 구절이다. 즉 제품 불량, 서비스불량이 자사에 얼마나 큰 영향을 미치는가를 상징적으로 말해주는 함축적인 표현 ⇒ 현장에서 불량이 발견되면 이를 즉각 바로잡는 데에는 1의

비용이 들지만, 이 불량이 책임전가, 문책 우려 등으로 외부로 나간 후 정상으로 돌리는 데는 10의 비용이 들며 이것이 고객 손에 넘어가 클레임으로 나타난 후 이를 시정하는 데에는 100의 비용이 든다.

10 : 10 : 10 ⇒ 미국 금융업계에서는 고객서비스와 관련하여 "고객을 만족시키기 위하여 10달러가 추가로 소요될지라도 이를 외면하면 10분 안에 고객을 잃게 되며, 이 고객을 되찾는 데는 최소한 10년이 걸린다."는 금언이 보편화되어 있다.

2. 고객만족 조사의 3원칙

1) 계속성의 원칙

   조사는 정기적으로 계속해서 실시해야 한다.

2) 정량성의 원칙

   조사는 비교 가능하도록 정량적으로 측정해야 한다.

3) 정확성의 원칙

   조사를 정확하게 실시하여야 한다.

문제] 고객만족도와 CSI의 의미에 대하여 설명하라.

풀이) 1) 고객만족경영(CSM: Customer Satisfaction Management)

   고객만족경영이란? 변화되는 고객의 니즈에 적응하는 새로운 가치를 창출하는 일로서 전 사원이 참여하는 고객가치의 창출로서 이것은 경영의 목적, 기업의 중심사상이 되어야 하고 이러한 고객만족경영의 실천을 위해서는 기존경영체제의 모든 부분에서 고객만족 개념을 접목시켜야 한다.

이를 위해서는 고객만족경영의 3원칙, 즉 ①고객접점중시 ②고객만족도의 정기측정 ③고객만족 개선활동이 필요하다.

2) 고객만족도 지수(CSI: Customer Satisfaction Index)

고객의 어느 제품이나 서비스 및 그 기업의 전체적인 만족과 불만족 상태를 조사하고 그 결과를 점수로 산출하는 방식으로 고객만족 지수를 처음 실시한 회사는 J.D POWER사이다.

● **고객만족도 조사 대상별 분류**

① 고객만족도: 최종고객 → 상품이나 서비스의 고객만족도

② 딜러만족도: 판매 대리점 → 판매 대리점이 본 고객만족도

③ 사원만족도: 사원 → 사원들의 고객 마인드, 회사 내 직무만족도, 내부 서비스 만족도

문제] 고객만족과 이에 대한 기업의 품질경영에 대하여 간단히 설명하라.

풀이) 요즈음 소비자가 제품을 선호하는 동기 중 가장 큰 이유는 제품의 품질이다. 많은 경영자들이 앞으로 시장에서 살아남을 수 있는 제품은 품질이 좋은 제품이라고 예측하고 있다.

매스컴 등의 발달로 현대소비자의 수준은 매우 높아졌기 때문에 소비자들 스스로 좋은 제품을 선택하게 되었다.

이에 대해 기업은 소비자들의 기호와 필요를 먼저 파악하여 소비자가 만족하는 제품을 생산하는 것이 필요하다. 현대의 소비자가 만족하는 제품을 만들어 성공한 기업의 예는 많이 있다. 일본제품이 소비자에게 구매력이 높은 것은 소비자의 필요에 가장 부합하고 견고한 품질이 있기 때문이다.

● **기업이 고객만족을 위해서 취할 수 있는 3가지 사항은 다음과 같다.**

① 소비자가 만족할 수 있는 제품이 제공되어야 한다.

② 제품을 충분하게 소비자에게 선전해야 한다.

③ 제품 판매 후 철저한 A / S가 보장되어야 한다.

고객은 기대보다 더 많은 만족감을 느낄 때 만족하게 된다.

기업에서는 위의 3가지를 충실하게 지키면 고객은 만족하게 된다.

● **다속성 모델**

개인의 속성과 신념의 형성과정을 설명하는 심리학 분야의 기법에서 유래한 것으로 소비자들은 그들이 갖고자 하는 속성이나 기능을 가진 제품을 구매하며 중요한 속성 속에서 뛰어난 성과를 보이는 브랜드를 선택하게 될 것이라는 것에 기초한 소비자 만족도를 측정하는 모형이다.

다속성 태도모델에서 태도는 소비자들이 상표에 대해 가지는 신념에 근거하여 형성된다고 가정하였다. 따라서 태도를 변화시키기 위해서는 먼저 신념을 변화시키는 것이 필요하다.

● **컨조인트 분석**

컨조인트 분석은 어떤 제품이 갖고 있는 속성에 고객이 부여하는 효용을 추정함으로, 각 속성이 전체에서 어느 정도 차지하고 있는지를 분석하여 고객이 어떠한 제품을 선호 내지 선택할지를 예측하기 위한 기법이다.

어떤 제품이든 몇 개의 중요한 속성들을 가지고 있다고 볼 때, 각 속성은 다시 몇 개의 수준이나 값들을 가질 수 있다.

컨조인트 분석 활용

신제품개발, 포지셔닝, 경쟁분석, 가격책정, 시장세분화, 광고전략개발, 유통전략 등 및 마케팅전술에 폭넓게 활용되고 있다.

● **지각도(Perceptual Map)**

어떤 제품의 특성을 잘 파악할 수 있는 두 가지 기준을 선정하여 수평축과 수직축에 배정, 2차원 평면에 각 제품의 위치를 표시하여 고객의 제품에 대한 평가를 간략하게 파악할 수 있는 도구이다.

品質經營(哲學)

역대 품질 선구자들의 품질사상 고찰 요약

● Deming: "종합품질관리의 대가"

데밍은 1900년 출생 와이오밍대학, 예일대 물리학 졸업

1947년 일본방문 및 통계적 품질관리수법 일본에 전파

1950년 일본과학기술연맹에 강의, 1951년 일본 데밍상 제정

데밍의 14개 항은 단계별 절차가 아니라 경영층의 각성을 촉구하는 항목들이다.

위기에서 탈출하고자 하는 조직에 필요한 14개 항목이다.

과거의 잘못된 관행을 버리고 새로운 철학과 방법으로 전환하라고 외친다.

● 쥬란(J. M Juran)

1904년 출생, 카리스마적 인물로서 1912년 미국으로 이민

1924년 엔지니어로 출발하여 51년에 처음으로 품질관리 책자를 발간하고 국제적인 품질관리 대가로 인정을 받음.

● 슈하르트(W. A Shewhart: 1891~1967): "공정관리 종합품질의 대가"

미국태생, "통계적품질관리(SQC)의 원조", "관리도" 개발특허 보유자로 벨 연구소 근무, 데밍의 사부 격으로 데밍에게 많은 영향을 주었음. 공정

품질 변동의 중점관리를 강조함.

"제품품질의 경제적관리" 저술

● 파이겐바움(A. V Feigenbaum): "종합품질관리의 대가"

미국태생, "종합적품질관리(TQC)의 원조", "Q - COST" 개발특허 보유자로 GE사 QC부서 근무, 산업사이클을 마케팅, 기술, 구매, 제조기술, 제조감독 & 현장작업, 검사 및 기능시험, 출하. 설치, 서비스의 8단계로 구분함. 조직내부의 전 기능이 품질에 대해 책임을 져야 한다고 강조하며, TQC의 성과측정을 위해 품질코스트를 개발함.

● 다구찌 겐이찌(田口玄一): "설계종합품질의 대가"

일본태생, "다구찌기법" 개발특허 보유자로 "강건성 품질"을 강조하여 제품품질과 설계품질을 통합하고 다구찌기법으로 설계 시 실험소요 횟수를 혁신적으로 감소시켰음.

■ 1 - 10 - 100의 이론!

한 사람이 작업을 잘못하여 즉시 이를 수정하면 한 번만 다시 하면 되지만, 이를 기피하거나 하자를 발견하지 못하고 회사내부 고객에게 인도된 후, 다음 작업자가 이를 시정하려면 10배 이상의 수고를 해야 하며, 불행히도 외부 고객에게까지 인계되었을 때에는, 하자 시 이후부터 전단계에 걸쳐 발생한 하자를 시정하기 위해서는 100배 이상의 비용을 치러야 한다는 이론으로 "품질책임제도 실천과 정착"을 강조하고 있다.

Deming의 관리 서클

문제] DEMING 박사가 현장 품질관리 업무 분야에서 강조하고 있는 '데밍 서클'
의 네 가지 구성요소를 나열하고 각각에 대하여 설명하시오.

풀이) PDCA(Plan, Do, Check, Action) CYCLE

① P(Plan): 소비자가 요구하는 품질에 알맞은 제품을 제조하기 위해
계획, 설계하고

② D(Do): 계획된 제품을 제조하며
개선방안의 시범적 실시
－수행평가, 자료수집

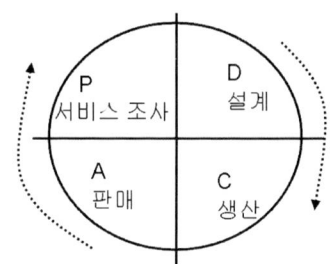

③ C(Check): 가공된 제품이 소비자의 요구품질에 맞는가 여부를 체크
하고－수행평가 자료수집 분석, 수정된 개선방안 도출

④ A(Action): 불량이나 불합격의 원인을 규명하여 대책을 세우고 기업
체질 향상으로 이어 나갈 것을 뜻한다.
－수정된 개선방안 전면실시, 개선방향 고착화, 지속적 개선

문제] 품질변환을 방해하는 Deming의 7가지 병폐는?

풀이)

1) 일관성 있는 목표 결여

2) 일관성 있는 목표에 반하는 단기이익 강조

3) 인력 평가 시스템 존재(목표관리, 성과평가, 성과급)

4) 잦은 관리자의 이동, 직무이동

5) 알려지지 않거나 알 수 없는 수치(즉 리더십, 인력의 최적 배치, 종업원 교육훈련 등)는 거의 혹은 고려하지 않고, 단지 가시적인 경영 수치만을 활용

6) 과도한 검사 비용

7) 과도한 품질보증 비용

CHAPTER 02

Deming 품질개선

문제] 데밍의 14가지 품질개선 원칙 중 10개를 나열하시오?

풀이)

1) 단기간의 이윤추구보다는 장기적인 목표를 달성키 위하여 제품의 품질과 서비스를 향상, 자원의 분배 등에 대한 목적의 일관성을 유지하라.

2) 일반적으로 허용되는 생산지연, 실시, 불량품 발생, 미숙련 기술을 단호히 배격하고 기업의 경제적 안정을 도모하기 위한 획기적인 경영철학을 도입하라.

3) 제조 및 구매기능 수행 시 품질의 통계적 증거를 확보할 수 있어야 하며 제품의 대량 검사에 의존하지 않도록 한다.

4) 품질에 대한 통계적 증거가 미약한 납품업자는 제외시킴으로써 동일부품에 관한 납품업자의 수를 줄여라.

5) 지속적으로 공정을 개선시키기 위하여 시스템에서의 문제점을 계속적으로 발굴하고 부각시켜라.

6) 종업원의 능력을 최대한으로 활용키 위하여 근대적 교육기법을 도입하라.

7) 종업원들이 일을 잘할 수 있도록 분위기 조성에 노력을 아끼지 말라.

품질에 나쁜 영향을 주는 항목 등에 관하여 종업원의 보고가 있을 시는 즉시 조치를 해 주어라.

8) 조직 내에서 일에 대한 두려움을 없애고 좀 더 생산적인 일을 할 수 있도록 효율적인 커뮤니케이션 방법을 강구하라.

9) 팀워크를 통하여 문제점을 해결하고 연구, 설계, 판매, 생산 등의 여러 부서가 공동노력을 통하여 부서 간의 장벽을 허물어라.

10) 구체적인 방법의 제시 없이 생산성을 높이라고 요구하는 수치적인 목표설정, 포스터, 구호 등을 맹목적으로 사용하지 말라.

11) 품질과 생산성을 끊임없이 향상시키기 위하여 통계적인 방법을 사용하고, 수치적인 목표달성을 위한 인위적인 작업표준은 요구하지 말라.

12) 근로자들이 장인정신에 긍지를 지닐 수 있도록 하고 이와 같은 정신에 위반되는 장벽을 모두 제거하라.

13) 재료, 방법, 설계, 기계 등의 변경에 적용될 수 있는 적극적인 교육, 훈련, 프로그램을 실시하라.

14) 품질과 생산성에 관한 최고경영자의 방침을 명백히 알리고, 이러한 방침을 실천하기 위한 의지를 확고히 선언하라.

(품질경영: 김기영) PAGE48

(1) 경영참여

(2) 새로운 철학의 학습

(3) 원가절감 및 공정개선을 위한 검사의 목적이해

(4) 가격보다 품질중심의 구매의사 결정

(5) 전사적으로 일관된 품질개선 노력

(6) 훈련의 제도화

(7) 감독과 리더십의 제도화

(8) 두려움의 제거

(9) 팀 노력의 극대화

(10) 작업자에 대한 강요 제거

(11) 생산목표 할당 및 목표관리의 제거

(12) 작업자들의 자존심 보호

(13) 전 조직원의 교육 및 자기개선 실시

(14) 변혁을 위한 조치

문제] 품질관리 발전사에 대하여 간략히 논하라.

풀이) 파이겐바움의 역사적 품질관리의 발전은 다음의 6단계로 나뉜다.

1) 작업자에 의한 품질관리   2) 감독자에 의한 품질관리

3) 검사에 의한 품질관리   4) 통계적 품질관리(SQC)

5) 종합적 품질관리(TQC)   6) 전사 종합적 품질경영

산업사회 이전의 장인시대에는 한 사람의 작업자가 제품의 처음부터 끝까지 책임을 지었으나 산업혁명 이후 대량생산시대가 되면서 작업자의 작업이 분업화되고 감독자에 의한 대량생산시대가 되면서 감독자에 의한 혹은 검사만을 하는 검사 전문가의 품질관리가 시작됨, 그 후 대량생산이 되면서 슈하르트의 관리도, 닷지로믹의 샘플링방법의 통계적

품질관리의 기초를 확립하였고 대량 생산시스템의 품질관리에 획기적인 방법, 통계적 방법만으로는 한계가 있어 종합적 품질관리가 제창되었고 그 후 소비자의 주의가 강해지고 제조물책임 품질보증문제가 중시되면서 종래의 품질관리방법으로는 해결하기 어렵게 됨으로써 전사적이며 종합적인 전사 종합적 품질경영활동이 요구되었다.

문제] 품질방침이란 무엇인가? QC를 계획하는 데 이것이 필요한 이유를 설명하라.

풀이) 품질방침(Quality Policy)이란 기업의 경영자가 품질이나 품질관리에 관한 기업의 기본적 사고방식을 명시하는 방침이다.

흔히 시장조사의 필요성을 강조하고 있는 회사는 많지만 회사 내부의 니즈에 대한 분석을 잘하고 있는 회사는 적다. 그 결과에 따라 어떤 품질의 제품을 개발할 것인가, 또 개발의 방향과 그 한계를 나타내는 개발방침을 설정하여 개발관계자들에게 명시해야 할 필요가 있다.

Crosby의 품질

문제] 품질에 대한 크로스비의 기본철학 '절대원칙'이라고 지칭한
4가지 신념

풀이)

① 품질은 우아함이 아니라 요구에의 적합성이다.

② 고객의 요구에 부응, 공급자의 품질시스템은 최초에 올바르게
DIRTFT(Do It Right The First Time)

③ 성과의 표준은 무결점(ZD)이다.

④ 품질의 척도는 품질비용이다.

문제] 크로스비의 품질백신에 대하여 설명하시오.

풀이)

조직 내 품질문제의 원인 중 80% 이상이 경영층에 관계된 것이다.

조직 내의 여러 가지 문제점을 극복하기 위해서는 다음의 품질백신을 권장

① 결의(Determination): 조직 내 전체적인 분위기를 바꾸기 위해서는
다른 방법이 없다는 것을 인식하고 조직구성원에게 인식시킨다.

② 교육(Education): 종업원들이 품질에 관한 공통된 이념과 언어 방법을 공유하고 품질개선과정에서 각자의 역할을 이해할 수 있도록 교육.

③ 실행(Implementation): 품질개선 프로그램을 일상업무를 통해 실행.

문제] Crosby의 **품질향상 14단계**에 대하여 설명하시오.

풀이)

1) 품질 중요성에 관한 최고경영층의 결의 표명(TOP Management Commitment)

2) 품질향상팀의 구성(Quality Improvement Team)

3) 현상의 품질 측정과 문제점 파악(Quality Measurement)

4) 품질비용의 평가로 품질원가 파악(Quality Cost)

5) 품질에 대한 중요성을 전 사원에게 인식시킴(Quality Awareness)

6) 사원 스스로 문제점을 파악하여 시정조치를 파악하도록 유도(Corrective Action)

7) 품질 무결점 활동을 수행하기 위한 품질향상팀의 계획 수립(ZD Planning)

8) 품질향상팀을 감독하는 감독자 교육 실시(Supervisor Training)

9) 품질 평가기준이 무결점임을 인식시키고 감독자와 종업원의 상호이해를 증진시키기 위하여 무결점임을 기념(ZD Day)

10) 품질향상팀의 활동 목표 설정(Goal Setting)

11) 원인추구와 과오원인의 제거(Error Cause Removal)

12) 품질향상 결과의 평가와 포상(Recognition)

13) 외부의 품질전문가와 내부의 감독자들의 의견 교환을 위한 품질자문위원회 개최(Quality Council)

14) 앞의 13단계가 지속적으로 수행되도록 반복시행 장치 마련(Do it over Again)

CHAPTER 04

쥬란의 품질 3요소

품질계획(Quality Planning)	고객과 그들의 요구사항, 고객이 기대하는 제품 및 서비스의 특징, 이러한 속성을 가진 제품 및 서비스를 전달하는 프로세스를 규명하고, 조직의 생산부문에 이러한 지식의 전달을 촉진하는 과정
품질통제(Quality Control)	고객의 진정한 요구사항에 비추어서 제품을 실질적으로 검토하고 평가하는 과정으로 발견된 문제점들은 이때에 수정한다.
품질개선(Quality Improvement)	품질이 지속적으로 개선되도록 뒷받침해 주는 지원메커니즘을 시행하는 과정. 여기에는 자원할당, 품질프로젝트를 추진하기 위한 인력배치, 이 프로젝트에 참여하는 사람들의 훈련, 품질업무를 추진하고 성과를 유지하기 위한 영구적 조직을 구축하는 것들이 일반적으로 포함된다.

[품질 트럴러지]

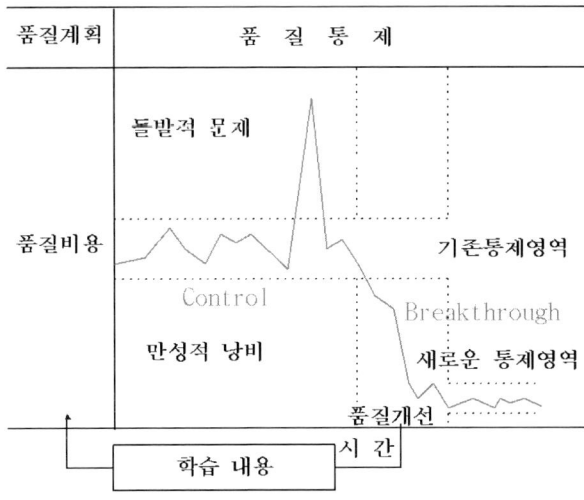

PART 0**4**

벤치마킹

벤치마킹의 정의와 역사

1. 벤치마킹(Benchmarking)

: 경쟁우위를 쟁취하기 위하여 산업의 최고 수준의 기술 혹은 업무방식(프로세스)을 배워서 경영성과를 향상하려는 노력이다.

※ 벤치마크(Benchmark): 고도, 거리 등을 측정하기 위하여 지표 위에 움직이지 못하게 고정시킨 돌이나 금속물질로 된 표적을 말한다.

벤치마킹 협회의 정의

체계적이고 지속적인 프로세스이다. 자사의 성과를 향상시키기 위해 세계의 선도적 기업들의 프로세스와 자사의 프로세스를 지속적으로 측정하고 비교하는 프로세스를 말한다. 이러한 벤치마킹을 통하여 얻은 정보는 성과향상을 위한 자사의 업무 개선 수행에 도움을 줄 수 있다.

2. 벤치마킹의 역사

1) 1세대 벤치마킹(제품 벤치마킹: 제2차 세계대전 이후~1970년 중반 까지)

경쟁사의 유사한 제품과 자사제품과의 특성 및 성과를 비교하는 것을 의미하며, 제품을 분해하여 각 부품의 기술적·공학적 특성을 분석하고 재구성해 보는 역공학이다.

2) 2세대 벤치마킹(경쟁적 벤치마킹: 1970년 중반~)

경쟁사의 제품을 비교하는 것에서 한 걸음 나아가 경쟁사의 프로세스와 비교하는 것을 포함한다.

3) 3세대 벤치마킹(프로세스 벤치마킹: 1980년 초~)

경쟁사에 국한하지 않고 이종 산업의 기업으로부터도 최우량 프로세스를 배울 수 있다는 개념으로 경쟁사에는 제공하기 꺼리는 정보들이 이종 산업의 기업들에는 비교적 용이하게 전파될 수 있다는 점에 착안한 벤치마킹 기법이다.

4) 4세대 벤치마킹(전략적 벤치마킹: 1980년 후~)

경쟁사뿐만 아니라 전략적으로 제휴하고 있는 회사들의 전략을 이해하고 대응하여 대안들을 평가하고, 전략을 수행하고, 성과를 개선하기 위한 시스템적인 프로세스이다.

벤치마킹의 대상

벤치마킹의 기본 목적은 경쟁력 향상이며 경쟁력의 관점에서는 제품과 프로세스에 대한 벤치마킹이 필수 사항이다.

1. 제품의 관점에서 제품 설계와 관련된 <u>제품 특성</u>과 <u>제품의 비용</u>
2. 프로세스 관점에서 <u>업무수행방식</u> 및 <u>업무수행절차</u>

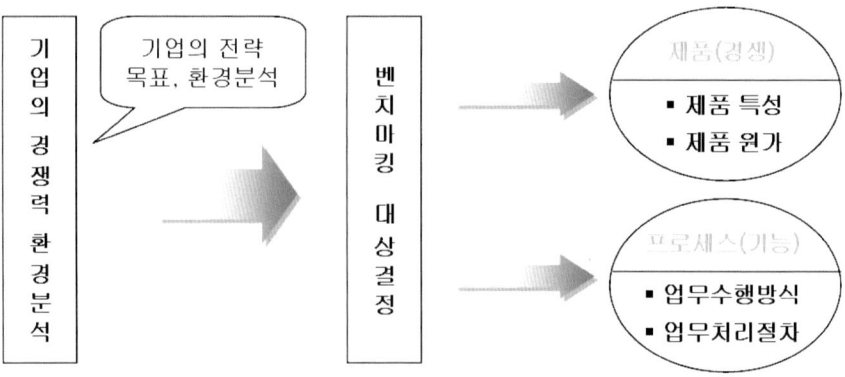

벤치마킹의 원리

자사의 개선활동을 위한 노력의 일환으로 진행되지만 벤치마킹 대상 파트너의 협조가 필수적이기 때문에 상호 이득이 될 수 있는 방향에서 예의 바르게 진행되어야 한다.

1. 상호성(Reciprocity)

상호 이득을 가져올 수 있는 정보의 공유 정도와 데이터의 상호 교환 정도는 반드시 파트너와 협의되어야 한다.

2. 유사성(Analogy)

파트너 기업과의 프로세스가 비교 가능한 것이거나 유사성이 존재해야 한다는 전제가 있어야 한다.

3. 측정성(Measurement)

측정은 자사와 파트너사의 프로세스 성과를 비교하기 위해서 반드시 수행되어야 한다.

성과 측정의 단위를 결정하여야 하며, 측정단위가 계량화될 수 있어야 한다.

4. 타당성(Validity)

프로세스 측정과 검사결과는 타당한 실적자료나 연구자료에 의한 근거를 갖고 있어야 한다.

CHAPTER 04 벤치마킹의 행동강령

기업들 간의 정보 교류 및 인적 교류를 전제로 하고 있기 때문에 양사 간의 행동을 원활하게 하고 때에 따라서는 규제할 수도 있는 행동강령이 필요하다.

1. 합법성의 원리(Principle of Legality)

공정한 상거래를 저해할 수 있는 파트너 기업과의 시장분할, 가격담합, 기업비밀의 획득, 뇌물수수 등의 행위를 다루지 않는다.

2. 상호교환의 원리(Principle of Exchange)

파트너 간의 상호 정보교환에 있어 정당한 교환을 위해 벤치마킹 실행 이전에 각자의 기대와 목표 등을 분명히 하여야 한다. 파트너가 밝히고 싶지 않은 정보를 요구해서는 안 된다. 또한 상대방이 제공한 수준의 정보만큼은 최소한도 상대방에게 공개할 수 있어야 한다.

3. 비밀보호의 원리(Principle of Confidentiality)

모든 정보는 상호 비밀이 보장된다는 원리하에 벤치마킹 파트너끼리 서로 공유하게 된다. 따라서 벤치마킹 파트너의 동의 없이 어떤 회사에도 파트너의 정보를 유출하여서는 안 된다.

4. 사용의 원리(Principle of Use)

벤치마킹 연구로부터 얻어진 정보는 단지 프로세스 향상을 위하여 사용되어야만 한다. 파트너의 동의 없이 광고 또는 마케팅, 판매를 위해서는 벤치마킹을 통해 획득한 정보를 사용하여서는 안 된다.

5. 상대방 접촉의 원리(Principle of First – Party Contact)

파트너 회사의 공식적인 벤치마킹 창구를 통하여 접촉하여야 한다. 상호 접촉이 이루어진 경우는 상호 동의서를 교환하는 것이 바람직하다.

6. 제3자 접촉의 원리(Principle of Third – Party Contact)

벤치마킹에 참여한 파트너사의 직원 이름을 동의 없이 제3자에게 누출하여서는 안 된다.

7. 준비의 원리(Principle of Preparation)

파트너와 접촉하기 위해서는 사전에 모든 준비가 완료되어야 한다.

8. 완료의 원리(Principle of Completion)

모든 파트너들이 동의할 만한 결과와 만족할 만한 수준에 도달했을 때
완료되었다고 할 수 있다.

田口 품질공학

CHAPTER 01

다구찌방법 개요

문제] 다구찌방법에 대하여 설명하시오.

풀이) 다구찌방법은 실험계획법으로 직교배열법을 이용해서 개발된 기법으로 먼저 품질의 불량원인을 통제가 가능한 것과 통제가 어려운 것으로 분석하고 통제가 어려운 것을 잡음이라고 하고 이 잡음에는 다음 3가지 구분한다.

① 외부잡음(external noise): 외부사용환경조건 변화에 의한 품질변동요인

② 내부잡음(internal noise): 부품, 설비, 생산공정 등의 열화로 인한 요인

③ 제품 간 잡음(between noise): 제품이 생산과정이나 생산활동이 불완전 품질변동하여 발생되는 요인으로 분석했다.

이 3가지 잡음을 모두 제거하는 것이 제일 중요하지만, 제거가 어려울 때는 잡음에 둔감한 안전한 설계를(robustness design) 하는 것이 좋은 제품을 만드는 것으로, 이 방법이 다구찌 설계의 원리이다.

전통적인 설계는 아이디어 개발에서 기능 설계, 상세 설계로 이어지지만 다구찌방법에서는 시스템 설계, 파라미터 설계, 허용차 설계의 3단계로 이루어진다.

① 고유기술 및 생산기술적인 측면에서 제조공정이 설계된다.

② 파라미터 설계는 잡음요소가 제품생산에 미치는 변동이 최소가 되는 목표치를 규명한다.

③ 허용차 설계는 파라미터단계에서 얻어진 성능 특성치가 이상적인 값에 대한 허용치를 결정하는 단계이다.

※ 다구찌방법의 핵심은 파라미터설계에 있으며, 신호 대 잡음의 비율(SN비: Signal/Noise)을 평가척도 사용한다.

문제] 품질특성치를 분류, 설명하시오.

풀이)
1) 원류특성: 제품기능(기본) 특성
2) 상류특성: 제품목적(설계) 특성
3) 중류특성: 생기(제조기술) 특성
4) 하류특성: 소비자 특성

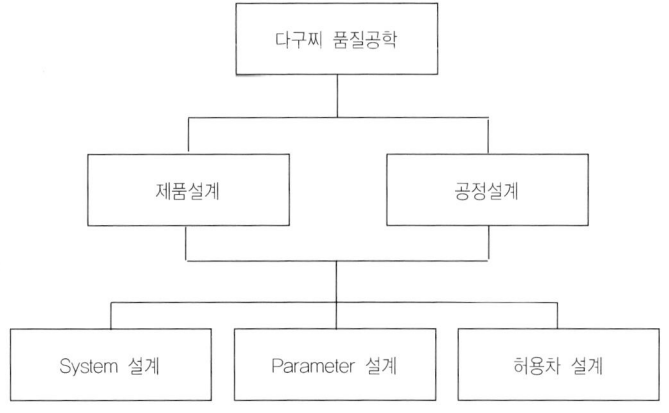

■ System 설계

▶ 목적기능을 갖는 시스템 또는 Concept를 선택한다.

▶ 같은 기능을 갖는 수많은 시스템을 생각할 수 있다.

■ Parameter 설계

▶ 시스템이 노이즈에 가장 둔감하도록 제어인자들의 최적조건을 구하는 것

▶ 총비용을 감소시키면서 Robustness를 달성하는 것

■ 허용차 설계

▶ 최적조건 설정 후 제품 / 공정의 허용 가능한 변동을 결정하는 것

▶ 품질특성의 산포에 의한 손실을 경제적으로 평가하여 코스트와의 밸런스를 잡는 방법

CHAPTER 02 손실함수

손실함수(Loss Function)

• 기존의 품질판정 개념

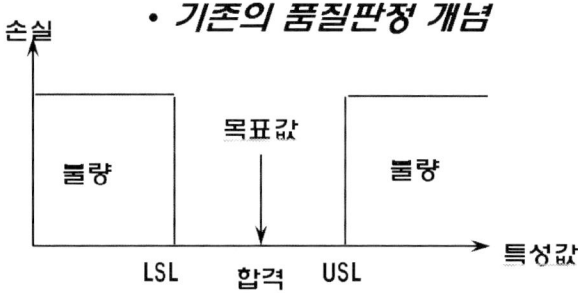

• 손실함수(Quality Loss Function) 개념

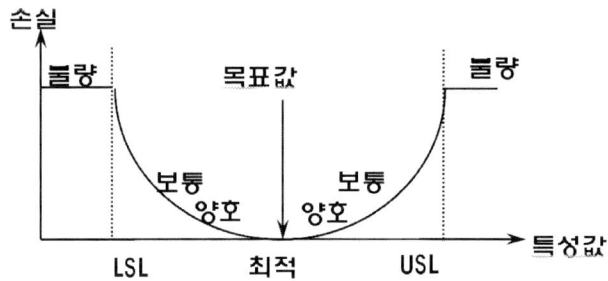

문제] 제품의 품질특성치에 대하여 설명하시오.

풀이) 제품의 특성에는 정특성과 동특성이 있다.

1) 정특성에는 ① 망소특성, ② 망대특성, ③ 망목특성 ④ 백분율 특성
   히스토그램에 의한 관리이다.

① 망소특성이란 배기가스량, 마모량, 처리시간, 불순물의 함량, 균열,
   소음 등과 같이 특성치의 값이 작으면 작을수록 좋은 특성.

   $L(Y) = Ky^2$

   $S/N비 = -10\log[1/n \sum yi^2]$

② 망대특성이란 인장강도, 접착강도
   사용수명, 효율, 내구성 등과 같이
   크면 클수록 좋은 특성을 말한다.

   $L(Y) = K(1/y^2)$

   $S/N비 = -10\log[1/n \sum 1/yi^2]$

③ 망목특성은 제품의 길이, 무게, 두
   께 등과 같이 목표값이 주어진 경
   우 특성치의 값이 목표값에 가까
   울수록 좋은 특성을 말한다.

   $L(Y) = K(y-m)^2$

   $S/N비 = 10\log[1/n \ 1/yi^2]$

2) 동적특성: 수동적 특성과 능동적
   특성.

   센서나 계측기의 정도 공작기계의 성능, 통신시스템의 성능 등과

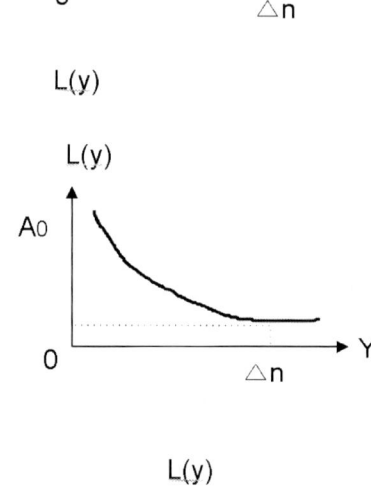

같이 그 제품이 만들어 내는 다
차원의 정보나 성능의 정확성에
대한 집단적 성질이며 목표치가
필요에 따라 여러 가지로 변하는
특성 관리도에 의한 관리

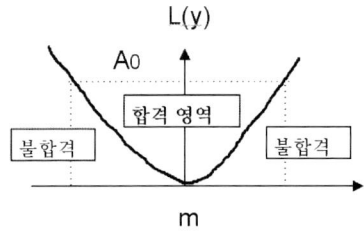

문제] 품질에 대한 기존의 관점과 다구찌 품질공학의 관점의 차이를 설명하시오.

풀이)

1) 기존의 품질의 관점: 품질은 제품의 유용성을 정하는 성격. 또는 협
   의의 품질은 제품 자체의 질을 의미, 일정한 규격 내에 있으면 합격

2) 다구찌 품질공학의 관점: ON – LINE QC활동(통계적 공정관리)과
   OFF – LINE QC활동(제품 및 공정 설계를 통한 품질개선 노력)을
   통하여 제품품질이 사회에 끼치는 손실을 최소화하기 위한 모든 활
   동의 체계이다.

 – 품질에 대한 새로운 평가개념(품질손실함수: $L(y) = K(y－m)^2$을 도입
   하여 이상적인 목표치를 벗어나는 모든 제품은 손실이 발생한다고
   간주한다.

문제] S / N비 사용 시 이점

풀이) ① 응답의 평균과 무관하게 최적화를 이룰 수 있다. 따라서 목
       표값이 달라지는 경우에도 최적조건이 타당성을 가진다.

② 부분 SYSTEM 부품설계를 동시에 진행할 수 있다.

부분 SYSTEM 부품에 대한 규격을 설계 후반에 변경하더라
도 잡음인자에 대한 감도에 나쁜 영향을 수반하지 않는다.

③ 적절한 S/N를 사용하였을 때 인자효과의 가법성이 향상된다.
반면에 적절한 S/N를 사용하지 못한다면 제어인자들 간의
교호작용이 크게 나타나 실험비용이 높아지고 결과의 신뢰도
가 떨어진다.

④ 개발에 따른 총생산성이 높아진다.

문제] 다구찌 품질공학에서 S/N비를 이용한 모수 설계 절차를 분류하여 설명
하시오.

풀이)

1) 대상실험주제의 선정: 제품기능이나 목적기능 및 소비자의 요구특성
을 명확히 하여 상류특성 이상의 주제를 선정한다.

2) 실험주제의 선정 동기와 문헌조사: 주제 선정배경에 대해 제품기능
설명이나 해당 제품품질 및 공정흐름을 상세히 설명한다.

3) 제품의 기본/목적기능 및 목적결과(특성)치의 선택: 제품의 구조나
원리에 의한 기본 기능의 원류 품질특성을 우선적으로 선택한다.

4) 계측기의 R&R 평가: 계측기의 반복성 & 재현성, 안정성, 선현성의
평가조치한다.

5) 기본 기능의 동특성 및 품질특성에 따른 요인 도출: 기본 기능과
품질특성에 영향을 주리라고 예상되는 조건의 요인을 도출한다.

6) 주요 인자 구분 및 Process Chart 작성: 설계변수나 공정변수를 특성 요인도나 계통도로 도출된 상태에서 요인을 선택하고, Process Chart 작성한다.

7) 실험인자 구분 및 수준선정표: 작업수준의 80% 정도에서 수준을 정한다.

8) 실험인자의 배치와 반복 수 결정: 실험인자의 수가 적으면 요인배치법을 이용해도 좋으나 인자의 수가 많으면 직교배열표를 이용한 실험법이 바람직하다.

9) 실험의 준비: 품질특성에 따른 실험제품은 될 수 있는 한 유사한 기능을 가진 시험 시편을 준비 실시한다.

10) 실험 실시: 실험기간은 가능한 1주일 이내 늦어도 3주 이내에 실시하는 것이 바람직하다.

11) Data분석: 최대의 정보를 도출할 수 있도록 S / N비 값을 각종 그래프, 간이 파레토도 분산분석법, 통계적 검추정, 중회귀분석 등을 이용해서 분석한다.

12) 재현성 실험: 최적조건하에서 재현성이 있는지 확인 실험을 한다.

13) 허용차 설계: 최적조합 조건하에서 확인 실험한 Data가 재현성이 없거나 예상목표에 미달 시 다시 시작하거나 원인 특성에 대한 허용차 설계를 실시한다.

14) 효과파악 및 표준화: 손실함수에 근거한 효과파악을 실시하고, 기타의 유형 및 무형 효과를 조사하고 표준화 한다.

15) 사후관리 및 향후계획: 전 실험 단계에 대한 보고서를 작성한다.

문제] 잡음(Noise)에 대하여 설명하시오.

풀이)

1) 잡음인자(noise factor)의 정의: 품질특성에 의하여 측정되는 어떤 제품의 특성은 사용현장의 다양한 원인에 의하여 달라진다. 그러한 원인을 잡음인자라 한다.

* 제품상태의 잡음인자

(1) 외부적 인자(external): 제품이 사용되는 환경과 제품의 부하는 제품의 성능에 영향을 주는 두 가지 중요한 외부적 인자이다.
환경잡음인자의 예로는 온도, 습도, 먼지, 공급전압, 전자기적 간섭, 진동 그리고 제품을 사용하는 사람의 오류 등을 들 수 있다.

(2) 제품별 변동(unit to unit variation): 제조과정 중 불가피한 변동으로 인해 제품마다 성능의 차이가 발생한다.

(3) 열화(deterioration): 제품 판매 시에는 그 기능적 특성이 목표치에 일치하더라도 시간이 지나면서 부품이 조금씩 변화되면서 제품성능이 열화된다.

사례) 냉장고: 냉장고 내의 온도조절과 관계된 주요 잡음으로는

－외부적 요인: 문을 여닫는 횟수, 대기온도의 변화, 공급전압의 변동

－제품별 변동: 문이 잘 닫히는 정도와 냉각제의 양

－열화: 냉각제의 누출과 압축기 부품의 기계적 마모

* 제조공정상 잡음인자

(1) 공정 외부적 잡음: 공정이 수행되는 환경과 관련된 잡음인자(대기, 습도, 온도)와 공정에 부여된 부하 그리고 원료의 변동과 작업자의 실수 등이 이러한 범주에 속한다.

(2) 공정 불균일성: 어떤 공정에서는 여러 개의 제품이 동시에 뱃치 단위로 처리된다.

예를 들면 회로판의 파형용접의 경우 1000개 이상의 용접 조인트에서 동시에 실시된다.

어떤 공정에서는 공정 불균일성이 변동의 주요 인자가 될 수 있다.

(3) 공정편향: 사용되는 화학물질의 감소나 사용도구의 마모에 의해서 제품이 생산됨에 따라 평균품질특성이 편향된다.

사례) 사진현상과 관련된 잡음인자

공정 외부적: 동시에 현상되는 필름의 수와 실내의 조명 조건

－공정 불균일성: 뱃치 간의 현상시간의 변동 그리고 현상장치 내에서 위치에 따른 화학 반응의 변동

－공정 편향: 더 많은 필름이 현상됨에 따른 화학반응의 변동

On - line, Off - line 품질

On - Line QC	
주요 활동	내 용
공정관리 제품관리	공정진단과 조정 공정조건에 의한 품질의 예측과 수정 측정과 조치를 수행하는 검사
통계적 공정관리기법의 활용	

Off - Line QC	
주요 활동	내 용
제품 설계 공정 설계	시스템 설계 파라미터 설계 허용차 설계
실험계획법의 활용	

● On - Line

1) 시스템 설계: 고유기술 및 생산기술적인 측면에서 제조공정이 설계되며 흔히 목표 품질을 확보하기 위한 자동제어 장치도 같이 설계된다.

2) 파라미터 설계: 제조공정의 각 부분공정의 최적공정 조건을 정하여 주고 또한 구입하여야 할 적절한 원부자재, 부품 등도 정하여 준다. 이 설계에서는 각종 잡음의 영향하에서도 공정능력이 높은 조건을 찾아 주는 것이 중요하다.

3) 허용차 설계: 공정조건의 허용차와 품질변동의 원인을 찾아내어 허용차를 줄여 주거나 원인을 제거시키는 것이 주목적이 되는 설계.

- Off – Line

1) 시스템 설계: 개발하려는 제품 분야를 고유기술, 전문지식, 경험 등을 바탕으로 제품기획단계에서 결정된 목적기능을 갖는 제품의 원형을 개발하는데 처음부터 완벽한 시스템 설계는 어려우므로 대개 두세 가지의 가능성 높은 설계를 한 후 다음 단계의 파라미터 설계나 허용차 설계에서 미비점을 보완한다.

2) 파라미터 설계: 파라미터는 제품성능 특성치에 영향을 주는 제어가 능한 인자를 의미하며 파라미터 설계는 이들 인자들의 최적수준을 정하여 주는 것을 말한다.
파라미터를 설계변수라고도 부르며 파라미터 설계에서는 제품의 품질변동이 잡음에 둔감하면서 목표품질을 가질 수 있도록 설계변수들의 최적조건을 구하여 준다.

3) 허용차 설계: 파라미터 설계에 의하여 최적조건을 구하였으나 품질특성치의 변동이 만족할 만한 상태가 아닌 경우에 허용차 설계가 수행된다.

■ 정특성(靜特性)

▶ 망소(望小)특성: 음수가 아니면서 작을수록 좋은 경우
▶ 망대(望大)특성: 클수록 좋은 경우
▶ 망목(望目)특성: 일정한 목표값을 갖는 것이 좋은 경우

■ 동특성(動特性, Dynamic Characteristic)

▶ 입력(M)과 출력(y)이 있음

▶ 출력특성의 목표치가 입력신호에 따라 변함

▶ 동특성의 예

　수도꼭지: 수도꼭지의 회전각과 물의 양

　자전거의 페달: 페달을 돌리는 힘과 주행속도

　자동차의 핸들: 핸들의 회전각도와 회전반경

인자의 분류 및 수준 결정

■ 신호인자

▶ 사용자가 원하는 값을 얻기 위하여 변화시키는 입력

▶ 신호수준의 결정

　– 현재의 제품은 물론이고 장래에 이 기술을 사용하여 개발할지도
　　모를 제품들을 모두 포함시킬 수 있도록 신호수준을 넓게 잡음.
　　(통상 3～5수준이 적당함)

■ 제어인자

▶ System에 영향을 주는 변수 중 비용을 최소화하면서 사양을 결정
　하고 제어할 수 있는 설계

Parameter. (제어인자는 가능한 많이 사용해야 개선의 기회가 많아짐)

▶ 통상 2~3수준을 사용하나 가능하면 3수준을 선택하는 것이 바람직함

■ 잡음인자(Noise 인자)

▶ System에 영향은 주지만 제어할 수 없거나 기술의 한계 등으로 제어하지 않기로 한 인자

▶ Noise 인자가 많고 이들의 경향을 알고 있을 경우 출력반응이 작아지거나 커지는 경향을 보이도록 인자들을 조합함(통상 2수준을 사용함)

－ N_1: 출력반응이 작아지는 Noise 인자 조합 － N_2: 출력반응이 커지는 Noise 인자 조합

품질비용(Q – COST)

문제] 품질비용에 대하여 설명하시오.

풀이) 좋은 품질의 제품과 서비스를 보다 경제적으로 만들기 위한 방법을 도모하고 품질관리 활동의 효과와 경제성을 평가하기 위한 방법이다.

– 품질비용의 종류

① 예방비용(Preventive Cost)

품질계획이나 제반의 기술배양, 품질교육 등 품질문제발생을 사전에 예방하기 위한 노력에 소요되는 비용

② 평가비용(Appraisal Cost)

적정 품질수준을 유지하기 위하여, 자재, 외주가공품 및 제품의 품질 평가나 불량 발견을 위한 검사작업에 소요되는 비용

③ 내부실패비용(Internal Failure Cost)

사용자(Customer) 측에 제품을 출하하기 전에 사내에서 발생, 발견된 품질문제(불량)로 인하여 발생된 손실비용

④ 외부실패비용(External Failure Cost)

사용자(Customer) 측에 제품이 출하(판매) 이후에 발생, 발견된 품질문제로 인하여 발생된 손실비용

Q – Cost의 분류

CHAPTER 02

문제] Q–Cost를 분류하여 그 내용을 설명하고 각 종류에 대하여 10가지 이상
　　의 산출비목(예)을 열거하시오.

풀이)

구 분	구성항목	산출비용
예방 코스트 Preventive Cost	품질계획(Quality Planning) 공정계획(Process Planning) 공정관리(Process Control) 훈련, 교육(Training) 자료수집 및 분석, 품질 보고서	QC 기획, 품질시스템 개발비용 QC기술비용 QC교육, 훈련비용 QC사무비용
평가 코스트 Appraisal Cost	검사(Inspection)(원자재검사 등) 시험(Test) 품질감사(Quality Audits) 테스트장비(Test Equipment)의 유지 보수 검사와 시험의 재료 및 인력	수입검사비용 공정검사비용 완성품검사비용 시험비용 시험, 검사 기기의 보전비용
내부실패 코스트 Internal Failure Cost	공정불량(Scrap) 재작업(Remake, Rework) 스크랩 또는 수리(공급사에 의한) 생산중단, 생산량 손실	폐각비용 재가공비용 수입자재 외주불량비용 설계변경비용 내부불량비용
외부실패 코스트 External Failure Cost	고객비용(Cost to Customer) 보증비용(Warranty Cost) 불평 무마비 (Compliant Adjustments) 반품(Returned Material) 크레임(Claim) 이미지 상실	A / S 수리비용 현지서비스비용 제품서비스비용 보증기간 만료 후 불만처리비용

03 CHAPTER — Q – Cost의 개념 변화

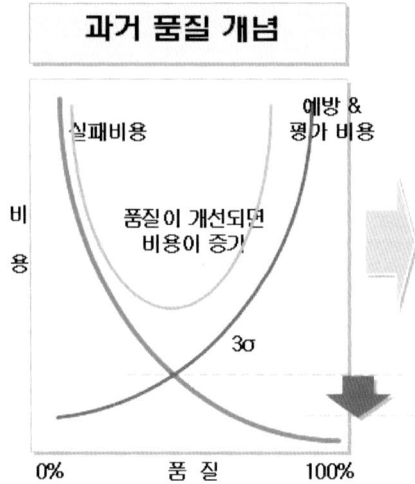

과거 품질 개념

실패비용

예방 &
평가 비용

비
용

품질이 개선되면
비용이 증가

3σ

0%　　　품 질　　　100%

□ 검사에 의존하여 출하 품질 보증
□ 고 품질을 확보하기 위해 검사,
　 재작업, 폐기 등의 Loss 발생

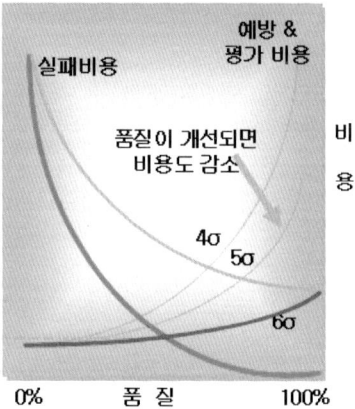

새로운 품질 개념

실패비용

예방 &
평가 비용

비
용

품질이 개선되면
비용도 감소

4σ
5σ
6σ

0%　　　품 질　　　100%

□ 불량을 만들지 않는 Process 구축
□ 검사, 재작업, 폐기 등의 Loss를
　 발생 시키지 않는 개념

문제] 앞의 Q-COST 그림을 참고하여 PPM품질혁신 운동의 의미를 설명하시오.

풀이)

1) 예방비용(Preventive Cost): 제품이나 서비스의 품질문제가 발생하기 이전에 이를 방지하기 위해 소요되는 비용이다.
이러한 비용은 공급기업에서 최종 소비자에 이르기까지 전 과정에서 발생할 수 있으며 또한 품질비용의 절감에 가장 효과적인 부분이다. 왜냐하면 적절한 예방비용은 전체 품질비용을 낮추고 동시에 품질수준을 높일 수 있는 효과적인 투자이기 때문이다.

즉 예방비용은 한 시점에서는 지출되는 비용의 성격을 갖지만 장기적인 관점에서 보면 검사비용이나 품질실패에 따르는 비용을 낮추게 되므로 오히려 기업에 더 많은 이익을 가져올 수 있는 투자이기 때문이다.

2) 평가비용(Appraisal Cost): 생산과정에 투입되거나 생산되는 부품 및 제품의 품질을 측정하고 평가하어 불량품으로 인한 손실을 최소화하고 안정적인 제품을 공급하기 위해 소요되는 비용을 의미한다.
품질의 평가는 현재의 품질수준에 관한 정보를 제공함으로써 목표나 기준에 부합되는지를 판단하고 경쟁 기업이나 기업 내 부문별 비교분석 또는 시간흐름에 따른 추세를 파악하기 위한 것이다. 또한 그러한 분석결과를 바탕으로 기존의 품질관리 활동을 유지하거나 개선함으로써 품질수준을 제고하고자 하는 것이다.

3) 실패비용

- 내부실패비용(Internal Failure Cost)

  품질에 문제가 있는 제품이나 서비스가 고객에게 전달되기 이전에 발견되어 발생하는 손실을 의미한다.

  생산공정에 대한 품질 평가가 이루어지면 정해진 품질수준을 충족시키지 못하는 제공품이나 완제품이 발생할 수 있다.

  그러한 불량품에 대해서는 폐기하거나 재작업 또는 등급을 낮추어서 출하하게 된다.

- 외부실패비용

  고객의 제품 사용과정에서 품질문제로 인해 발생하는 제반비용.

  과거와는 달리 외부실패비용에는 보증기간 내 제품수리나 환불 등에 따르는 소극적인 비용뿐만 아니라 고객이 제품을 사용하는 과정에서 입게 되는 직, 간접적인 손실까지 포함해야 한다.

  또한 법적인 책임과 아울러 기업이미지나 매출에 치명적인 손실을 입는 경우도 있다는 점을 고려해야 한다.

  이처럼 제품이 고객의 손에 넘어간 이후에 발생하는 불량을 개선하는 것은 많은 비용을 초래한다.

  다른 비용과는 달리 외부실패비용은 그 규모나 기업에의 파급효과가 매우 크며 기업으로 하여금 회복하기 어려운 손실을 가져오게 한다.

Q - Cost 평가목적

문제] Q-COST를 측정하고 평가하는 목적에 대하여

풀이)

1) 자사제품과 서비스의 품질수준에 관한 객관적인 정보를 제공한다.

2) 품질관리 활동이나 Program의 효과를 평가한다.

3) 부문별, 기업별, 기간별, 비교분석을 통해 추세를 파악하거나 품질수준 목표를 제시한다.

4) 기업 내 품질문제의 중요성을 명확히 인식시킨다.

문제] Q-COST 활용 용도에 대하여

풀이)

1) 측정(평가)의 기준으로 이용된다.

2) 공정품질의 해석기준으로서 이용된다.

3) 계획을 수립하는 기준으로서 이용한다.

4) 예산편성의 기초 자료가 된다.

문제] 품질비용의 분석 목적과 원가관리 목적과 어떻게 다른가?

풀이) ① 품질경영활동의 측정(평가)의 기준이 된다.

　② 품질문제를 돈으로 환산 제시함으로써 관련 부서에 품질개선의 동기를 부여한다.

　③ 현장관리자가 품질 COST의 절감 목표를 설정하고 이를 위한 계획을 수립한다.

　④ 양 위주의 생산체제에서 질 위주의 생산체제로 변경한다.

　⑤ 공정품질의 해석 기준으로서 이용한다.

CHAPTER 05

COPQ

문제] COPQ(Cost Of Poor Quality)란 무엇인가?

풀이) COPQ의 개념은 기업 내에서 불필요하게 발생하는 이익손실비용을 측정하는 재무적 척도를 의미하는 것으로서, 기업의 이익에 기여하지 않는 모든 것을 말한다.

- COPQ: Cost of Poor Quality(전통적인 품질비용＋숨어 있는 실패비용)

  COPQ＝낭비 Cost / 매출액*100(%)

- 낭비의 7요소: 재작업, 업무절차, 운반, 대기, 이동, 과잉생산, 재고 등

문제] COPQ의 대표적인 COST 5가지 설명하시오.

풀이) ① 수율저하

② 고객에 대한 에러율 상승

③ 품질코스트 상승

④ 제품품질 문제 발생

⑤ 예측 불가능한 품질

⑥ 열악한 PROCESS 능력

⑦ 계측된 시스템의 에러

⑧ 기계가동률 저하

⑨ 운전 코스트 상승

⑩ 폐기 코스트, 재작업 코스트 상승

σ 수준	COPQ규모(매출액 대비)		
	Visual	In - visual	계
6시그마	3% ↓	7% ↓	10%미만
5시그마	3~4%	7~11%	10~15%
4시그마	4~5%	11~15%	15~20%
3시그마	5~8%	15~22%	20~30%
2시그마	8~12%	22~28%	30~40%

분임조 활동 / QC TOOL

CHAPTER 01 분임조 활동의 의미

문제] 소집단활동 특히 분임조 활동에 대해 서술(의미, 역사, 목적 등 포함)하고 이의 도입 추진 시 귀사(또는 국내기업)에서 발생했던 문제점 및 그 해결방법에 대하여 기술하시오.

풀이) 1. 분임조 활동의 의미

　　　같은 직장 안에서 품질관리 활동을 자주적으로 행하는 작은 그룹으로 이는 전사적 품질관리의 활동의 일환으로서 자기계발, 상호계발을 하고 QC 수법을 활용하여 직장의 관리, 개선을 계속적으로 전원 참가로 행한다.

　　2. 분임조 활동의 기본 이념
　　 1) 기업의 체질 개선, 발전에 기여한다.
　　　 ① 각 직장의 핵, 세포로서 자주적으로 활동할 수 있을 것
　　　 ② 관리, 개선활동이 종래보다 활발하게 할 것
　　 2) 인간성을 존중하여 보람 있고 명랑한 직장생활을 만든다.
　　　 ① 자기계발, 상호계발의 장이 주어져 있을 것
　　　 ② 품질분임조의 자주성을 진정으로 존중할 것
　　 3) 인간의 능력을 무한히 발휘하여 가능성을 창출한다.

① 인간으로 가치가 발휘되는 일, 전력을 기울인 데 대해 보람을 느끼게 할 것
② 분임조원이 지혜와 독창성이 길러지는 활동을 하고 있을 것
③ 인화, 협동의 결합이 도모될 수 있게 능력발휘가 이루어지고 있을 것

문제] 소집단 활동의 기본 개념

풀이)

1) 기업의 체질개선, 발전에 기여한다.
2) 인간성을 존중하고 삶의 보람이 있는 명랑한 직장을 만든다.
3) 인간의 능력을 발휘하여 무한한 가능성을 창출한다.

문제] 소집단 활동의 특징을 5가지 이상 열거

풀이)

1) 적은 수의 인원으로 대면 접촉 집단이므로 좋은 인간괸계기 성립되기 쉽다.
2) 대화에 의한 의견이 Idea를 낳고 Idea가 창조성을 낳게 된다.
3) 서로가 참마음을 털어놓기가 쉬워, 이 때문에 가치관의 틀이 풀어져 새로운 가치관을 받아들이기 쉽다.
4) 스스로 생각하고 발상하는 것이 자주성을 키우는 데 견인차가 된다.

5) 가치관의 향상과 자주성의 육성에 의하여 주변에 있는 문제를 발견하고 이를 분석하여 해결하려는 의욕이 생기게 된다.

문제] 일반적 품질관리 조직을 계획하는 데 필요한 3가지 도구를 쓰시오.

풀이)
1) 조직도
2) 직무기술서
3) 업무(책임) 분장표

CHAPTER 02 소집단 활동의 목적

문제] 분임조 활동의 목적

풀이)

① 전사적 혁신활동에 의한 종합 품질 생산성을 향상

② 계층 간 일체화 전략에 의한 조직체질을 강화 및 조직의 사기를 앙양

③ 자주적, 지속적 개선활동을 통한 조직 개개인의 잠재능력을 개발

④ 조직원 전체의 의식을 전환하고 혁신추구의 사고를 함양

⑤ 개개인의 자기계발 실천의지를 회사 전체에 확산

문제] 분임조 활동에서 현장개선의 필요성에 대하여 쓰시오(5가지 이상).

풀이)

1) 품질향상

2) 원가절감

3) 납기확보

4) 안전확보

5) 인간관계를 좋게 하기 위하여

CHAPTER 03 소집단 활동의 문제해결 단계

문제] 품질분임조 활동에서 문제해결 과정을 설명하시오.

풀이) 품질분임조 활동의 문제해결 활동의 단계별 진행은 QC 스토리로 전개

① 문제점 파악: 공장의 5대 임무(품질, 원가, 생산량, 납기, 사기, 의욕, 안전 등)

4M(사람, 기계, 재료, 방법) 및 5S(정리, 정돈, 청소, 청결, 생활화) 점검항목, 관리항목, 작업표준, 규격 등의 바람직한 모습과 대비한 문제점을 파악한다.

② 주제(테마) 선정: 5대 임무, 4M, 5S 등에 대해 직장문제와 관련된 문제를 선정한다.

③ 활동계획수립: 활동계획서는 개선활동 능력에 맞게, 역할분담, 상사의 승인을 득하여 수립한다.

④ 현상파악: 5대 임무, 3무(무리, 불균형, 낭비), 4M, 5S에 대해 원인과 결과의 관계 등에 대해 현상을 파악한다.

⑤ 원인분석: 그래프, 층별, 히스토그램, 산점도, 관리도 등과 설비의 경우는 P.M분석 왜왜분석 등을 활용하여 원인분석을 한다.

⑥ 목표설정: 무엇을 얼마나 언제까지 해결할지를 수치나 막대그래프

로 표현하도록 한다.

⑦ 대책수립: 원인분석에서 나온 문제점에 대하여 브레인스토밍법, 연상법, 특성열거법, KJ법 등의 아이디어 발상법을 활용하여 대책을 수립한다.

⑧ 대책 실시: 대책 실시 항목별 역할분담하에 시행, 결정, 승인, 실시 등의 순서로 대책을 실시한다.

⑨ 효과파악: 유형효과 항목으로 품질, 원가, 생산량 등에 대한 '지표 향상효과비율, 차이 등'을 파악하는데 현상파악단계에서의 '개선 전 현상치' 목표설정 단계에서의 '개선목표치' 대책 실시 후의 효과파악 단계에서의 '효과치' 이 3가지를 상호 비교하여 효과를 표현하는 것이 중요하다.

⑩ 표준화 및 사후관리: 기술표준관련 사항은 제품규격, 원재료규격, 부품규격, 금형규격 등에 개선된 내용을 표준화한다.

⑪ 반성 및 향후 계획: 분임조 개선활동 목적과 관련성, 달성도, 활동과정, 금액환산, 분임조원의 만족도, 구체적 성과(QCD)분석, 향후계획 등을 반성한다.

04

소집단 활동의 문제점 및 대책

분임조 활동의 문제점 및 대책

문제점	대 책
① 자주적인 활동보다는 강제적인 활동	자주적 활동을 보장하기 위한 제도개선 (분위기 조성, 교육실시, 인센티브 등)
② 활동에 대한 평가가 너무 유형효과에 치중	유형효과 및 과정을 중요시하는 평가 제도
③ 분임조 활동이 오히려 직장분위기를 경직	자주적 활동 보장, 분위기조성 적극지원
④ 관리자 참여가 미흡	관리자 솔선수범 및 분임조지도, 조언 수행
⑤ 교육지원 미흡	주기적 교육으로 QC수법 터득 활용
⑥ 의식(품질, 개선, 문제의식)미흡	의식향상을 위한 교육 실시
⑦ 분임조 활동은 회사만을 위한 것이라는 의식	회사보다는 자기계발, 상호계발이 먼저 의식전환이 급선무
⑧ 스스로 공부하는 자세부족 및 수법 사용 미흡	공부하는 분위기 조성 및 QC수법 교육
⑨ 발언하지 않고 침묵으로 일관	의장이 지명을 해서 발언 유도

05

소집단 활동의 활성화 및 역할

문제] 소집단 활동의 활성화를 위한 계층별(경영자, 직반장, 분임원) 역할을 설명하시오.

풀이)

1) 경영자의 역할
   - QC 서클 활동이 성장하는 풍토를 조성한다.
   - 구체적 방침 수립한다.
   - TQC를 추진한다.
   - 올바르고 공정한 평가를 한다.

2) 관리자의 역할
   - 자주적으로 활동을 수행하도록 분위기를 조성한다.
   - 지도, 조언의 상담사 역할을 힌다.
   - 활동의 계획, 입안, 지도와 조언을 해 준다.
   - 직제와 관련 분담 등의 조정 역할을 한다.
   - 분임조 회의 등으로 상호조정과 지도·조언을 한다.
   - 직·반장을 위한 교육을 실시하고 능력을 갖도록 한다.
   - 타 부문이 관련되는 경우에는 조정·추진한다.
   - 사내 발표회를 개최, 평가하고 우수한 팀을 선정하여 사외경진 대

회에 파견한다.

- 사내·사외 교류회를 계획하고 실시한다.

- 활동결과에 대해 옳게 평가, 확인한다.

3) 분임조원

- 분임토의에 참가하여 활동을 실시한다.

- 작업지도서를 올바로 지킨다.

- 자신들의 힘으로 좋은 인간관계를 만들어 낸다.

- 분임토의를 통하여 자기계발을 한다.

- 직장의 안전과 자신들의 안전을 확보한다.

- 분임조 활동을 통하여 품질을 보증한다.

문제] 제안제도 활성화 방안에 대하여 설명하시오.

풀이) ① 초기에는 양적인 활성화를 유도, 참가상을 주어 활동을 독려한다.

② 접수 및 심사를 사무국에서 직접 일괄처리하여 제안자가 최고경영자에게 전달되고 있다는 의식을 갖도록 한다.

③ 공장 또는 전사 내 실적을 공유하여 상호 경쟁심을 유발한다.

④ 제안결과를 인사제도에 반영 등 인센티브제도를 도입한다.

⑤ 제안용지, 제안함을 누구나 손쉽게 활용할 수 있는 장소에 비치한다.

⑥ 부서별 제안담당자를 선정하며 운영하고, 종업원의 idea를 최대한 많이 제출할 수 있도록 한다.

⑦ 제안의 날 운영 등을 통한 과제제안을 해결할 수 있도록 유

도한다.

⑧ 정기적 전사대회 또는 회사 간 교류회를 통한 우수사례집 발간 등을 통해 의식을 고취시킨다.

문제] 제안제도의 목적에 대하여 설명하시오.

풀이) ① 원가절감, 품질 및 생산성 향상 등 개선의 향상을 통한 업적 향상

② 전종업원의 경영 참여 및 노사관계의 개선 향상

③ 작업장 안전환경 개선으로 인한 산업재해 근절

④ 제품의 개선 및 신상품의 개발

⑤ 작업방법의 개선

⑥ 발명, 고안의 장려

⑦ 종업원의 교육을 통한 능력 향상 개발

⑧ 기계설비 또는 건물의 보수, 보전 등

문제] 제안제도의 기본 운영방법 5가지를 설명하시오.

풀이) ① 경영자의 적극적인 지원 필요

② 관리자, 감독자들의 제도에 따른 이해와 직급별 역할 수행

③ 계속적인 촉진활동 필요

④ 신속하고 완전한 사무처리 필요

⑤ 최종권한을 갖는 제안제도 위원회 설치 운영

CHAPTER 06

QC 7가지 TOOL

1. 특성요인도

1) 정의: 특성요인도는 특성(결과)에 어떠한 원인(요인)이 있는가를 알기 쉽고, 보기 쉽게 나타내는 것으로 어떤 일의 결과(특성)와 그것을 유발시키는 원인(요인)이 서로 어떻게 관계되고 영향을 미치고 있는지 한눈에 알 수 있게 물고기뼈 또는 나뭇가지 모양으로 나타내는 기법이다.

2) 목적: 문제에 대한 많은 의견을 정리하고 중요한 원인을 찾아 대책을 세워서 개선의 실마리를 발견하고자 하는 경우에 쓰인다.
   어떤 특성에 어떤 원인이 작용하는지를 찾아내기 위해서 흔히 브레인스토밍 같은 방법을 실시한다.

3) 작성방법
   ① 개선해야 할 문제가 되는 특성을 결정한다.
   ② 특성과 등뼈를 기입한다.
   ③ 큰뼈를 기입한다.
   ④ 중뼈·작은뼈·손자뼈를 기입한다.
   ⑤ 요인을 확인한다.

⑥ 요인의 비중을 매긴다.

⑦ 관련 사항을 기입한다.

용 어	본래의 의미	QC에 있어서의 의미
특성 (결과)	특유의 성질	일의 결과로 나타나는 것으로 제품의 품질, 코스트, 생산량, 불량률, 안전의 상황 등이 있다(문제의 정도를 재는 척도).
요인 (원인)	주요한 원인	일의 결과에 대해 영향을 미치는 원인으로서 특유의 성질에 직접적으로 영향을 미치는 것(문제에 영향을 미치고 있는 대상).

사례:

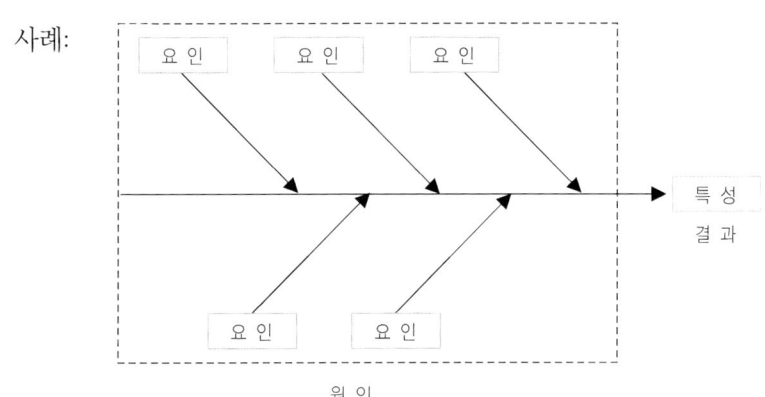

2. 파레토도(Pareto Diagram)

1) 정 의

불량·결점·클레임·고장 등의 발생건수(또는 손실금액)를 현상이나 원인별로 나누어 순서대로 나열해 놓아 그 크기를 막대그래프로 나타낸 그림을 말한다.

2) 목 적

① 어디에 문제가 있는가?

② 어디에 조치를 취하여야 하는가를 판단하는 데 많은 도움을 준다.

3) 요 약

파레토도는 80 / 20 법칙으로 알려져 있다.

즉 20%에 해당하는 범주에 대한 공략을 통해 문제원인의 80%를 줄인다.

① 문제가 되는 항목을 찾아낼 수 있다.

② 문제항목의 순위와 그 비율을 한눈에 알 수 있다.

③ 문제의 크기를 한눈에 볼 수 있으므로 설득력이 있다.

④ 복잡한 계산이 필요 없으므로 누구나 쉽게 작성할 수 있다.

⑤ 누적 점유율을 나타내기 때문에 문제항목들의 점유율을 알 수 있다.

4) 작성순서

① 작성대상을 정하고 데이터를 모은다.

   - 기간을 정한다(1~2개월), 수집자를 정한다.

② 분류 항목별로 데이터를 집계한다.

③ 그래프용지에 가로축, 세로축을 기입한다.

   - 가로축에는 데이터가 많은 순서대로 항목을 기입한다.

   - 세로축에는 표시 눈금을 기입한다.

④ 데이터를 크기순으로 왼쪽부터 막대그래프를 그린다.

⑤ 데이터의 점유율을 꺾은선으로 기입한다.

  – 세로축 왼쪽에 불량 수의 눈금, 화살표, 단위를 기입한다.

  – 세로축 오른쪽에 백분율(%) 눈금을 기입한다.

  – 꺾은선을 그릴 때 'ㅇ'부터 그려 나간다.

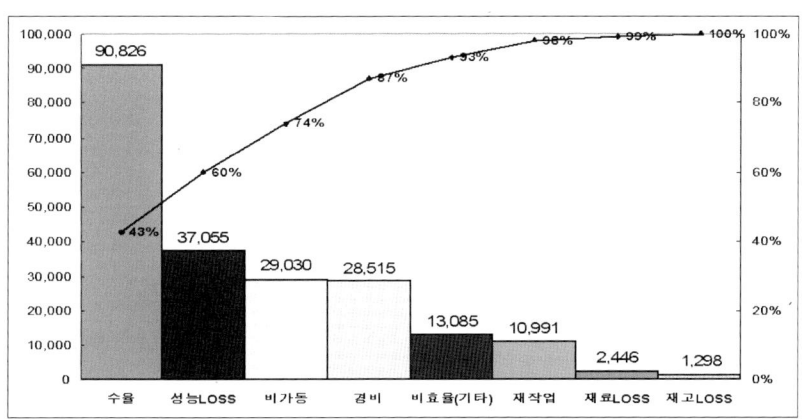

3. 체크시트

1) 정   의

　종류별 데이터를 취하거나 확인 단계에서 누락, 착오 등을 없애기 위해 간단히 체크하여 결과를 알 수 있도록 만든 도표를 말한다.

　체크시트는 데이터나 일의 결과를 간단한 기호로 표시함으로써 데이터를 정리하거나 일이 착오 없이 진행되고 있는지 확인할 수 있는 대단히 편리한 기법이다.

2) 목 적

① 공정관리를 위해 정기적으로 문제점이 발생하지 않도록 필요한 사항을 사전에 확인 체크한다.
② 공정의 문제점을 해결하기 위해 현물을 보고 조사, 분석한다.
③ 공정 전체의 사항을 파악하며, 정기적으로 변화사항을 기록하여 사고를 사전에 조치하기 위해 파악한다.

3) 종 류

① 불량 항목 조사용 체크시트
② 불량 요인 조사용 체크시트
③ 공정 분포 조사용 체크시트
④ 결점 위치 조사용 체크시트
⑤ 점검·확인용 체크시트

4) 작성방법

▶ 기록 목적에 맞게 체크시트를 만든다.
▶ 취급할 항목을 선정한다.
▶ DATA를 표시한다.
▶ 데이터 기간, 근거 자료, 조사자를 기록한다.

5) 용도별 분류

① 기록용 체크시트

기록용 체크시트는 매일매일 데이터를 기록하여 어느 항목에 문제
가 집중되어 있는가를 쉽게 알 수 있다.

② 점검용 체크시트

4. 히스토그램(Histogram)

1) 정 의

데이터가 존재하는 범위를 몇 개의 구간으로 나누어서 각 구간에 들어
가는 데이터의 발생빈도수를 체크하여 막대그래프로 작성한 그림으로서
분포의 형태를 파악할 수 있다.

2) 용 도

데이터(계량형)가 어떤 값을 중심으로 어떤 분포를 하고 있는가를 조사
하는 데 사용되는 그림이다.

- 데이터의 분포 양상을 파악한다.
- 데이터의 전체적인 모습을 파악한다.
- 데이터가 갖는 산포의 크기를 파악한다.
- 데이터의 중심이 어디에 있는지 그 위치를 쉽게 파악한다.
- 데이터와 규격치를 비교하여 여러 가지 정보를 한꺼번에 얻어낼 수

있다.

3) 용　어

- 돗수: 각각의 구간(또는 급)에 속하는 데이터의 수
- 구간의 폭: 기둥의 굵기
- 구간의 경계치: 기둥과 기둥의 경계를 이루는 값
- 구간의 중심치: 기둥의 중앙에 해당하는 값

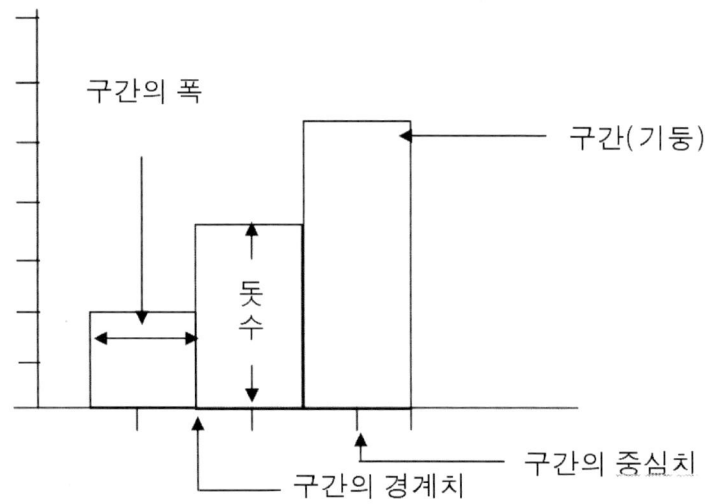

4) 작성방법

① 측정값의 수(n)를 센다: n = 40

② DATA의 범위를 결정한다(R): 최대값 = 176, 최소값 = 125

R = 최대값 - 최소값 = 51

③ 구간의 수를 결정한다.

※ 결정방법 ▶ 도표 이용

측정 DATA의 수(n)	30~50	51~100	101~250	250 이상
구간의 수(k)	5~7	6~10	7~12	10~20

▶ k = Root n, 도표를 이용하여 k = 5로 결정

④ 범위(R)를 구간의 수(k)로 나누어 구간의 폭을 정한다.

(주의: 구간의 폭은 원데이터들과 같은 자릿수가 되게 한다.)

구간크기 = R / k = 51 / 5 = 10.2 ≒ 10

⑤ 구간의 경계값을 결정하기 위해 측정단위의 1 / 2값을 결정한다.

예를 들어, 원데이터가 정수 첫째 자리이면 1의 1 / 2값: 0.5

소수 둘째 자리이면 0.01의 1 / 2값: 0.005(측정단위의 1 / 2값: 0.5)

⑥ 구간의 경계를 작성한다.

(시작값부터 구간 폭의 배씩 마지막 데이터 포함)

▶ 최소값부터 시작: 최소값 - 원데이터의 1/2값 ~

▶ 최대값부터 시작: ~ 최대값 + 원데이터의 1/2값

⑦ 돗수분포를 구한다.

⑧ 히스토그램을 그린다.

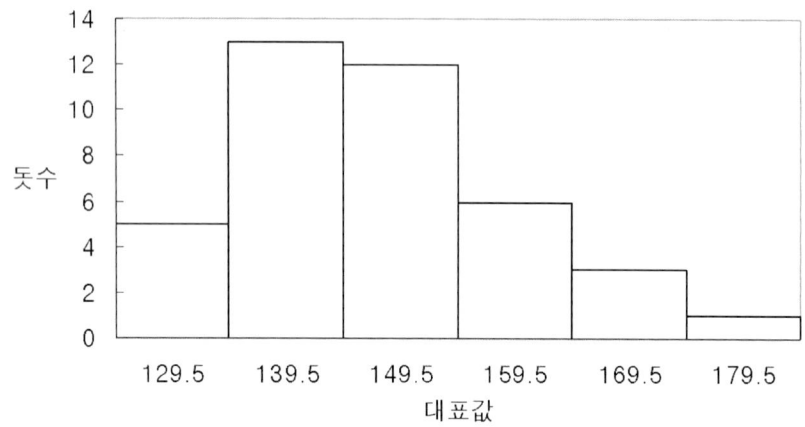

5) 해 석

히스토그램에서 데이터의 정보를 얻기 위해서는 다소의 굴곡을 무시하고 전체의 모습에 착안하여야 한다.

① 분포의 중심 위치는?
② 데이터의 산포는?
   - 좌우로 치우침이 없는가?
   - 분포가 평평한가?
   - 동떨어짐은 없는가?
   - 두 개의 산이 되어 있지는 않는가?
   - 분포의 좌우가 낭떠러지형이 없는가?
   - 층별하면 어떻게 되며 그 필요성은?
③ 규격에 대해서는 어떤가?

- 규격에서 벗어난 데이터는 없는가?

- 분포의 중심은 규격의 한가운데에 있는가?

- 규격 쪽에 대해서 분포는 여유 있게 다스려져 있는가?

5. 산점도(Scatter Diagram)

1) 정 의

산점도란 두 종류의 데이터의 관계를 문제로 삼을 때에 그 관계를 그림으로 표현한 것이다. 산점도에서 데이터는 점의 형태로 표현되며 점이 흩어져 있는 모양을 보인다.

2) 목 적

데이터가 흩어져 있는 모양을 보고
① 상관관계가 있는지 없는지
② 상관관계가 있다면 규격 범위를 맞추기 위해 어떤 값으로 조절하면
   좋겠는가를 알고자 하는 데 쓰인다.

3) 산점도를 보는 방법

산점도는 대체적으로 다섯 종류의 모양을 보인다.
① 강한 양의상관　②약한 양의 상관

③ 강한 음의 상관 ④ 약한 음의 상관 ⑤ 부상관

① 플러스의 강한 상관이 있다.
　　x가 증가할 때 y도 증가하고 흩어져
　　있는 정도가 좁다.

② 플러스의 약한 상관이 있다.
　　x가 증가할 때 y도 증가하고 흩어져
　　있는 정도가 넓다.

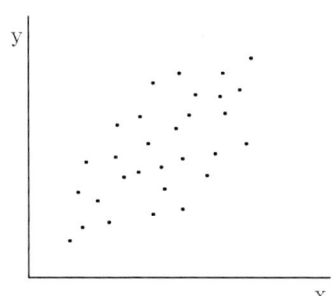

6. 층 별

1) 정 의

　집단을 구성하고 있는 문제(데이터)를 어떤 특징에 따라 몇 개의 그룹
으로 구분하여, 품질에 대한 영향 정도를 파악한다.

2) 목 적

　층별 이전의 전체 품질분포와 층별한 후의 작은 그룹의 품질분포를 비교함으로써 품질에 영향을 끼치는 원인을 찾아내거나 그 원인의 품질에 대한 영향의 정도를 알아보는 데 있다.

3) 층별의 효과

- 데이터 전체로 막연했던 것이 명확해진다.
- 데이터에서 정확하고 유효한 정보가 얻어진다.
- 특성에 대한 원인별로 대책이 용이해진다.

4) 층별 작성방법

① 층별할 대상을 명확히 한다.
  - 수량상의 범위는 어디까지로 하는가?
  - 1개월 동안의 제품 전체인가?
  - 어떤 기계에서 만든 제품인가를 명확히 해 준다.
② 전체의 품질분포를 파악한다.
  - 체크시트 등을 이용하여 데이터를 수집하거나 기존의 자료를 정리한다.
③ 산포의 원인을 살핀다.
  - 데이터가 흩어지게 된 원인이나 생각되는 특성을 층별의 목표로 정한다.
④ 품질을 나타내는 데이터를 산포의 원인이라고 생각되는 것에 따라 작은 그룹으로 구분한다.

⑤ 층별한 작은 그룹의 품질분포를 서로 비교하고 또 전체의 품질분포
  와 비교한다.

  －층별된 작은 그룹의 품질분포를 서로 견주어 본다.

  －층별된 작은 그룹 사이에 평균치의 차이는 없는가?

  －층별된 작은 그룹 사이에 산포의 차이는 없는가?

7. 관리도

제조공정이 안정상태에 있는지 아니면 이상상태에 있는지를 알기 위해
통계적인 방법에 의해 정한선, 즉 관리한계선이 있는 그래프를 뜻하며
이것을 사용하는 방법을 관리도라 한다.

관리한계선

- 중심선: CL(Center Line)
- 관리상한선: UCL(Upper Control Limit)
- 관리하한선: LCL(Lower Control Limit)

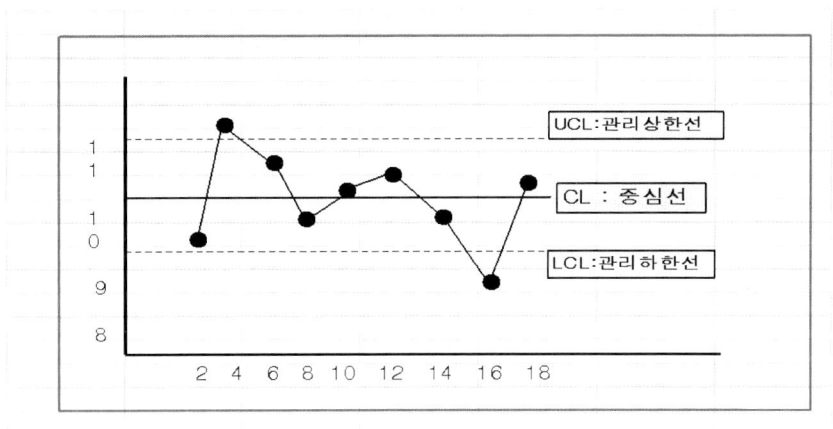

1) 계량치 관리도

1) $\overline{X} - R$ 관리도(평균과 범위 관리도)

2) $\tilde{X} - R$ 관리도(중앙값과 범위 관리도)

3) X 관리도(개개 측정값의 관리도)

2) 계수치 관리도

1) PN 관리도(불량개수 관리도)

2) P관리도(불량률 관리도)

3) C관리도(결점 수 관리도)

4) U관리도(단위당 결점 수 관리도)

■ 공정변화의 2가지 원인

1) 피할 수 없는 원인: 공정에서 언제나 일어나는 산포로서 <u>우연원인</u>이라고 한다.

2) 보아 넘기기 어려운 원인: 공정에서 어떤 이상에 의해 발생되는 산포로서 <u>이상원인</u> 또는 피할 수 있는 원인이라고도 한다.

3) 공정관리상태

　공정의 이상원인을 제거하고, 우연원인(피할 수 없는)에 의한 산포만을 갖는 공정을 관리상태(Control – In) 또는 안정상태, 보아 넘기기 어려운 원인에 의한 산포를 갖는 공정을 이상상태(Control – Out)라고 한다.

■ 관리도의 판정방법

● 관리상태 판정 주 기준

　1) 점이 관리한계선을 벗어나지 않는다.

　2) 점의 배열이 습관성이 없다.

● 관리상태 판정 보조 기준

　1) 연속 25점 모두 관리한계선 내

　2) 연속 35점 중 한계선 벗어남 1점 이내

　3) 연속 100점 중 한계선 벗어남 2점 이내

● 점 배열의 습관성

1) 런(RUN)이 나타난다.

   중심선 한쪽 방향에서 7점 이상이면 관리상태가 아니다.

   (5～6점이면 공정주의 → 조사)

2) 경향(TREND)이 나타난다.

   점이 점차적으로 올라가거나 또는 내려가는 현상이 나타나면 공정이상

3) 주기(CYCLE)가 나타난다. 점이 주기적으로 상하로 변동하는 경우

4) 중심선의 한쪽에 많은 점이 나타날 때

5) 관리한계선에 점이 접근해서 나타날 때

6) 중심선으로 점들이 모여 있는 경우(군 구분방법이 잘못됨)

07 신QC 7가지 TOOL

1. 연관도(Relation Diagram)

문제가 되는 사상(결과)에 대해 요인(원인)이 복잡하게 엉켜 있을 경우에 그 인과관계나 요인 상호관계를 명확하게 함으로써 원인의 탐색과 구조의 명확화를 가능케 하고 문제해결의 실마리를 발견할 수 있는 방법이다.

- 복잡한 문제의 원인을 분석할 때, 친화도, 특성요인도, 계통도를 그린 후 더욱 자세하게 아이디어를 조사하기 위해 사용
- QA 전개방침의 결정
- QM 추진계획의 입안
- 시장클레임 대책
- 제조공정에 있어서 품질 대책

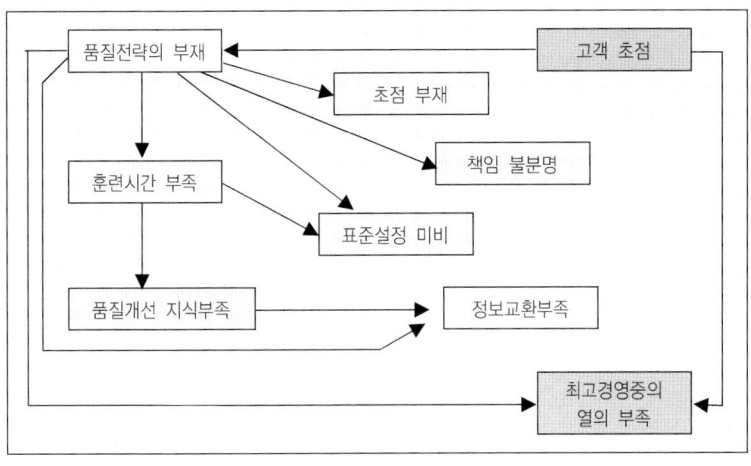

연관도 예

2. 친화도(Affinity Diagram)

1) 친화도는 확실하지 않고 서로 복잡하게 관련된 문제들을 서로 관련이 있는 것끼리 묶어서 구별하는 방법이다.

2) 미래의 경험하지 못한 문제들이나 분명치 않은 문제에 대하여 사실이나 의견 발상 등을 언어 데이터로 파악하여 이들을 진화성이 있는 것끼리 결합하여 그림을 그려 보는 것이다.

3) 이렇게 함으로써 해결해야 할 문제의 소재 및 형태를 파악할 수 있다.

4) 일반적인 사용용도

　- 여러 가지의 아이디어나 생각들이 정돈되지 않은 상태로 있어서 전체적인 파악이 어려울 때 이를 이해하기 쉽도록 정리한다.

　- 브레인스토밍 등을 통해 도출된 많은 아이디어들을 연관성이 높은

것끼리 묶어서 정리한다.

- 신규사업, 신제품, 신기술에 관한 품질방침 수립 후 계획을 결정한다.

장점: 문제점을 정리하고, 새로운 발상, 많은 사람들의 의견수렴 가능

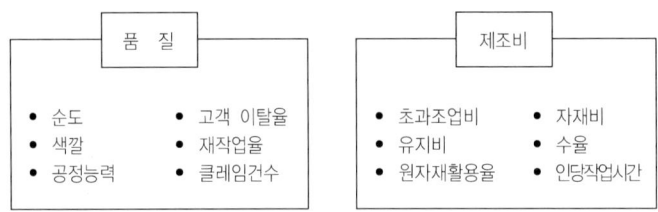

3. 계통도(Tree Diagram)

- 계통도는 설정된 목표를 달성하기 위해 목적과 수단의 계열을 계통적으로 전개하여 최적의 목적달성 수단을 찾고자 하는 방법이다.
- 목적을 달성하기 위한 하위 수준의 수단을 찾아 나가게 된다. 따라서 상위 수준의 수단은 하위 수준의 목적이 된다.
- 이처럼 상위 단계에서 하위 단계로 목적과 수단의 연결관계를 찾아 나가는 것을 '전개'라고 하는데 이것이 계통도의 기본적인 개념이다.

□ 계통도의 일반적인 용도
   - 일차적인 목적이나 프로젝트의 완수에 필요한 하위 단계들을 논리

적으로 전개한다.

- 큰 활동이나 목표를 작고 구체적인 실행과제로 분해한다.

- 목표방침의 실시사항을 전개한다.

- 신제품 개발에 있어서 설계품질을 전개한다.

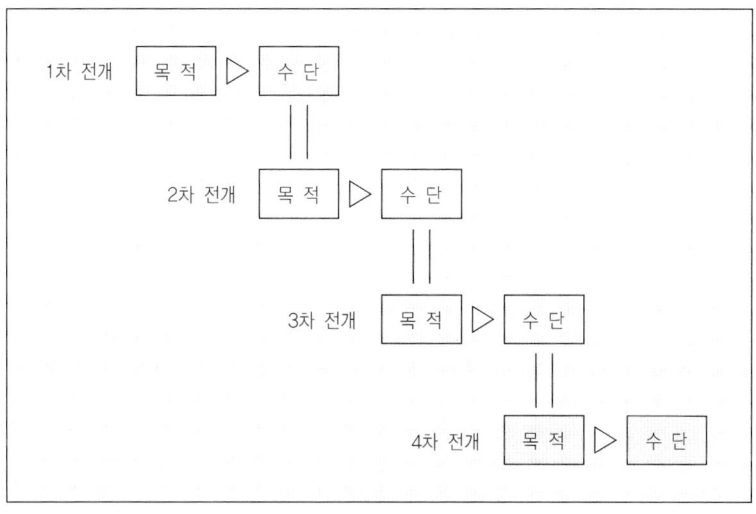

계통도의 개념

4. 매트릭스도(Matrix Diagram)

- 매트릭스도란 목적이 되는 사항, 혹은 문제가 되는 사항을 가로줄(행)
  에 적고 문제에 대한 해결방법 및 수단은 세로줄(열)에 기입하여 가로와
  세로의 교차점에 관련 유무 정도를 기호로 표시하여 작성하는 것이다.

- 이러한 매트릭스도는 목적과 방법 사이의 관계를 밝히고, 관계의 상

대적 중요도를 평가하기 위하여 사용된다. 특히 매트릭스도는 품질
기능전개(QFD)방법에서 많이 사용된다.

- 매트릭스도는 다음의 경우에 사용된다.

 1) 여러 가지 개선 과제 중 품질개선팀이 우선적으로 추진해야 할
 과제를 선택하고자 할 경우

 2) 한 가지 종류의 특성이 다른 종류의 특성과 어떤 관계가 있는지
 이해하고자 할 경우

 3) 필요한 업무가 누락 또는 중복되지 않도록 조직 전체의 관점에서
 업무 분담을 명확히 하고자 할 경우

 4) 수행해야 할 업무 기능과 필요한 자원들의 관련성을 알고자 할 경우

장점: 요소 간의 관계가 명확, 전체의 구성을 한눈에 파악 정리, 문제
 의 소재 명확

사례)

운송수단 서비스 요소	항공기	철 도	선 박	트 럭
운 임	⊙	○	△	○
운송속도	⊙	○	△	△
안전도	○	⊙	○	○
운반용량	○	⊙	⊙	○
편의성	○	○	○	⊙

⊙=높음,　○=보통,　△=낮음

5. 매트릭스 데이터 해석(Matrix Data Analysis)

- 매트릭스 데이터 해석은 매트릭스 데이터를 쉽게 비교해 볼 수 있게 그림으로 나타낸 것이다.

  매트릭스 데이터 해석은 통계학의 다변량 분석법(Multivariate data analysis)인 주성분 분석방법(principal component analysis)의 한 가지 수법이다.

- 따라서 매트릭스 데이터 해석은 신 QC 7가지 수법 중 유일하게 수치로 측정된 데이터를 사용하는 방법이다.

- 매트릭스 데이터 해석은 다음의 경우에 사용된다.
  1) 고객이나 제품 / 서비스의 대표적 속성을 결정하고자 할 경우
  2) 변수들 사이의 상관 정도를 확인하고자 할 경우
  3) 매트릭스도에서 두 가지 요인 간의 관련 정도를 수량화 하여 분석하고자 할 때
  4) 마케팅 분야에서 제품이나 서비스의 포지셔닝(Positioning)을 결정할때

사례)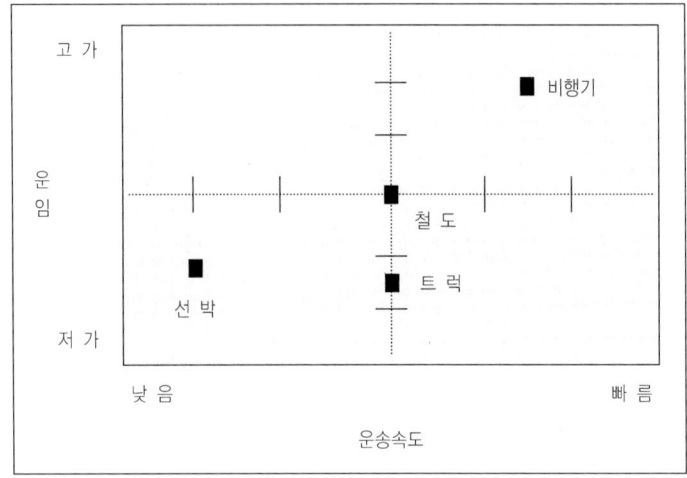

6. PDPC(Process Decision Program Chart)

- 프로젝트의 진행과정에서 발생할 수 있는 여러 가지 우발적인 상황
  들을 선정한다.
  그러한 상황들에 신속히 대처할 수 있는 대응책들을 미리 점검하기
  위해 그림으로 도식화한 것이 PDPC이다.
- 작성법
  1) 해당 프로세스와 우발사건을 잘 알고 있는 팀을 선정한다.
  2) 계획 내의 활동들의 흐름을 파악, 플로우챠트로 나타내거나 순서
     적으로 배열한다.
  3) 시간적 선후관계를 명시한 나무도표(tree diagram)를 만든다.
  4) 나무도표의 각 계층마다 '무엇이 잘못될 수 있는가?'를 질의하고

우발사건들을 도표에 표기한다.

5) 위 단계에서 식별된 문제별로 설명과 해결책을 정하고 나무도표에 표기한다.

- PDPC 용도

1) 불확성이 큰 새로운 과제나 활동을 추진하고자 할 경우 우발적인 상황을 대비하기 위한 계획을 수립한다.

2) 생소한 활동을 추진할 경우에 봉착할 수 있는 문제를 사전에 도출하고 그로 인한 피해를 최소화하기 위한 대책을 마련한다.

3) 불완전한 계획 때문에 일어날 수 있는 문제점을 예기하고 그 영향을 따져 본다.

장점: 앞을 내다보고 문제가 있는 곳의 최종점을 확인할 수 있다.

사례)

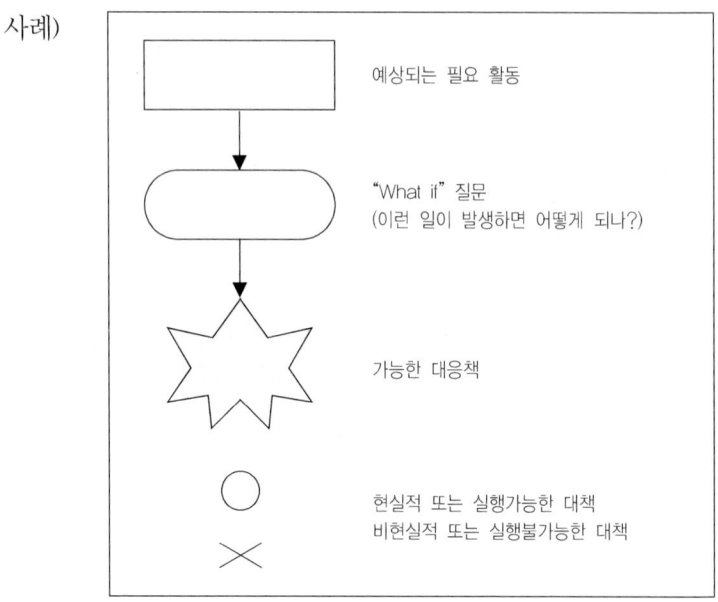

예상되는 필요 활동

"What if" 질문
(이런 일이 발생하면 어떻게 되나?)

가능한 대응책

현실적 또는 실행가능한 대책
비현실적 또는 실행불가능한 대책

7. 애로우 다이어그램(Arrow Diagram)

- 애로우 다이어그램은 어떤 임무를 완수하거나 목표를 달성하기 위하
여 여러 가지 활동이나 단계를 거쳐야 할 경우 필요한 활동들을 시
간의 흐름에 따라 선후관계를 표시하고 그 일정을 관리하기 위한 프
로젝트 관리기법이다.
이러한 애로우 다이어그램을 대규모 프로젝트의 일정관리에 이용할
수 있도록 개발한 것이 PERT/CPM이다.
- 애로우 다이어그램의 일반적인 사용목적은 다음과 같다.
1) 프로젝트 완수에 필요한 모든 활동들의 선후관계를 밝히고 이를

알기 쉽도록 그림으로 나타낸 것이다.

2) 프로젝트의 완성일자를 사전에 추정하고 완성일자를 좌우하는 주
    경로를 찾는다.

3) 프로젝트의 진척도를 모니터하면서 일정관리를 추정한다.

장점: 실제 일에 착수하기 전에 문제점을 명확히 파악, 진척상황 파악
    이 용이하다.

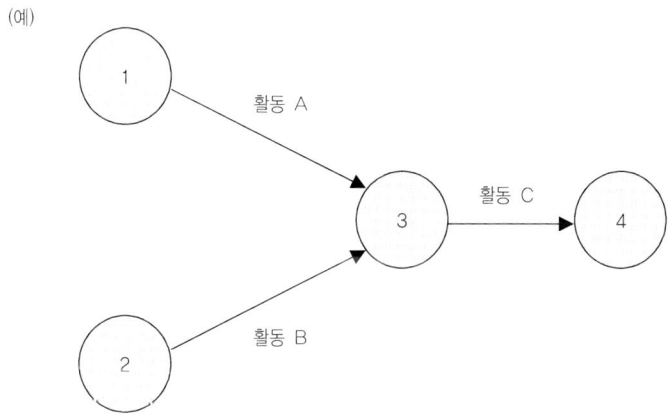

(예)

QFD품질기능전개

1. QFD(Quality Function Deployment)의 기본 개념

- 고객의 요구사항을 제품의 기술특성으로 변환하고 이를 다시 부품 특성과 공정특성 그리고 생산에서의 구체적인 사양과 활동으로까지 변환하는 것이다.
- 고객요구 품질과 제품의 기능을 2차기능, 3차기능으로 전개하여 2원 매트릭스표로 상호 연관관계를 분석 정리하여 세일즈 포인트를 추출 하는 것이다.
- 또한 제품에 대하여 기능전개에 따른 기술품질특성을 3차로 전개하여 2원 매트릭스표로 상호 대응관계를 정리한다.
- 기술품질특성 간의 상호관계를 검토하여 종합적으로 분석 정리하여 세일즈 포인트와 설계품질특성 수준 및 주요 기술품질특성곡선을 선 정하는 데 효과적이다.

2. QFD의 목적

신제품의 기획 및 설계단계에서부터 고객의 요구를 반영함과 동시에 개발기간을 단축하는 것이다.

(1) 소비자의 요구를 회사의 전체 조직으로 전달하여 요구항목을 구체화한다.

(2) 다른 부문의 의견을 수렴하여 품질정보를 질적으로 향상시킨다.

(3) 제품품질향상에 필요한 주요 품질특성의 우선순위를 정한다.

(4) 품질목표의 초과 달성과 품질비용 절감목표의 범위를 확정할 수 있다.

(5) 경쟁업체를 벤치마킹하고 차이를 비교 분석하여 품위 수준을 설정한다.

(6) 간단명료한 품질 표를 제시할 수 있고 확대 적용할 수 있는 방법을 제시한다.

(7) 고객만족도를 증가(품질향상, 적은 비용, 납기 일정관리)시킨다.

(8) 개발 기간을 단축시킨다.

(9) 질적인 내부지식을 배양하고 수평전개할 수 있다.

　　- 공통의 언어사용, 전문 사고력을 배가, 기술적 지식을 간단명료한 형태로 전개한다.

　　- 횡적인 기능 조직팀을 구축한다.

3. QFD의 효과

가장 큰 효과는 소비자 만족도 향상이다.

QFD의 전체적인 목적은 신제품 개발기간을 단축하고 동시에 제품의 품질을 향상시키는 것이다. QFD를 응용하면

(1) 설계변경의 감소

제품개발과 관련된 모든 활동이 소비자의 요구사항을 근간으로 하여 통합적으로 이루어지므로 전통적인 순차식 개발 방식에서와 같은 기능부서 간 의사소통의 미비로 인한 설계변경의 필요성이 근본적으로 줄어든다.

(2) 제품 개발기간의 단축

QFD 응용 시 일반적으로 제품의 개념 정립과 기초설계단계에서 약간의 시간을 더 필요로 하나 결과적으로는 이후 단계에서의 설계변경의 감소로 인하여 전체 개발기간이 33~50% 단축된다.

(3) 시제품 생산(시운전)의 문제점 감소

제품의 설계과정에서 공정 및 생산단계에서 발생가능한 상충관계를 미리 고려하므로 시운전 시 문제점 발생의 가능성이 줄어든다.

(4) 설계과정의 문서화

QFD는 설계변수 간 상충관계 발생의 근원 및 설계 시 특별히 고려되었던 제품의 특성 등을 상세히 기록하게 되므로 이후 유용한 기록으로 남게 된다.

QFD의 기타 효과로는 판매 후 하자발생 감소, 품질비용 감소, 기능부서 간 팀워크 향상 등을 들 수 있으며 무엇보다 중요한 효과는 소비자 만족도 향상이다.

(5) 판매 후의 불량 감소

(6) 품질보증비용 감소

(7) 관련 부문 간의 팀워크 향상

(8) 설계기술자의 교육 매뉴얼

설계기술자를 위한 기술교육 매뉴얼로 활용될 수 있으며 지속적으로 혁신하면 회사의 노하우가 되며 기술의 기본 척도가 되어 단기간에 기술척화가 가능하다.

4. HOQ전개

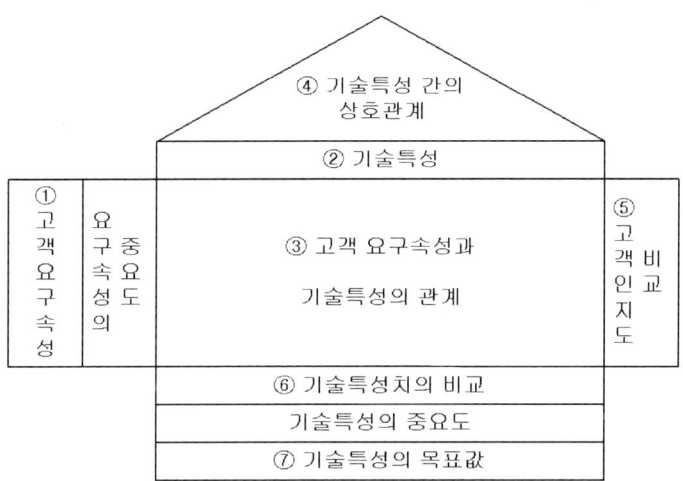

5. 품질기능전개의 4단계

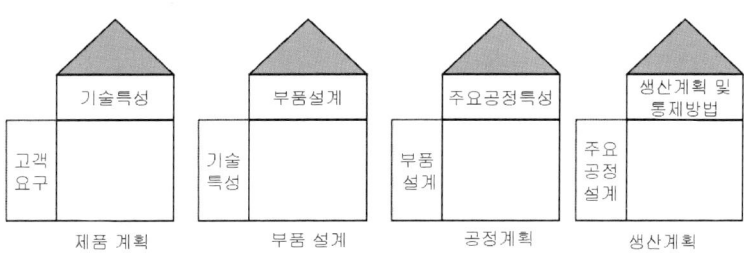

문제] 설계심사(DR)에 대하여 설명하시오.

풀이)

1) 각 Event마다 해당 Event에서 검토된 제반사항에 대하여 DR 실시한다.

2) DR 목적: 제품의 초기 유동 단계의 품질안정 및 신뢰성 확보를 위해 제품기획단계부터 초기 양산단계까지의 각 단계에서 관련 전 부서가 참여, 모든 생산 준비활동을 사전에 심의하는 품평회의 사전 준비단계이다. 즉 어려운 과제를 틀리지 않고 짧은 기간 내에 달성하기 위해 실시하며, 후 Event에 Trouble이 발생하지 않도록 하기 위함이다.

2) 실시시기: 각 Event 완료단계 / 품평회 실시 전에 실시하나 인정시험 관련 문제점에 대한 검토회의는 매 인정시험 차수마다 실시할 수 있다.

3) 회의 내용: 인정시험, 관련 부서 (품보, 제조, 생기) 검토결과에 대한 문제점 및 대책을 협의한다.

4) 참석대상: Event 주관팀장, 담당자, 관련 부서 전문 담당자

6시그마 활동

01

탄생 / CTQ / 시그마불량률

문제] 모토롤라의 6SIGMA 운동을 설명하시오.

풀이) 1. 배경

주어진 품질규격에 대하여 품질의 산포를 줄이고 품질 평균
을 규격의 중앙에 위치시켜 불량률을 획기적으로 줄이자는
품질경영 전략으로서 1987년에 모토롤라사에서 처음 체계적
인 기업전략으로 시작되었다.

2. 목표

2년 이내 품질 10배 향상, 4년 이내 품질 100배 향상시키고
1992년까지 6σ 품질수준 달성 목표 수립하는데 있다.

3. 활동 경과

1988년: 미국 말콤볼드리지(MBNQA)국가품질상 수상

1990년: 전사적 TCS(Total Customer Satisfacation)팀을 조직하
여 프로세스 개선활동 시작

1992년: 2년마다 결함 수 10배 감소계획 수립
고객만족 지수를 개발하여 사용 시작
측정단위 ppm에서 ppb(parts per billion)으로 바꾸어
사용 시작

1995년: 품질시스템 검토 규정(QSR: Quality System Review)을 ISO9001: 1994와 연계하여 개정

4. 성과

1) 품질측면: - 종합품질수준 5.6σ, 프로세스 결함률 99.7% 제거

　　　　　 - 저품질비용(Cost Of Poor Quality)을 단위당 84% 감소

　　　　　 - 노동생산성 204% 증가(연평균 10.4% 증가)

　　　　　 - 제품신뢰도 MTBF 5~10배 향상

2) 재무측면: - 총매출액이 4.4배 증가(연평균 14.4%)

　　　　　 - 순이익 11.8억 달러 3.8배 증가(연평균 12.9%)

　　　　　 - 총 제조비용 절감 130억 달러

5. 결론

모토롤라의 6σ운동은 품질, 재무 측면으로 많은 효과를 보아 1988년에는 IT, 1993년에는 Asea Brown Boveri, 1995년에는 GE 등 많은 기업이 도입하였고 최근에는 SONY, 노키아 및 1997년에는 우리나라의 삼성SDI, LG그룹 등이 도입하여 활동 중이다.

문제] CTQ에 대하여 설명하시오.

풀이)

1. CTQ(Critical - to - Quality)의 정의: 제품의 성능, 기능, 안전성 등 중요 품질에 치명적인 영향을 주는 부품의 핵심 특성치(치수 또는 Spec)

- 고객의 관점에서 FMEA와 QFD를 전개하여 선정함. 이때는 고객의 언어를 기술적인 언어로 정량화하여 구체적인 Spec으로 연결하는 것이 중요하며
- CTQ는 제품의 기능, 성능, 안전성, Field Worst불량 등이 모두 개선될 수 있도록 선정되어야 하며, 측정 가능하여야 한다.
- 모든 CTQ는 관련 부서와 Cross Checking이 되어야 하며, Engineer의 판단이 필수적이다.

문제] 3σ와 6σ의 불량률 관계를 설명하시오.

풀이)

1) 활동 목표로서의 의미

6σ	3.4ppm (Cp = 2.0, Cpk = 1.5)	- 작은 도서관 모든 책에서 한 단어의 오차 - 1억 달러의 자산규모에 340달러의 부채 - 1년의 시간에서 1.8분의 시간
3σ	66,807ppm	- 책 한 페이지마다 1.5단어의 오차 - 1억 달러의 자산규모에 670만 달러의 부채 - 1년의 시간에서 24일

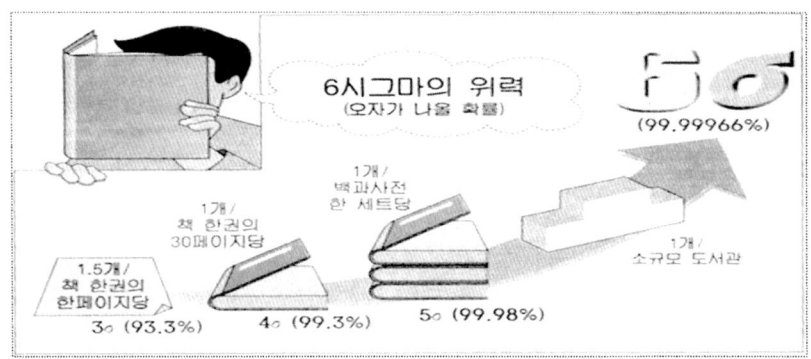

□ VOC란?

Voice Of Customer의 약자로서 고객의 소리, 즉 내외부 고객의 각종 요구사항을 표현하는 언어로 사용되며, 고객의 관점에서 청취해야 한다.

□ VOB란?

Voice Of Business의 약자로서 회사 / 사업 / 팀 단위의 사업전략, 경영계획의 목표달성을 위한 경영진의 요구사항을 말한다.

□ CTQ(Critical To Quality)란?

제품이나 서비스에 대한 고객의 요구사항으로부터 프로세스의 효율 및 가치 창출을 위해 파악된 핵심 품질특성이다.

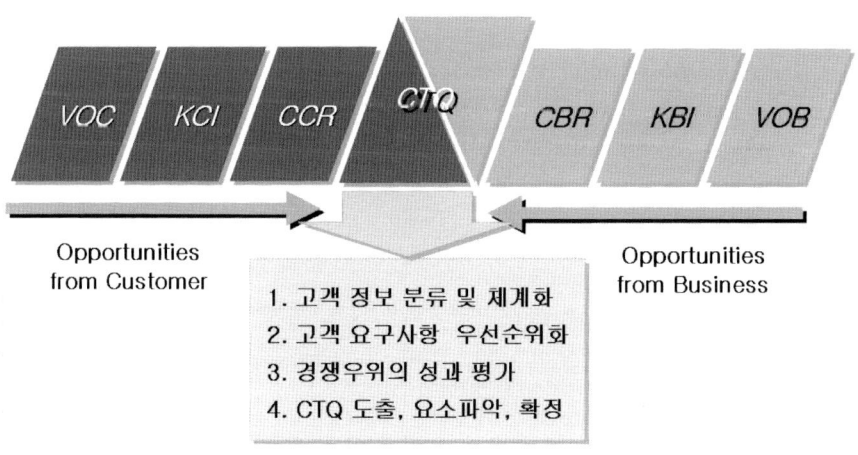

DATA의 종류

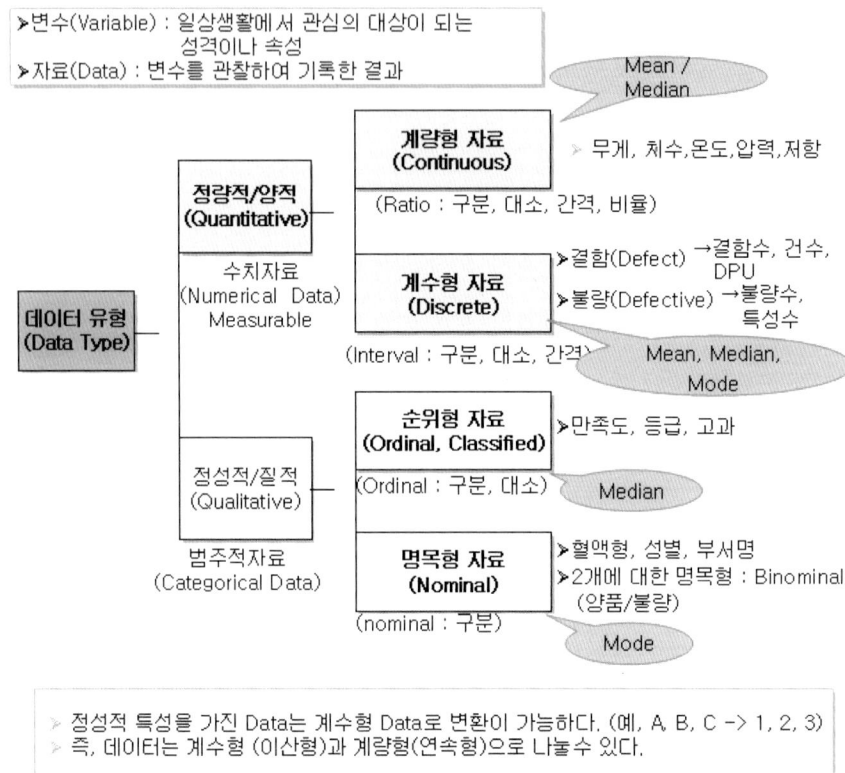

> ➤변수(Variable) : 일상생활에서 관심의 대상이 되는
>   성격이나 속성
> ➤자료(Data) : 변수를 관찰하여 기록한 결과

Mean / Median

계량형 자료 (Continuous)
➤ 무게, 치수,온도,압력,저항

(Ratio : 구분, 대소, 간격, 비율)

정량적/양적 (Quantitative)

수치자료 (Numerical Data) Measurable

계수형 자료 (Discrete)
➤결함(Defect) →결함수, 건수, DPU
➤불량(Defective) →불량수, 특성수

(Interval : 구분, 대소, 간격)

Mean, Median, Mode

데이터 유형 (Data Type)

순위형 자료 (Ordinal, Classified)
➤만족도, 등급, 고과

(Ordinal : 구분, 대소)
Median

정성적/질적 (Qualitative)

범주적자료 (Categorical Data)

명목형 자료 (Nominal)
➤혈액형, 성별, 부서명
➤2개에 대한 명목형 : Binominal
 (양품/불량)

(nominal : 구분)
Mode

> ➢ 정성적 특성을 가진 Data는 계수형 Data로 변환이 가능하다. (예, A, B, C -> 1, 2, 3)
> ➢ 즉, 데이터는 계수형 (이산형)과 계량형(연속형)으로 나눌수 있다.

□ 산포는 왜 발생할까?

▶ 프로세스 결과물에서의 산포는 프로세스 과정에서의 산포에 의해서
  발생하며, 산포는 프로세스 내의 각 단계의 일관성에 관한 지표이다.

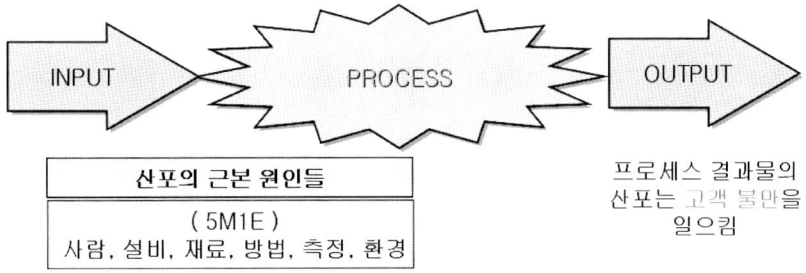

INPUT PROCESS OUTPUT

산포의 근본 원인들
(5M1E) 사람, 설비, 재료, 방법, 측정, 환경

프로세스 결과물의
산포는 고객 불만을
일으킴

산포의 원인들은 분석을 통하여 밝힐 수 있으며, 6 시그마 개선활동의 목표는
이들 근본원인의 제거나 개선을 통한 산포를 줄이는 것이다.

□ 결함(Defect)과 불량(Defective)

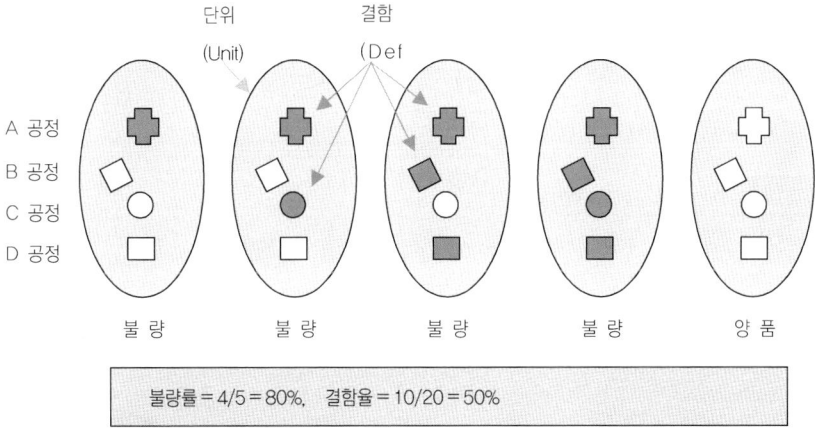

불량률 = 4/5 = 80%,　결함율 = 10/20 = 50%

시그마 수준	양호 율	DPMO
6시그마 수준	99.99966%	3.4
4시그마 수준	99.38%	6,210
3시그마 수준	93.32%	66,807

99% 양호 (3.83시그마 수준)	미국기준	99.99966% 양호 (6시그마 수준)

❑ 시간당 20,000개 우편물 분실
❑ 매주 5,000 건의 잘못된 수술
❑ 매년 200,000건의 잘못된 처방

❑ 시간당 7개 우편물 분실
❑ 매주 1.7 건의 잘못된 수술
❑ 매년 68 건의 잘못된 처방

DPMO, 시그마 수준 산출

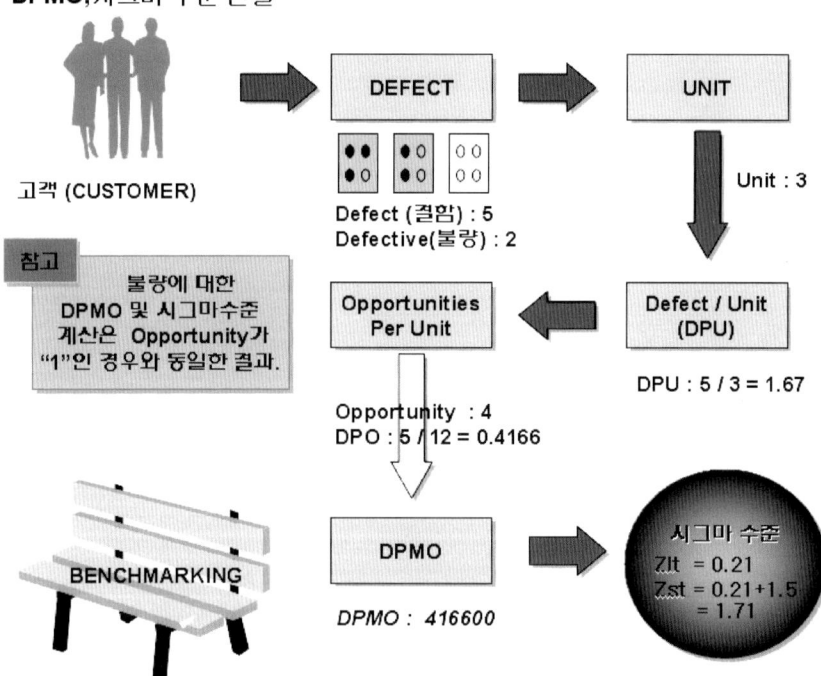

고객 (CUSTOMER)

DEFECT

Defect (결함) : 5
Defective(불량) : 2

UNIT

Unit : 3

참고

불량에 대한 DPMO 및 시그마수준 계산은 Opportunity가 "1"인 경우와 동일한 결과.

Opportunities Per Unit

Defect / Unit (DPU)

DPU : 5 / 3 = 1.67

Opportunity : 4
DPO : 5 / 12 = 0.4166

BENCHMARKING

DPMO

DPMO : 416600

시그마 수준
Zlt = 0.21
Zst = 0.21+1.5
= 1.71

□ Recycle 없이 연속 공정인 경우

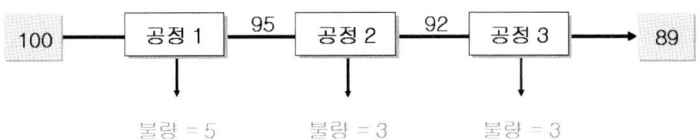

항 목	수 율 계 산 식	수율	Sigma
기존수율	89 / 100	= 89.0 %	1.23
RTY	0.95 X 0.968 X 0.967	= 89.0 %	1.23
Normalized Yield	$\sqrt[3]{0.950 \times 0.968 \times 0.967}$	= 96.2 %	Sigma (lt) = 1.77 Sigma (st) = 1.77 + 1.5 = 3.27

□ Recycle을 하는 연속 공정인 경우

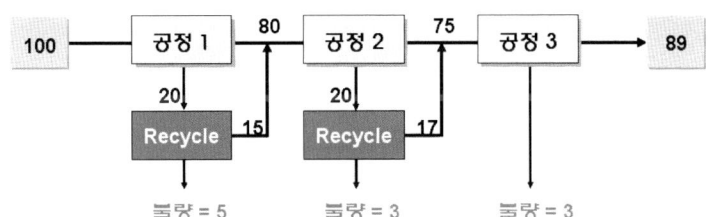

항 목	수 율 계 산 식	수율	Sigma
기존수율	89 / 100	= 89.0 %	1.23
RTY	(80 / 100) X (75 / 95) X (89 / 92)	= 61.1 %	0.28
Normalized Yield	$\sqrt[3]{0.800 \times 0.789 \times 0.967}$	= 84.8 %	Sigma (lt) = 1.03 Sigma (st) = 1.03 + 1.5 = 2.53

02

CHAPTER

6시그마 추진절차

Define PHASE

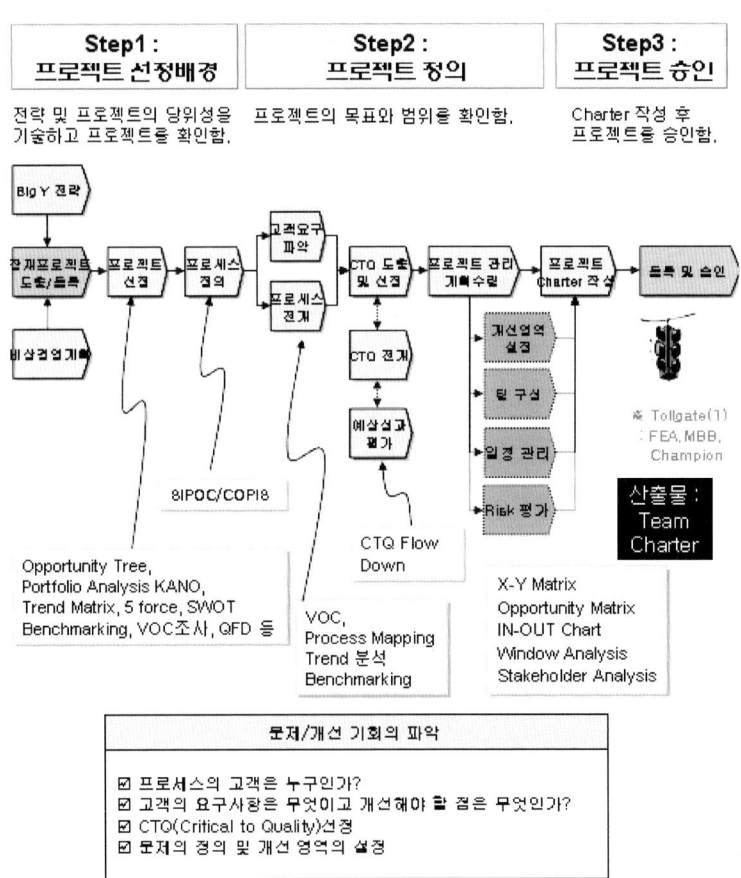

Step1 : 프로젝트 선정배경	Step2 : 프로젝트 정의	Step3 : 프로젝트 승인
전략 및 프로젝트의 당위성을 기술하고 프로젝트를 확인함.	프로젝트의 목표와 범위를 확인함.	Charter 작성 후 프로젝트를 승인함.

Opportunity Tree,
Portfolio Analysis KANO,
Trend Matrix, 5 force, SWOT
Benchmarking, VOC조사, QFD 등

VOC,
Process Mapping
Trend 분석
Benchmarking

X-Y Matrix
Opportunity Matrix
IN-OUT Chart
Window Analysis
Stakeholder Analysis

CTQ Flow
Down

※ Tollgate(1)
: FEA, MBB,
Champion

산출물 :
Team
Charter

문제/개선 기회의 파악

☑ 프로세스의 고객은 누구인가?
☑ 고객의 요구사항은 무엇이고 개선해야 할 점은 무엇인가?
☑ CTQ(Critical to Quality)선정
☑ 문제의 정의 및 개선 영역의 설정

178

Measure PHASE

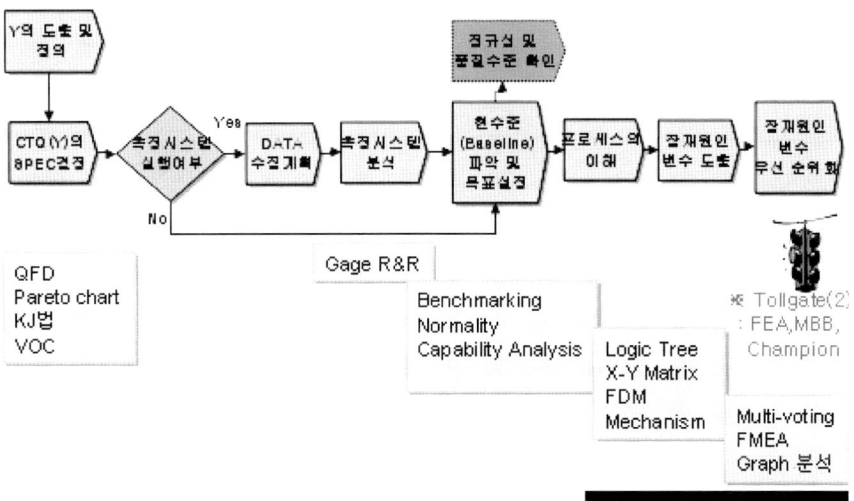

Step4 : Y's의 확인	Step5 : 현수준 파악	Step6 : 잠재원인 변수의 발굴
: CTQ(Y)의 선정 및 　성과표준결정	: 현수준을 파악하고 개선목표를 　재확인함	: 모든 잠재원인을 발굴하고 　Potential Vital X's를 선정함

Y의 도출 및 정의

CTQ (Y)의 SPEC결정 → 측정시스템 실행여부 → Yes → DATA 수집기획 → 측정시스템 분석 → 현수준 (Baseline) 파악 및 목표설정 → 프로세스의 이해 → 잠재원인 변수 도출 → 잠재원인 변수 우선 순위화

정규성 및 품질수준 확인

No

QFD
Pareto chart
KJ법
VOC

Gage R&R

Benchmarking
Normality
Capability Analysis

Logic Tree
X-Y Matrix
FDM
Mechanism

※ Tollgate(2)
　: FEA,MBB,
　　Champion

Multi-voting
FMEA
Graph 분석

산출물 :
➢ Baseline 및 목표
➢ Potential Vital Few X's

프로세스의 현재상태를 파악하는 단계
☑ CTQ(Y) 도출 및 전개 ☑ CTQ(Y)에 대한 Performance Standard(성능표준) 설정 ☑ 데이터 수집 계획 ☑ 측정시스템 검증 ☑ 공정능력(Process Capability) 측정 ☑ 목표 Review

Analyze PHASE

Step7 : 데이터 수집	Step8 : 데이터 분석	Step9 : Vital Few X's 선정
Vital Few X's 확인에 필요한 X's, Y's의 Data 수집	: Vital Few X's를 확인하기 위하여 Data 분석 및 가설검정	: 분석결과를 토대로 Vital Few X's 선정함

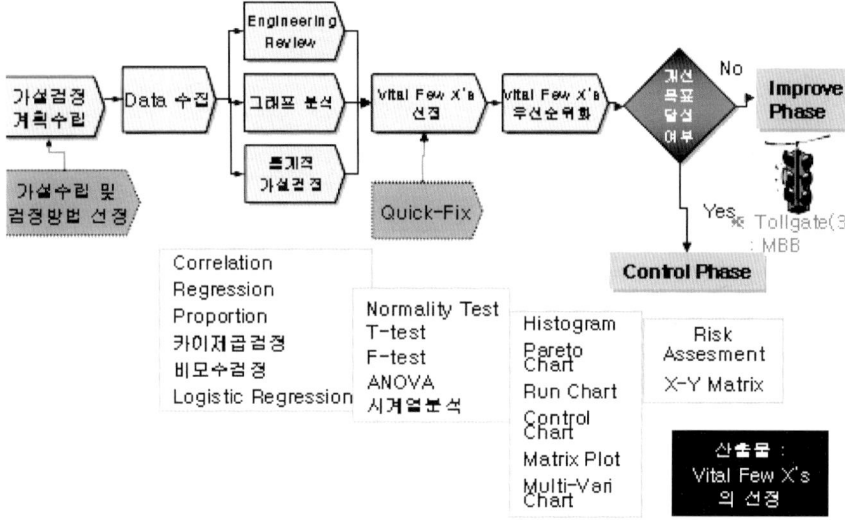

Correlation
Regression
Proportion
카이제곱검정
비모수검정
Logistic Regression

Normality Test
T-test
F-test
ANOVA
시계열분석

Histogram
Pareto Chart
Run Chart
Control Chart
Matrix Plot
Multi-Vari Chart

Risk Assesment
X-Y Matrix

산출물 :
Vital Few X's
의 선정

개선의 대상을 명확히 하는 단계

☑ 하위 프로세스에 대해 구체적인 프로세스맵 작성
☑ 모든 Xs를 우선순위에 따라 리스트화 함
☑ 결함에 영향을 주는 Potential Vital Xs 파악
☑ Potential Vital Xs 중에서 핵심소수 원인(Vital Xs)을 추출
☑ 문제의 원인을 파악하고 이를 검정/정량화
☑ 개선목표 검증

Improve PHASE

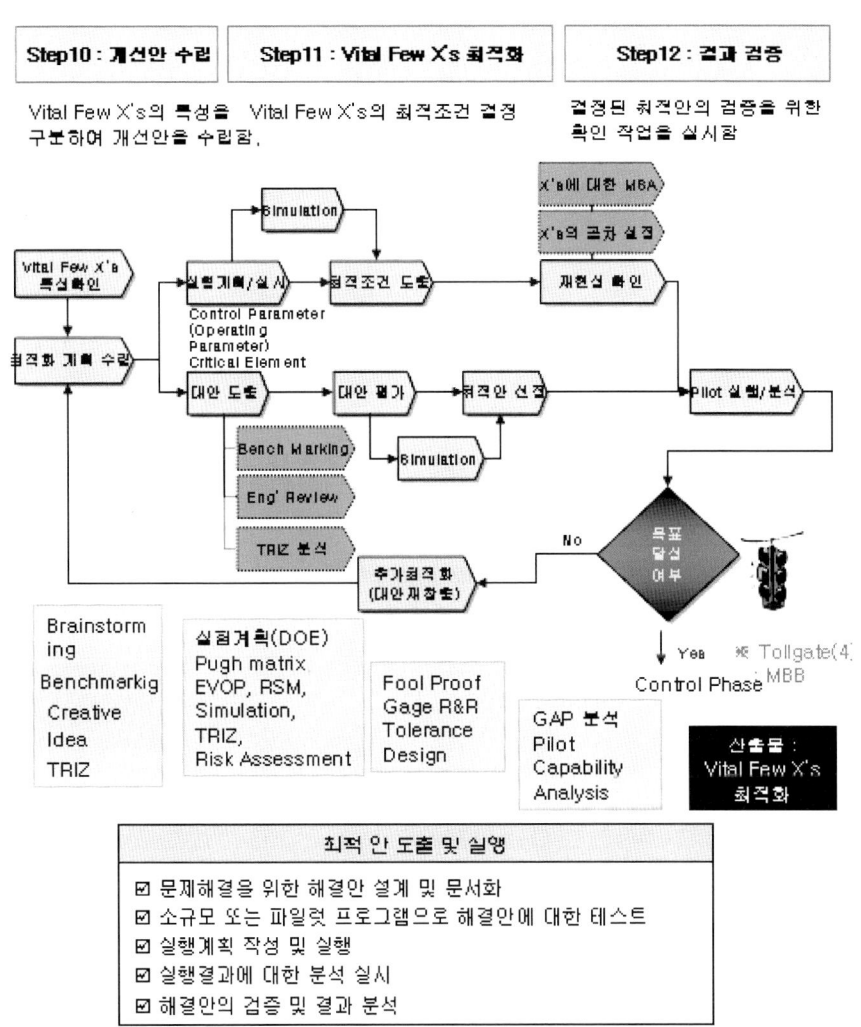

| Step10 : 개선안 수립 | Step11 : Vital Few X's 최적화 | Step12 : 결과 검증 |

Vital Few X's의 특성을 구분하여 개선안을 수립함.

Vital Few X's의 최적조건 결정

결정된 최적안의 검증을 위한 확인 작업을 실시함

Vital Few X's 특성확인

최적화 계획 수립

실행계획/실시
Control Parameter
(Operating Parameter)
Critical Element

Simulation

최적조건 도출

X's에 대한 MSA

X's의 공차 설정

재현성 확인

대안 도출

대안 평가

최적안 선정

Pilot 실험/분석

Bench Marking

Simulation

Eng' Review

TRIZ 분석

추가최적화
(대안재창출)

No

목표달성여부

Yes
Control Phase

※ Tollgate(4)
MBB

Brainstorming
Benchmarkig
Creative
Idea
TRIZ

실험계획(DOE)
Pugh matrix
EVOP, RSM,
Simulation,
TRIZ,
Risk Assessment

Fool Proof
Gage R&R
Tolerance
Design

GAP 분석
Pilot
Capability
Analysis

산출물 :
Vital Few X's
최적화

최적 안 도출 및 실행

☑ 문제해결을 위한 해결안 설계 및 문서화
☑ 소규모 또는 파일럿 프로그램으로 해결안에 대한 테스트
☑ 실행계획 작성 및 실행
☑ 실행결과에 대한 분석 실시
☑ 해결안의 검증 및 결과 분석

Control PHASE

Step13 : 관리계획 수립	Step14 : 관리계획 실행	Step15 : 문서화 / 공유
개선결과의 위험성 평가 후 관리계획에 반영함.	관리계획의 실행 및 Monitoring 실시함.	예상성과를 파악하고 현업 이관 이후 프로젝트를 완료함.

FMEA
Risk
Assessment

Fool Proof
SPC (Statistical Process Control)
Check Sheet
Capability Analysis
Simulation
Reliability

Capability Analysis
이관계획

※ Tollgate(5)
: FEA,MBB,
Champion

산출물 :
Control Plan
수립/실행

개선된 프로세스에 대한 지속적 관리
☑ X와 Y변수에 대한 지속적 관리
☑ 개선프로세스 유지 활동
☑ 지속적 프로세스/모니터링 계획 수립, 문서화, 실행
☑ 프로세스를 표준화
☑ 대응계획 수립 및 제시
☑ 개선의 결과를 타 부서와 공유, 전파

6시그마 BELT에 대하여 설명하시오.

풀이)

추진 요원	역 할
Champions (최고경영자)	목표 설정 추진방법의 확정 6시그마의 이념과 신념의 조직 확산
Master Black Belts (전문추진 지도자)	품질요원 지도 교육 훈련과정 개발과 수행 Black Belts에 대한 조언과 코치 추진 Process가 엄격히 수행되게
Black Belts (전문추진 책임자)	6시그마 프로젝트 수행 품질개선팀의 지도 통계적 분석법 사용
Green Belts (현업업무를 담당 품질전개 운동자)	고객의 품질요구사항 조사 6시그마 프로젝트 추진

문제] 6σ 의 DMAIC 추진단계 절차를 설명하시오.

풀이) DMAIC (5단계)

1) Define 단계: 6σ에 대한 전반적인 정의 및 목표 설정 단계
   - 주요 고객을 정의한다.
   - 고객의 요구사항(CTQ)을 파악한다.
   - 고객만족을 위한 내부 프로세스를 정의한다.
   - 개선 프로젝트를 선정한다.

2) Measuring(측정) 단계: Process Mapping 등 현 상태를 측정
   - 불량은 어느 정도인지 파악한다.

- 문제를 계량적으로 규명한다.

- Process Mapping을 한다.

- 측정방법을 확인한다.

3) Analyzer(분석) 단계: 현 상태를 분석하는 단계(변동 위주)

- 언제 어디에서 불량이 발생하는지 확인한다.

- 불량의 형태와 원인을 규명한다.

- 불량의 잠재원인들에 대해 이해를 도모하기 위해 자료를 확보한다.

4) Improve(개선) 단계: 목표를 달성키 위한 변동을 줄이기 위한 최적 조건의 선택

- 프로세스를 어떻게 고칠 수 있는지 살펴본다.

- 브레인스토밍 방법으로 여러 사람의 지혜를 모은다.

- 가능한 해결방법을 실험적으로 실시한다.

5) Control(관리) 단계: 목표를 달성한 결과를 지속적으로 유지키 위한 단계

- 고쳐진 Process가 지속되도록 한다.

- 새로운 Process의 디자인과 절차를 제도화시킨다.

- 적절한 Process의 측정방법과 통제의 한계를 확인한다.

DFSS(Design for six sigma) 연구개발 분야 6σ 에 대하여 설명하시오.

풀이)

- six sigma의 정의: "최고경영자의 리더십 아래 시그마(σ)라는 통계척 도를 사용하여 모든 품질수준을 정량적으로 평가하고 문제해결과정 및

전문가 양성 등의 효율적인 품질문화를 조성하며 품질혁신과 고객만족을 달성하기 위하여 전사적으로 실행하는 종합적인 기업경영전략"

－DFSS Process 추진절차

단 계	주요 활동	사용되는 기법
확 인	1) 고객 CTQ를 확인하고 기술적 요구사항과 품질목표를 설정 2) 측정시스템 능력검증	시장조사, QFD, FMEA, 벤치마킹 GAGE R&R
설 계	1) 새로운 아이디어의 발상 2) 시스템 설계: 고객 CTQ를 품질특성치들로 변환 3) 품질특성치에 영향을 주는 주요 설계 파라미터들의 선정	TRIZ기법 CTQ 흐름 전개 시스템 공학 특성 요인도 상관 회귀 분석
최적화	1) 파라미터 설계 (직교배열표 실험, 파라미터 설계 실험 등의 다구찌방법) 2) 최적조건의 발견 및 확인실험 3) 허용차 설계실시, 요구품질의 제조규격 설정	DFM, 다구찌 강건설계 반응표면분석, 분산분석 회귀분석, 몬테카를로스 시뮬레이션 모평균의 추정, 설계 점수카드
검 증	1) 확인 시험 실시, 산포파악 (시그미 추정), 품질목표달성 여부 검토 2) 신뢰성 평가 3) 제조법 개발과 CTQ의 공급자 관리계획 수립 (평균과 산포관리)	재현성 실험 Cp, Cpk, σ 수준 DFSS 점수카드 신뢰도 함수 관리도법 Q－MAP, SPC 시스템

문제] 6σ 에서 정규분포에서의 6σ 는 2ppb인데 목표는 3.4ppm으로 하고 있다. 여기에서 2ppb에서 3.4ppm을 실질적인 목표로 하는 이유?

풀이)

6σ의 관리는 품질특성값의 평균값에서 규격의 상하한까지$\pm 6\sigma$의 여유를 갖도록 함으로써 불량을 절대적으로 줄이려는 데서 기인한 것이다. 다시 말해서 품질특성값의 분포를 정규분포로 가정할 때 양품률

99.9999998%, 즉 불량률 0.002ppm 수준을 확보할 수 있는 무결점을 추구하는 것과 동일한 개념이 6σ관리인 것이다.

6σ관리의 내용은 품질특성값 평균이 정규분포의 중앙, 즉 목표값에 정확히 위치하고 있다는 가정을 하고 있으나 실제로는 그렇지 못한 경우가 더 많다.

목표값으로부터 평균값의 이동은 '치우침'이라고 하는데 이것은 잘못된 작업준비로 인한 공정 평균의 돌발적인 이동 또는 공구의 마모 등에 의한 점진적인 변화의 결과 등을 의미한다.

이러한 치우침은 ±1.5σ이내라는 사실이 경험적으로 증명된 바 있으며 이러한 결과를 모토롤라사에서 운용하고 있는 6σ운동에 적용하였을 때 최대 +1.5σ, −1.5σ만큼 이동해 있는 경우 3.4ppm으로 불량률이 증가한다.

따라서 6σ운동은 3.4ppm의 불량률을 추구하고 있는 것이라고 할 수 있다.

문제] Six Sigma기법이 목표치로 하고 있는 6σ 라는 수치는 100만 회의 기회 중 3.4회의 미스나 에러 발생률(3.4ppm)을 목표로 하고 있다.
　　　그러나 실은 정규분포에서 6σ 라는 수치는 10억분의 2회(즉 2ppb)라는 확률이다. 2ppb에서 3.4ppm을 실질적인 목표로 하는 이유를 설명하시오.

풀이) 품질이 정규분포를 하는 경우에 품질분포의 평균으로부터 규격한계 3σ의 거리에 있으면 불량이 양쪽으로 각각 1,350ppm(Parts Per Millon 제품 100만 개당 불량품 수)이 발생한다.

예를 들면 100만 개의 반도체를 만들 경우 이 가운데 2,700개가 불량이 발생. 그러나 3σ대신 6σ가 되면 양쪽으로 0.001ppm이 발생하여 10억 개 가운데 2개만이 불량으로 불량률이 실질적으로 없게 된다.

실무에서는 품질산포의 여러 가지 원인(재료, 방법, 장치, 사람, 환경 등)에 의하여 평균(μ) 자체가 최대 ±1.5σ까지 유동하기 때문이다.

위의 분포도와 같이 정규분포를 가정하는 경우에 만일 프로세스 평균이 규격상한 방향으로 1.5σ만큼 이동하였을 때 규격상한을 벗어나는 불량률은 3.4ppm이 되고 규격하한을 벗어나는 불량률은 0ppm으로 불량률 합은 3.4ppm이다.

결론적으로는 6시그마는 모든 프로세스의 품질수준이 6σ를 달성하여 불량률을 3.4PPM(또는 결함발생 수를 3.4DPMO) 이하로 하고자 하는 경영전략이라고 할 수 있다. 품질수준이 3σ경우와 6σ인 경우의 DPMO의 차이를 보면 66,811 / 3.4 = 19,650으로 약 2만배(가량 정도)된다.

문제] 6시그마 운동, 100PPM 운동, SINGLE PPM 운동의 차이점에 대하여 논하고 국내 실정에 맞는 품질개선활동의 방향을 설정하시오.

풀이)

1) 100PPM 운동

   기본 수단인 ISO9001체제의 완비를 토대로 하여, 제품품질의 향상을 중심으로 접근되었으며, 특히 완제품 불량과 납품 불량의 절대적 감소에 심혈을 기울여 왔다.

2) 100PPM 운동이 1990년대 우리나라 산업의 선진화와 그것을 통한 선진국 진입을 위한 운동이었다면, Single – PPM 운동은 명확한 품질의식하에서 강력한 리더십과 인적자원 능력의 강화를 출발점으로 하여 품질문제의 해결을 위한 단계적 접근을 통하여 고객만족의 실현, 기업경쟁력의 강화 및 기업문화의 변화를 꾀하고자 하는 활동이다.

3) Single – PPM 품질혁신 추진단계별 주요 내용 및 적용기법

구 분		추진단계별 주요 내용	
S	Scope(범위선정)	– 추진조직 구성 – P/J범위 선정 – CTQ규명	5S, TPM, 품질지수 결정, 고객 Needs 파악
I	Ilumination (현상파악)	– 현실적 문제 파악 – 측정데이터 분석 – 데이터 확보	– MSA, – 중점관리항목 선정(Q–COST) – 품질수준의 측정(수율, 공정능력)
N	Nonconformity Analysis (원인분석)	– 통계적 문제화 – 잠재원인 도출 – 주요원인 설정	– FMEA, QFD, QC 7가지 수법 실험계획법, 상관분석, 회귀분석
G	Goal(목표설정)	– 타사 벤치마킹 – 목표설정 – 기대효과 분석	Benchmarking, Tear Down Gap Analysis, IE, VE, JIT, TPM
L	Level Up (개선)	– 개선계획 수립 – 개선 실시 – 개선결과 검토	– 3차원 개선 – FMEA, QFD, 실험계획법, 상관분석 – 회귀분석
E	Evaluation (평가)	– 표준화 – 사후관리 – 수평전개	– 품질매뉴얼, SPC, 품질이상처리대책, 품질지표관리, 5S, TPM

Single – PPM 추진단계별 주요 내용 및 적용기법

추진단계	주요 내용	적용 및 개선기법
STEP1 (사전준비)	– BOOM 조성 – Master Plan – 생산의 기본 유지	5S, TPM, 품질지수 설정

STEP2
(S–PPM PJT선정)
	– 프로젝드 선정
	– 개선팀 구성
	– 개선목표 설정
		– 고객요구 파악,
		  중점관리항목 선정(Q COST, 파레토도,
		  히스토그램)
		– 품질수준의 측정(수율, 공정능력)
		– 벤치마킹

STEP3 품질문제점 분석	– 현상 파악 – 잠재원인 도출 – 주요원인 설정	– MSA, FMEA, 상관분석, 회귀분석, 특성 요인도, 산점도, 연관도, 계통도
STEP4 개선대책 실시 및 평가	– 대책 수립 및 검증 – 대책 실시 및 평가 – 시정조치	– 3차원 개선대책 – 검정추정 – 실험계획법

추진단계	주요 내용	적용 및 개선기법
STEP5 표준화	- 중점관리항목 선정 - 기술표준 제·개정 - 품질시스템 유지	- 품질등급 검토 - 품질매뉴얼(QC공정도, 작업표준서, 검사 　표준서)
STEP6 지속적 개선 및 예방조치	- 공정 유지 및 개선 - 산포와 낭비 감소 - 예방조치, 수평전개	- SPC - 품질이상처리대책 - 품질지수관리
STEP7 S - PPM 정착	- S - PPM달성평가 - 성과발표회 - S - PPM인증	- 품질수준의 평가 - 모범사례 발굴 및 사내외 성과 발표 - 모기업 추천 및 중소기업청 인증

기존 품질관리 활동과 **Single PPM** 품질혁신의 차이

구 분	기존의 품질관리 활동	Single PPM품질혁신
측정지표	불량률(%)	불량률(%)
목표	원가절감 추상적, 정성적	총체적 고객만족 구체적, 정량적(10PPM 미만)
관심품질	현상의 품질	제품 및 서비스(프로세스)품질
개선기법	QC 7 TOOL 및 통계적 기법	과학적, 통계적 기법의 체계적 활용
추진방법	Bottom - up 방식	TOP Down 방식
참여범위	개별기업의 소집단 중심(내부적 활동)	모기업의 선도와 협력사의 참여(대내외 활동)
적용범위	제조 부문 중심의 부분적 개선 (부분 최적화)	전 부문 참여에 의한 제품 및 프로세스 개선 (전체 최적화 모색)

문제] 100PPM의 불량률과 6시그마의 불량률의 차이

풀이)

1) 평균치가 정확히 규격중심치에 일치하는 경우로 규격한계까지의 여
유를 6σ로 유지하고 있을 때 나타날 수 있는 불량은 0.002PPM수준
(Cp = 2.0)인데 이러한 경우는 일시적으로 나타날 수는 있어도 장기
적으로 지속되기는 어렵다.

이보다는 규격중심치에 대해 평균치의 불일치를 의미하는 이동의 인정과 함께 규격중심치로부터 일반적인 이탈 정도인 $\pm1.5\sigma$를 고려하였을 때 다시 말해서 규격한계까지의 최소여유가 4.5σ로 유지되는 일반적인 상황에서 예상되는 불량은 3.4ppm수준(Cpk = 1.5)으로 변화한다.

2) 100ppm 품질혁신 운동으로부터 목표로 삼고 있는 불량률 100ppm은 모토롤라인 경우에서처럼 규격중심치로부터의 평균치 이탈 정도를 $\pm1.5\sigma$라고 가정했을 때 평균치로부터 규격한계까지의 최소여유를 3.72σ로 유지하는 경우에 해당된다.

이것은 규격중심치로부터 규격한계까지의 여유를 5.22σ로 유지하는 경우로 설명될 수 있으므로 우리의 100ppm 품질혁신 활동은 5.22σ 활동이라고 할 수 있다.

구 분	NO Mean Shift			$\pm1.5\sigma$Mean Shift		
	규격한계까지의 여유	Cp	Defects (ppm)	규격한계까지의 여유	Cpk	Defects (ppm)
100ppm	$\pm5.22\sigma$	1.74	0.192ppm	3.72σ	1.24	100ppm
6σ	$\pm6\sigma$	2.0	0.002ppm	4.5σ	1.50	3.4ppm

이상을 종합해 볼 때 100ppm 품질혁신 운동은 고객의 요구사항에 능동적으로 대처할 수 있는 조직내부 역량의 개발 및 강화를 통하여 다음과 같은 3가지 실제적 전개 방향에 노력을 집중해야 할 것이다.

1) 품질산포를 최소화함으로써 균일한 제품생산이 가능하도록 하는 '산포의 관리', 즉 각각의 품질특성 데이터값이 평균과 일치하거나 거의 비슷한 값을 취할 수 있도록 하는 노력을 하며

2) 규격중심치에 대한 평균의 이동을 없애거나 최소화하는 '평균의 관리', 즉 평균치의 치우침을 없애거나 최소화하는 활동을 지속적으로 추진해야 하고

3) 업무 및 제조 프로세스의 수를 최소화할 수 있는 방안에 대한 철저한 연구, 즉 프로세스의 단순화를 위한 업무 통폐합 및 비부가 가치 활동에 대해 철저히 배제 되어야 한다.

문제] 6시그마 운동, 100PPM 및 S−PPM(Single PPM) 운동의 특성과 차이점에 대하여 논하고 국내 실정에 맞는 품질개선활동의 방향을 설정하시오.

풀이) 6시그마, 100PPM, S−PPM의 품질혁신 운동은 기업의 경쟁력, 나아가 국가의 경쟁력 강화를 위한 시급한 과제이다.

이러한 점에서 최근 6시그마 품질운동에 대한 산업계의 관심이 높은 것은 매우 환영할 만한 일이다. 그러나 이 운동에 대한 산업계의 이해도가 낮은 상태에서 일부 언론의 일방적인 논조가 막연한 동경심을 부추기고 있는 점도 우려가 된다. 우리나라 기업에서 6시그마 품질운동을 본격적인 도입을 고려한다면 다음과 같은 몇 가지의 사항을 먼저 이해할 필요가 있다.

1) 6시그마 품질운동은 이미 상당한 수준의 품질을 확보한 선도기업만이 성공할 수 있다. 또한 6시그마 품질목표를 달성하는 데는 상당한 시간과 투자가 필요하다. 만약 우리 기업들이 6시그마 품질운동을 도입하고자 한다면 우선 3.4PPM 수준의 높은 품질에 대한 동경보다는 이러한 목표에 도전할 만한 기반이 되어 있는지 자사의 현

실을 있는 그대로 직시할 필요가 있다.

2) 6시그마 품질운동은 불량률 3.4PPM을 목표로 하는 것이므로 100PPM 품질혁신과는 다르다는 주장은 잘못된 것이다. 이러한 주장은 6시그마의 본질을 제대로 이해하지 못하고 단지 겉보기 숫자만을 비교하기 때문에 생기는 오해에 기인한다.

3) 6시그마 품질경영은 (TQM)의 베스트 프랙티스 중 하나일 뿐 그것이 현대적 품질경영의 모든 것은 아니다. 현대적 품질경영의 중요한 특징의 하나는 품질의 전략적 측면을 강조하는 것이다.

결함이 없는 완전무결한 제품을 출하한다고 해서 고객만족이 보장되는 것은 아니다. 모토롤라가 오늘날 흔들리는 것은 무결점품질만으로 성공이 보장되지 않는 것을 잘 보여준다.

프로세스 매핑

문제] 프로세스 매핑(Mapping)에 대하여 설명하시오.

풀이)

▶ 프로세스(Process)란

한 종류 혹은 그 이상의 투입요소(Input)를 받아서 고객(Customer)에게 가치(Value) 있는 성과(Output)를 창출하는 활동(Activities)이다.

▶ 프로세스 매핑(Process Mapping)란

- 프로세스를 구성하는 단계들이나 이벤트 및 운영을 도식으로 나타낸 것이다.
- 프로세스가 조직 내의 기능을 따라 어떻게 구성되어 있는지, 시계열로 어떻게 움직이는지를 분석하고 대기시간을 줄이는 데 초점을 맞춘다.
- 다른 기업의 프로세스와 비교할 때 필수적이다.

▶ 프로세스 매핑의 목적

- Cycle time 단축

- Job Scope의 명백화

- 오류 감소

- 복잡한 과정의 명백한 체계화

- 근무자의 업무방법 표준화

▶ 프로세스 매핑(Mapping)의 종류

■ 기획형 프로세스 맵(Top-down Process Map)

핵심 프로세스				
주요 STEP				

■ 기능 전개형 프로세스 맵(Functional Deployment Process Map)

Block Diagram이라고도 하며, 이는 하위 프로세스이 순서, 의사결정, 이에 대한 책임, 처리시간 등을 문서화하는 데 사용되며 최근 가장 많이 사용되고 있다.

■ 상세 프로세스 맵(Detailed Process Map)

프로세스 각각의 단계와 관련 기능의 성격까지를 상세하게 도식화하여 세부적인 개선포인트를 얻고자 할 때 유용한 방법이다.

6시그마의 경계

문제] 6시그마에서 경계해야 할 점에 대하여 설명하시오.

풀이)

1. 너무 단기간에 도입하여 획기적인 성공을 보려고 조바심을 내면 실패하기 쉽다.

→ 6시그마는 인프라 구축에 장시간이 필요하며 인프라 구축에서 가장 중요한 것은 프로세스의 표준화와 모든 업무의 정보화가 상당부분 추진되어 있어야 하며 품질을 측정하고 평가하는 시스템이 구축되어 있어야 한다.

2. 최고경영자의 지식과 열정이 필요하다.

→ 6시그마는 TOP down 형식의 실행이 많은 만큼 경영층이 제대로 모르면 올바른 길로 갈수 없다.

3. 통계적 사고가 바탕을 이루어야 한다.

→ 6시그마를 제대로 실행하기 위해서는 통계적 방법에 대하여 제대로 이해를 하여야 하는데 이를 위해서는 충분한 교육훈련 등 투자를 하여야 한다.

4. 지속적으로 장기 비전을 갖고 추진해야 한다.

→ 일과성 패턴이 되지 않도록

5. 6시그마로 인해 유형적인 효과가 발생하면 그 결과를 모든 관련 부서 / 사원이 공유할 수 있어야 한다.

- 6시그마가 우리 기업에 미친 영향

  1. 품질에 대한 인식의 전환

  → 품질이 단순한 불량률만을 고려하는 것이 아닌 프로세스를 중심으로 판단한다는 점

  → 과거 우리가 충분하다고 생각하는 수준보다 훨씬 높은 수준의 품질을 요구하고 있으며 이는 단순히 품질만을 의미하는 것이 아니라 모든 부분의 성과의 척도를 나타낸다는 점

  2. 과학적인 문제해결 방법(관행의 타파)

  → 보다 엄격하게 데이터에 바탕을 둔 의사결정을 요구

  3 시스템과 프로세스의 중요성 인식

  → 부분적인 최적화의 한계점에 대한 인식 필요

  4. 선진기업의 품질문화에 대한 이해

- 성공적인 6시그마를 위한 앞으로의 과제

  1. 리더십

  2. 교육과 훈련 / 인력 양성(MBB, BB, GB)

  3. 데이터중심의 관리

  4. 고객중심의 6시그마

  5. 협력업체의 6시그마

  6. 변화의 수용

  7. 성과의 관리

6시그마의 성공 요인

문제] 6시그마 성공을 위한 5대 원칙에 대하여 설명하시오.

풀이)

1) 최고경영자의 리더십

   식스시그마에 대한 신념과 열정 / 강력한 리더십과 경영목표달성 의지

2) 데이터에 의한 관리

   정확한 데이터의 효과적인 분석과 피드백 / 데이터의 효과적인 적용
   과 문제해결

3) 교육 · 훈련

   전 직원대상의 교육훈련 / 식스 시그마를 주도할 블랙벨트의 양성
   전문기관 전문가의 활용

4) 시스템의 구축

   일상적 경영활동의 일환으로 인식 / 정착, 전 부문 / 전 협력업체의 참여,
   적극적인 프로세스 개선을 통한 경영목표 및 지표의 달성

5) 충분한 준비 시간

   현재의 품질수준과 목표의 명확화, 6개월 이상의 준비시간 필요
   (추진팀 구성, BB선별, 사전교육)

문제] 6시그마의 성공요인에 대하여 설명하시오.

풀이)

1. 시스템적 측면

    1) Top Down으로 실시할 것

    2) 조직 내 전 기능이 참여

    3) 6시그마를 전사 공통의 척도로 삼음

2. 방법적 측면

    1) 고객의 소리에서 출발

    2) 철저한 실행 위주의 교육 Program

    3) 지원환경(Infra)을 구축

문제] 6시그마의 7대 초점 사항에 대하여 설명하시오.

풀이)

1) 프로그램의 제도화를 위한 인프라의 구축

    각 단계별 로드맵과 세미나를 통하여 구체적인 계획과 목표달성의

    강한 의지를 갖게 한다.

2) 프로세스 개선 방법론의 전개

    체계적이고 잘 정리된 방법론을 배우고 단계별로 적용한다.

    이때 조급하게 단계를 무시하거나 룰을 어기면 많은 부작용을 내게

되므로 모든 것을 한 단계씩 해결해야 한다.

3) 공격적 프로젝트 선택과 결과에 근거한 교육과 훈련

프로젝트 선택에는 반드시 파레토 20/80의 원리를 적용해야 한다.

우선순위의 선정은 단기간에 해결 가능성과 지대한 관계를 갖고 있어야 한다.

상호협력과 전권위임은 매우 중요한 조직의 프로세스이다.

4) 미래 지도자 육성

식스시그마 교육과 훈련기업의 가치를 증대시키며 미래의 훌륭한 간부와 임원을 배양하는 것은 중요한 경영혁신이다.

5) 타 경영혁신 운동과 연계 가능

현재까지의 모든 개선, 혁신 운동을 식스시그마 경영에 흡수시켜 효율을 높이고 목표달성을 확신하게 한다.

6) 전 부문 적용 가능

제조, R&D, 사무간접(간접) 부문에서 식스시그마 경영전략을 실행할 수 있다.

7) 단기 내 최대의 재무성과

프로그램 투자대비 10배의 재무성과를 얻을 수 있다.

TQC / TQM과 6시그마의 비교

내 용	TQC / TQM	6시그마
방침결정	Bottom – up	Top – down
소집단 활동	현장 종업원 위주의 품질분임조 활동	BB 또는 GB 위주의 프로젝트팀 활동
소집단활동담당자	분임조장(전임이 아님)	BB(전임), GB
교육체계	분임조원 위주의 교육으로 자발적 교육참여 권장	WB / GB / BB/MBB / Champion으로 구분하여 체계적인 의무교육 실시
프로젝트 추진 조직체계	기업 조직체계를 사용	별도의 독자적 조직체계 사용
기본 사이클	PDCA 사이클	MAIC/IDOV
주요 적용기법	QC 7가지 도구	QC 7가지 도구 + 통계기법을 포함한 다양한 과학적 관리
개혁대상 및 범위	결과중시 및 부분 최적화	프로세스에서 예방활동을 중시하고 전체 최적화에 역점
지식경영과의 관계	관계가 약하다	관계가 높다
주요 착안사항	안정된 공정관리를 중심으로 표준준수에 역점을 둠	고객요구를 반영하는 DFSS를 시작으로, 제조, 사무간접 분야의 품질혁신에 역점을 둠
프로세스 평가	프로세스 결과물(불량, 불량품, 불량률 등)로 평가	시그마(sigma)

100PPM / Single PPM과 6시그마 / DFSS 비교

100PPM/Single PPM	6시그마 / DFSS
(1) 국내에서 만들어진 품질혁신 운동으로 인증을 준다.	(1) 미국에서 시작된 품질혁신 운동으로 인증을 주는 운동이 아니다.
(2) 중소협력업체와 그의 모기업이 주요 대상 기업이나.	(2) 개개의 내기업들이 주요 대상기업이디.
(3) 불량률 제로화에 초점이 있으며, 검사결과를 중시한다.	(3) 프로세스의 산보관리에 초점이 있으며, 프로세스 최적화를 중시한다.
(4) 사외 클레임을 최소화하고 A/S를 통한 고객만족을 실현한다. 고객만족을 근본적으로 유도한다.	(4) 설계단계부터 6σ 제품을 만들어 고객만족을 근본적으로 유도한다.
(5) 분임조 활동, 제안제도 등 TQC, TQM 등의 품질경영활동을 장려하고, PDCA 사이클을 활용한다.	(5) BB / GB 등에 의한 프로젝트 활동과 CFT에 의한 소집단 활동을 장려하고, MAIC, IDOV 등의 사이클을 활용한다.
(6) BB와 같은 품질전문가를 별도로 운영하지 않는다.	(6) Belt 제도를 운영하며 BB와 같은 전업 전문가를 둔다.

검사 / 샘플링

CHAPTER 01 검사목적 / QA 업무

문제] 검사의 목적을 5가지만 설명하시오.

풀이) ① 좋은 Lot와 나쁜 Lot를 구별하기 위하여

② 양품과 불량품을 구별하기 위하여

③ 제조공정의 변화를 파악하기 위하여

④ 제조공정에서 불량품을 만들 위험이 있는지 여부를 조사하기 위하여

⑤ 제품의 결점정도를 평가하기 위하여

⑥ 검사원의 정확도를 평가하기 위하여

⑦ 측정기기의 정밀도를 평가하기 위하여

문제] 품질보증 업무의 사전대책 및 사후대책에 대하여 나열식으로 각각 4개 이상 설명하시오.

풀이) 1. 사전대책

① 시장정보 ② 공업화 연구(기술연구)

③ 고객에 대한 PR 및 기술지도

④ 품질 설계 – 품질표준, 재료규격, 포장규격

⑤ 공정능력의 파악과 공정관리(공정해석 → 안정화 → 품질균일화)

2. 사후대책

① 제품검사(검사규격 작성, 검사의 실시)

② 클레임 처리(만족한 처리, 재발방지의 항구적 처리, 클레임 해석)

③ After - Service, 기술 서비스

④ 보증기간, 방법(신뢰성)

⑤ 품질감사(Q.C 업무의 감사, 타사제품과의 비교)

　자사제품을 시장에서 구입하여 출하 시의 품위와 비교

02

샘플링 검사

1. 샘플링 검사란 로트로부터 시료를 샘플링하여 조사하고, 그 결과를 로트의 판정기준과 대조하여 그 로트의 합격, 불합격을 판정하는 검사를 말한다.

2. 샘플링 검사가 필요한 경우
   ① 파괴검사의 경우
   ② 모든 부분을 검사하기가 곤란한 연속체나 대량품

3. 샘플링 검사가 유리한 경우
   ① 다수·다량의 것으로 어느 정도 불량품이 섞여도 괜찮은 경우
   ② 검사항목이 많은 경우
   ③ 불완전한 전수검사에 비해서 신뢰성 높은 결과가 얻어지는 경우
   ④ 검사내용을 적게 하는 편이 이익이 되는 경우
   ⑤ 생산자에게 품질향상의 자극을 주고 싶을 경우

4. 샘플링 검사의 조건
   ① 제품의 로트로서 처리될 수 있을 것
   ② 합격로트의 속에도 어느 정도까지는 불량품이 섞여 들어가는 것

을 허용할 수 있을 것

③ 시료의 샘플링이 랜덤하게 될 것

④ 품질 기준이 명확할 것

⑤ 계량샘플링 검사에서는 로트의 검사단위의 특성치의 분포를 대략 알고 있을 것

5. 샘플링 검사의 분류

　① 불량을 또는 결점 수에 의한 샘플링 검사 – 계수샘플링 검사

　② 특성치에 의한 샘플링 검사 – 계량샘플링 검사

■ 랜덤 샘플링의 4원칙

원칙 1. 그 제품의 생산에 종사하는 자에게 샘플링을 맡겨서는 안 된다.

　그 제품의 생산에 종사하는 자는 품질의 좋은 부분만을 골라서 샘플링하게 되고, 검사원은 품질의 나쁜 부분만을 골라서 샘플링하는 경향이 있다. 어느 쪽이나 치우침이 생기기 쉽다.

원칙 2. 샘플링은 반드시 책임 있는 사람의 입회 아래 하여야 한다.

　샘플은 랜덤하게 채취하였습니다라고 잘라 말하면 그만이지, 이것을 체크하기란 정말 어려운 일이다.

　따라서, 책임자가 반드시 입회하여서 확인하는 것이 필요하다.

원칙 3. 시료 채취 관계자에게 샘플링의 목적과 그 중요성을 충분하게 또 철저하게 인식시켜 두어야 한다.

시료를 채취하는 사람이 그 목적이나 중요성을 인식하고 있지 않기 때문에 아무렇게나 시료를 채취하는 예는 참으로 많다.

원칙 4. 샘플링은 그 대상물(로트)의 이동 중에 하여야 한다. 정지 중에는 샘플링을 피하는 것이 좋다.

예를 들어 창고 속에 가로, 세로, 높이가 각 20인 합계 8,000개의 상자가 쌓여 있을 때(정지 중일 때), 아래로부터 2단째의 상자를 시료로 삼아 채취하기로 한다면 그 한 상자를 끄집어내는 데는 방대한 시간과 경비가 필요하다.

■ 샘플링의 5가지 방법(특징)

1) 단순랜덤 샘플링법

모집단의 모든 샘플링 단위가 동일한 확률로 시료에 뽑힐 가능성이 있는 샘플링방법이다. 시료를 랜덤하게 취하는 데는 아래의 방법이 있다.
(1) 난수표를 이용하는 방법
(2) 난수 주사위를 이용하는 방법
(3) 샘플링 카드를 이용하는 방법

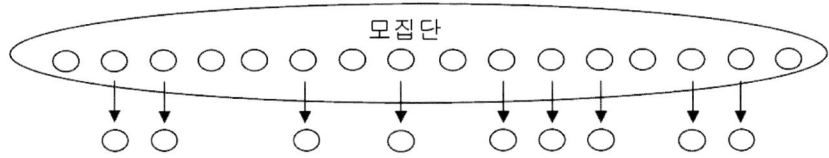

2) 다단계 샘플링

실제의 샘플링 문제에 있어서는 제품의 수송, 저장, 판매 등의 편리를
위하여 몇 개의 양으로 나누어 포장하든가 화물차에 적재하는 경우가
많다. 따라서 모집단 전체에서 단순랜덤 샘플링한다는 것은 번잡하거
나 비경제적인 경우가 흔하다. 이러한 경우에 대한 실용적이고 경제적
인 각종 샘플링방법이 고안되어 있으나 먼저 여러 단계로 나누어서 샘
플링하는 다단계 샘플링이 있다.

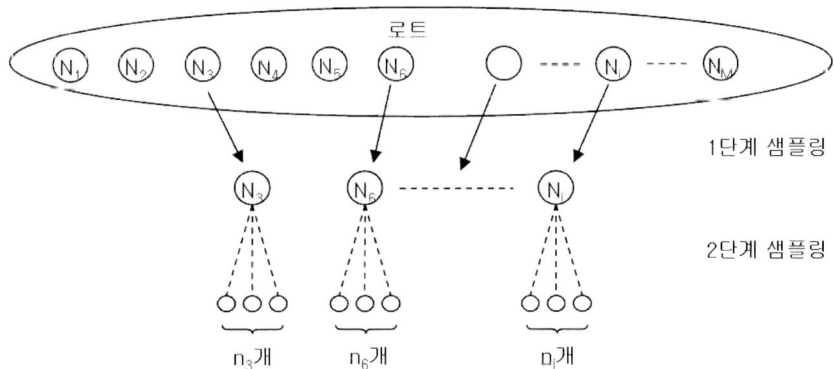

3) 층별 샘플링

로트를 몇 개의 층으로 나누어 각 층으로부터 시료를 취하는 샘플링법을 층별 샘플링 또는 층화 샘플링이라 한다. 이 방법은 2단계 샘플링에서 m＝M으로 하는 경우, 즉 1차 단위의 부로트 M개를 모두 택하여 그중에서 2차 단위를 랜덤 샘플링하는 방법과 같다.

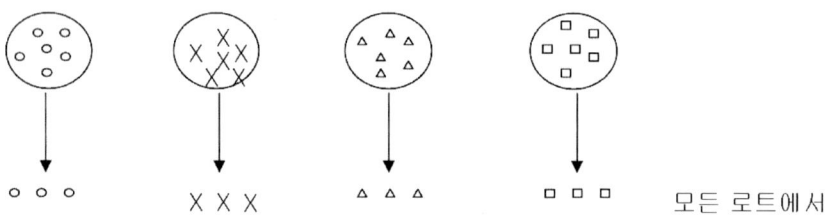

모든 로트에서

4) 취락 샘플링

모집단을 여러 개의 층으로 나누고, 그중에서 일부를 랜덤 샘플링한 후, 샘플링된 층에 속해 있는 모든 제품을 측정, 조사하는 방법이다.

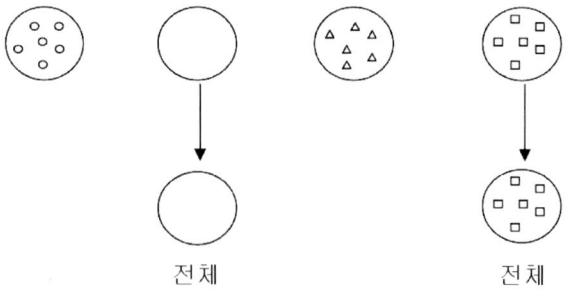

전체   전체

5) 계통 샘플링

시료를 시간적으로나 공간적으로 일정한 간격을 두고 취하는 샘플링 방법이다.

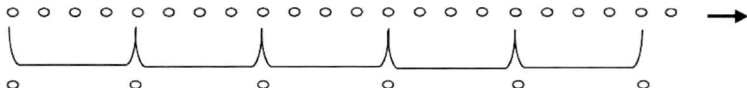

03

CHAPTER

샘플링 검사 종류

<계수샘플링 검사와 계량샘플링 검사의 비교>

구 분 내 용	계수샘플링 검사	계량샘플링 검사
검사방법	검사에 숙련을 요하지 않는다. 검사에 요하는 시간이 짧다. 검사설비가 간단하다. 검사기록이 간단하다.	일반적으로 검사에 숙련을 요한다. 검사에 요하는 시간이 길다. 검사설비가 복잡하다. 검사기록이 복잡하다.
적용 시 이론상의 제약	시료를 채취할 때 랜덤성을 유지하면 좋다. 샘플링 검사를 적용하는 이론적 조건이 일 반적으로 쉽게 만족된다.	시료의 채취에 랜덤성이 요구되며 그 적 용범위가 정규분포하는 경우 혹은 그 밖 의 특수한 경우로 제한된다.
판별능력과 검사개수	동등의 판별능력을 얻기 위해서는 시료의 크기가 커진다. 검사개수가 같을 때에는 판 별능력이 낮아진다.	동등의 판별능력을 얻기 위해서는 시료 의 크기가 작아도 된다. 검사개수가 같 을 경우에는 판별능력이 높아진다.
검사기록의 이용	검사기록이 타의 목적에 이용되는 정도가 낮다.	검사기록이 타의 목적에 이용되는 정도 가 높다.
적용해서 유리한 경우	검사의 비용이 적은 것, 즉 시간, 설비, 인 원을 그리 요하지 않는 것에 유리하다.	검사비용이 드는 것, 즉 시간, 설비, 인 원을 요하는 것, 특히 값비싼 물품의 파 괴검사에 유리하다.

CHAPTER 04 샘플링 검사 4가지 형식

형 식	내 용	적용 시기
규준형	새로운 구입처로부터 물품을 구입하거나 가끔 거래하는 경우와 같이 품질에 지식이 없을 경우	① 생산자, 소비자 만족 ② 새로 구입 시 ③ 공정 평균품질 추정이 안 될 때 ④ 품질에 대한 예비지식이 없을 때
조정형	같은 종류의 제품을 계속적으로 구입하는 경우나 마음대로 공급자를 선택할 수 있을 때	① 자유로이 공급자 선택 시 ② 같은 종류의 제품
선별형	파는 쪽을 마음대로 선정할 수 없고 동일한 납품자로부터 구입할 수밖에 없는 경우, 불합격된 LOT는 작업원이 선별하도록 요구	① 납품자가 한정 ② AOQL, LTPD
연속 생산형	컨베이어를 타고 연속적으로 물품이 흘러나오는 경우에 검사	① 연속제품 생산 시 AOQL ② 물품적재 장소 부족 시

1. 규준형

공급지에 대한 보호와 구입자에 대한 보증의 정도를 규정해 두고 공급자의 요구와 구입자의 요구의 양쪽을 만족하게 하노록 싸인 점이 특징임. 공급자에 대해서는 로트의 불량률 P_0, 또는 평균치 m_0와 같은 좋은 로트가 불합격될 확률을 α로 정하고, 구입자 측에 대해서는 불량률 P_1 또는 m_1과 같은 품질이 나쁜 로트가 합격되어 수입되는 확률을 β로 정한다.

그리고 양편의 요구를 만족하도록 샘플의 크기 n과 합격판정개수 c를 정하는 방법이다.

2. 조정형

로트의 구입이 계속될 때 공급자가 제출하는 로트의 품질의 정도에 따라 구입자가 샘플링 검사방식을 까다롭게 한다든가 수월하게 한다든가 하여 조정하는 것이 특징이다.

일반적으로 합격으로 하고 싶은 최저한의 로트의 품질 AQL을 정하고 이 수준보다 좋은 품질의 로트를 제출하면 거의 다 합격시킬 것을 공급자에게 보증한다. 한편, 구입자는 조정의 단계로서 '수월한 검사', '보통 검사', '까다로운 검사'의 3단계를 정해 두고 제출된 로트의 품질이 좋다고 추정되는 공급자에 대해서는 샘플의 크기를 작게 하여 수월한 검사를 적용해 상대를 장려하고 품질이 나쁘다고 추정되는 공급자에게는 샘플의 크기를 크게 하여, 즉 까다로운 검사를 적용해서 품질의 향상을 촉구한다.

3. 선별형

불합격된 로트를 전수 선별하는 것이 특징이다. 파괴검사와 같이 선별을 할 수 없는 경우는 적용할 수 없다. 전수 선별된 로트는 불량품이 전부 제거되고 양품으로 대치되기 때문에 이 로트와 전수검사를 받지 않고 합격된 로트를 평균한 불량률은 검사를 받기 전보다 작아진다. 이때 검사 후의 평균 불량률을 평균출검품질 또는 AOQ라 하며 이것은 검사 전의 로트의 불량률의 값에 관계없이 사전에 정해진 일정한 값을 넘을 수 없다. 이 일정한 값을 AOQL이라 한다.

이 검사에 있어서 구입자에 대한 보호는 두 가지가 있는데 그 하나는 위에서 말한 AOQL인데 이것은 구입하는 로트의 장기간의 평균 불량률이

이 값을 넘을 수 없도록 하는 것이며, 또 하나는 P_1과 같이 나쁜 로트가 합격으로 되는 확률을 일정의 작은 값으로 정함으로써 구입자를 보호하게 한다. 후자와 같은 로트의 품질을 로트허용불량률 또는 LTPD라 한다.

4. 연속 생산형

이미 만들어진 로트를 대상으로 하는 것이 아니라 벨트컨베이어를 통해 제품이 흘러나오는 경우와 같이 연속적으로 제조될 때 적용하도록 되어 있는 것이 특징이다.

처음에 1개씩 조사하다가 양품이 일정 개수 계속되면 일정 개수 간격으로 샘플링 검사를 하고, 여기서 불량이 나오면 다시 1개씩 검사로 되돌아가는 방식이다. 이 경우에 발견된 불량품은 그때마다 양품과 바꾸어 넣거나 수리 또는 재조정 등의 조처를 취한다.

■ 계수 조정형 샘플링 검사의 엄격도 조정

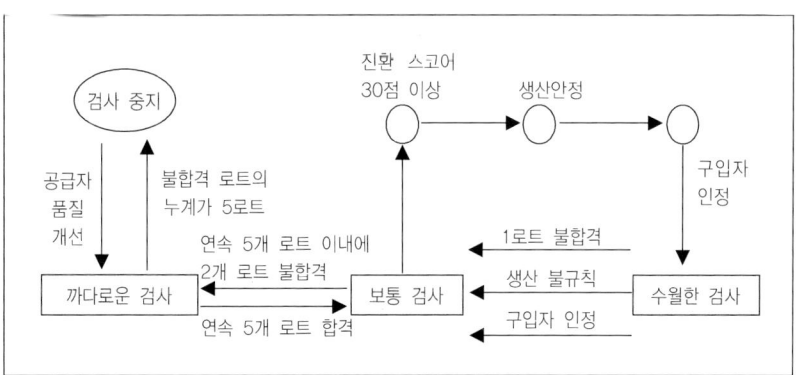

■ 전환 스코어법(switching score)

1회마다 검사의 합격에 대하여 스코어가 주어져 이것을 저장하고, 기준을 만족했을 때 수월한 검사로 전환하는 방법이다.

소위 마일리지 서비스를 저축한다는 방법과 유사하다.

1) 1단계 엄격한 AQL의 합격 판정 기준에서도 합격하였을 경우, 스코어 3점을 가산한다.

2) 합격 판정 개수 Ac가 1개 이하일 때, 로트가 합격하였을 경우, 스코어 2점을 가산한다.

   (15로트 이상 연속해서 합격하였을 경우 보통검사에서 수월한 검사로 전환)

3) 2회 샘플링 검사에서 제1회 샘플 검사만으로 합격되면 스코어 3점을 가산한다.

   이와 같이 하여 스코어를 저축해 간다. 도중에 위의 기준을 만족하지 못하는 경우에는 저축해 둔 스코어는 0이 된다. 이와 같이 스코어가 30점이 되었을 때 수월한 검사로 전환해야 한다.

05

CHAPTER **생산자 위험률 / 소비자 위험률**

□ 생산자 위험률 / 소비자 위험률

샘플링 검사에서는 불량률이 낮은 '좋은 로트'가 불합격으로 되는 기회가 있는 동시에 불량률이 높은 '나쁜 로트'라도 합격으로 되는 기회가 있다. 생산자 위험률은 '좋은 로트'인데도 불구하고, '나쁜 로트'로 간주하는 것으로 α라는 기호로 표시한다(1종 과오).

소비자 위험률은 '나쁜 로트'인데도 '좋은 로트'로 간주하는 것으로 β라는 기호로 표시한다(2종 과오).

〈임계불량률〉 P_b(손익분기점 불량률)

$P_b = a / b$ a: 1개당 검사비용

$or = a / b - c$ b: 검사하지 않음으로써 입는 불량품 1개당 손실

$or = a / b - d$ c: 재가공비용

                    d: 폐기처분비용

$P_b > P$이면 무검사, $P_b < P$이면 전수검사가 유리

AQL(Acceptable Quality Level)

<샘플링 검사의 검사지표>

기 호	의 미
P_0	생산자가 좋다고 생각하는 로트의 불량률
P_1	소비자가 나쁘다고 생각하는 로트의 불량률
α	생산자 위험(합격되어야 할 로트가 불합격될 확률)
β	소비자 위험(불합격되어야 할 로트가 합격될 확률)
AQL	합격시키고 싶은 로트의 불량률의 하한(P_0에 어느 정도 대응)
LTPD	불합격시키고 싶은 로트의 평균불량률의 상한(P_1에 대응)
AOQL	불합격시키고 싶은 다수개 로트의 평균불량률의 상한(다수개 로트의 P_1에 대응)

AQL / AOQL

1. 구입검사를 했을 때 되도록 합격으로 시키고 싶은 품질수준을 합격품질수준(AQL)이라 한다.

   MIL‒STD‒105D에서는 AQL 품질의 로트는 높은 확률로 합격되도록 샘플링 방식을 선택하고 있다.

2. AQL의 값을 정하는 방법

   일어날 수 있는 모든 결점에 대하여 AQL을 설정할 필요가 있다.

   구조가 간단한 부분품목 등에 대해서는 전 결점 항목에 대해서 일괄해서 AQL을 정하는 경우가 있으나 보통의 제품에 대해서는 결점 또는 불량품의 각 계급별로 AQL을 설정한다.

3. AQL 선정에 있어 주의해야 할 점

   AQL의 값을 정함에 있어서는 희망품질과 달성 가능한 품질의 Balance를 고려할 필요가 있다.

   ① 요구품질에 맞추어 정한다.

   ② 결점의 계급에 따라 정한다.

   ③ 공정평균에 근거를 두어 정한다.

   ④ 공급자와 협의한다.

   ⑤ AQL값을 계속적으로 검토한다.

4. 평균출검품질한계(AOQL)

평균품질보증이란 다수의 로트가 선별형 샘플링 검사를 받았을 때. 검사를 통과한 다수의 로트의 평균품질을 보증하는 것이다.

선별형, 샘플링 검사에서 제출되는 다수의 로트가 모두 다 불량률 $p\%$이고 샘플링 방식에서 $p\%$의 로트의 합격으로 될 비율이 $L(p)$이라고 하면 검사 후의 로트 평균품질(AOQ)은, $AOQ = p \times L(p)$이다. p의 증가에 따라 AOQ가 최대가 되고, 그 p의 증가에 따라 AOQ의 값은 증가하지만, 어떤 p의 값에 대하여 AOQ가 최대가 되고, 그 p의 값보다 더 증가하면 AOQ의 값은 역으로 감소된다. $P(\%)$와 AOQ의 관계를 표시한 곡선을 AOQ곡선이라 하고 AOQ곡선의 최대치를 평균출검품질한계(Average Outgoing Quality Limit)라고 AOQL로 표시한다.

평균품질의 경우, 사는 측에서 AOQL의 값을 지정한다.

07

OC곡선

문제] 샘플링 방식에서 OC곡선 AQL, 알파, 베타, LTPD(LOT허용 불량률)에 대하여 도표를 그려 설명하여라.

풀이)

OC곡선(Operating Characteristic Curve)

1) 계수 일회 샘플링 검사의 로트에 대한 합격, 불합격 판정절차는 (N, n, c)에 의해 확정된다. 즉 N개의 제품으로 구성된 LOT로부터 n개의 제품을 시료로 채취하여 그중에 c 이하의 불량품이 발견되면 그 로트는 합격된다.

LOT가 좋은 품질인지 나쁜 품질인지 제대로 구별해 내는 능력을 검사의 판별력, 즉 검정력(Power of the test)이라 하는데 이를 나타낸 확률 분포를 검사특성곡선이라 한다.

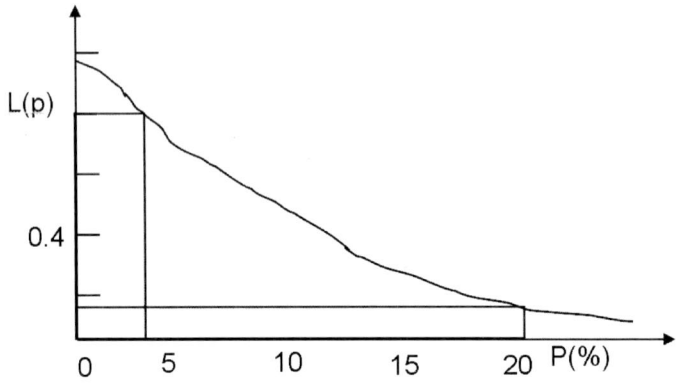

2) OC곡선은 샘플링 검사의 로트의 크기 N, 시료의 크기 n, 합격판정
개수 c의 변화에 따라 변한다.

(1) N(로트 크기)변화 → n, c가 일정하고 N이 커지면 n와 N의 차
가 커지므로 결국 N이 일정하고 n이 적어지는 효과가 OC곡선
기능에 나타난다.

시료의 크기 n에 비해 어느 정도 이상이면 OC곡선은 영향을
거의 받지 않는다.

(2) n이 변화 → 시료크기 n이 증가할수록 합격을 덜 시키는 엄격한
검사가 되며 소비자 보호 효과는 증가하고 생산자 위험은 따라
서 커진다.

(3) c의 변화 → 합격판정개수 c가 증가할수록 합격을 많이 시키는
수월한 검사가 된다. 즉 생산자 위험은 적어지고 소비자 위험은
커진다.

(4) (N, n) 변화 → 로트의 크기 N에 따라서 일정 비율의 시료 n을

채취하는 일정 비율(percentage) 샘플링 검사는 로트의 크기가 변함에 따라 품질로트 정도가 크게 달라져 일정한 수준의 품질 보호를 얻을 수 있다.

품질(부적합률)이 같은 경우 작은 로트가 큰 로트보다 높은 확률로 합격되게 된다.

■ 로트가 합격하는 확률 L(p)를 구하는 방법

① 초기하분포: 이항분포에서 N이 적을 때의 비복원추출에서는 초기하분포가 됨

복원추출일 때도 N이 n에 비해 상당히 크고 계산을 정확히 할 때는 초기하분포의 식을 씀

$$L(p) = \sum_{x=0}^{c} \frac{\begin{bmatrix} p^N \\ x \end{bmatrix} \begin{bmatrix} N - p^N \\ n - x \end{bmatrix}}{\begin{bmatrix} N \\ n \end{bmatrix}} \quad \text{단, } x : \text{시료 중의 부적합품의 수}$$

② 이항분포: 로트의 부적합률이 10% 이하이고, 로트의 크기 N이 시료의 크기 n의 10배 이상일 때는 이항분포를 사용

$$L(p) = \sum_{x=0}^{c} \begin{bmatrix} n \\ x \end{bmatrix} (p^x)(1-p)^{n-x}$$

③ 포아송 분포: 로트의 부적합률이 10% 이하이고, 로트의 크기 N이

시료의 크기 n의 10배 이상이고, 시료크기(n)×부적합률(p)의 값이 10보다 작을 때는 포아송 분포를 사용함.

$$L(p) = \sum_{x=0}^{c} \frac{(np)^x e^{-np}}{x!}$$

■ OC곡선 작성

□ N = 2,000, n = 50, c = 1, 포아송 분포 이용

X \ 부적합률	1%	2%	5%	10%
0	0.607	0.368	0.082	0.007
1	0.303	0.368	0.205	0.034
계	0.910	0.736	0.287	0.041

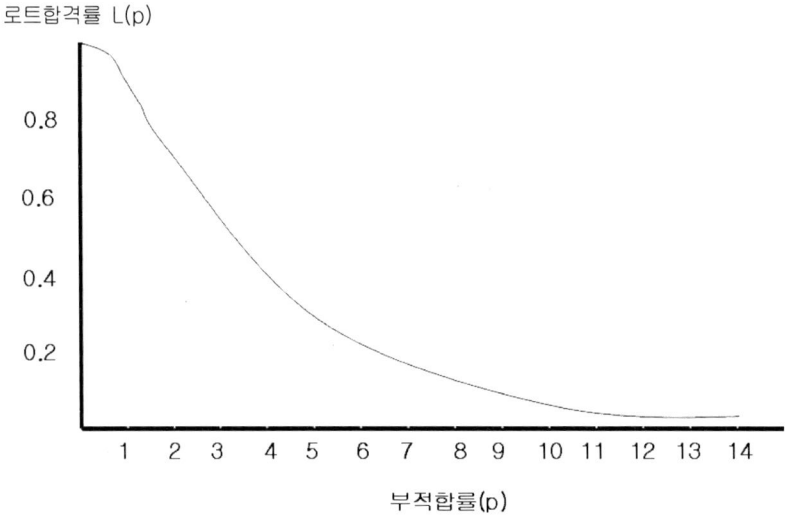

문제] 검정 시의 α, β 및 검정력을 설명하시오.

풀이)
제1종 과오(α)와 제2종 과오(β)

1) 관리도에 적용 시
  α: 공정이 관리상태(안정상태)인데도 불구하고, 공정이 관리상태(안정
    상태)가 아니라고 판단하는 과오.
  β: 공정이 관리상태(안정상태)가 아닌데도 불구하고, 공정이 관리상태
    (안정상태)라고 판단하는 과오.

2) Sampling 검사 적용 시
  α: 제품(부품)이 좋은데도 불구하고, 제품(부품)이 좋지 않다고 판단
    하는 과오(소비자 위험률 통상 5%)
  β: 제품(부품)이 좋지 않은데도 불구하고, 제품(부품)이 좋다고 판단
    하는 과오(생산자 위험률 통상 10%)

3) 검정 적용 시
  α: 귀무가설(H_0)이 옳은데도 불구하고, 옳지 않다고 판단하는 과오,
    즉 H_0: 기각, H_1: 채택
  β: 대립가설(H_1)이 옳은데도 불구하고, 옳지 않다고 판단하는 과오,
    즉 H_0: 채택, H_1: 기각

관능검사

문제] 관능검사에 대하여 설명하시오.

풀이) ① 관능검사란?

사람의 감각(주로 5감)을 이용하여 품질을 평가하고 판정하는 검사

② 필요성

- 관능검사가 아니고는 품질특성을 측정할 수 없는 경우
- 과학적인 측정보다는 관능에 의한 편이 간편, 경제적이고 효과적

③ 문제점

- 검사원의 식별능력에 따라 산포 발생
- 생활환경이나 건강상태, 피로에 의해 감정이 좌우되므로 검사판정 위험
- 감각된 내용의 표현과 보고에 검사원별 개인차 발생

④ 관능적 판단의 오차

a) 순위오차: 시료의 제시순서 또는 제시위치에 따라 판정관의 선입관에 의해 일어나는 오차

b) 대조오차: 대조효과에 따른 오차

c) 근사오차: 근사현상에 따른 오차로서 성질이 다른 두 개의 시료가 유사한 것으로 인지되는 경향에서 오는 오차

d) 기대오차: 주어진 자극의 성질 또는 표현으로부터 생긴 선입관에서 오는 심리학적인 오차

e) 관련 자극오차: 시료 자체에는 차이가 없는데도 용기, 절차 기타 관련 조건이 다르면 차이가 있다고 판단하는 데서 오는 오차

f) 논리오차: 관계없는 특성을 논리적으로 관련이 있는 것같이 생각되어 유사한 평가를 하는 데서 범하는 오차

CHAPTER 01 관리도의 개념

1. 관리도란

① 공정의 결과와 투입을 모니터링하도록 사용되는 일종의 그림이다.
② 공정이 안정상태인지 안정되지 않은 상태인지를 파악하기 위한 기법이다.
③ 관리한계를 나타내는 관리한계선인 관리상한과 관리하한을 그어 두고, 여기에 품질의 측정결과를 표시했을 때 점이 관리한계선 안에 있으면, 통계적 관리상태로 보고, 관리한계선 밖에 있으면, 공정에 이상이 발생한 것으로 파악한다.

2. 관리용 관리도의 이점

NO	이점구분	이점설명
1	관리상태 파악 용이	관리한계선이 고정되어 있어 타점만 한 후 관리상태를 파악
2	작성 용이	표준편차는 해석용처럼 그때마다 산출이 불요한바 작성 용이
3	관리한계선 계산 불요	관리한계선은 고정된 바 타점만 하므로 계산 불요
4	관리 용이	타점만 한 후 관리상태만 파악하기에 관리가 매우 용이

관리도는 공정의 상태를 나타내는 특성치에 관해서 그려진 그림으로서 공정을 관리상태(안정상태)로 유지하기 위하여 사용된다. 또한 관리도를 제조공정이 잘 관리된 상태에 있는가를 조사하기 위하여 사용할 수 있다.

3. 관리도의 종류

관리도의 구분은 보통 통계량(품질특성치)에 의하여 다음과 같이 분류한다.

구 분	데이터의 종류	관리도	적용 이론
계량형	길이, 무게, 강도, 화학성분, 압력, 비율, 원단위, 생산량	$\bar{x}-R$ 관리도(평균치와 범위의 관리도) $\bar{x}-S$ 관리도(평균치와 표준편차의 관리도) $\tilde{x}-R$ 관리도(중앙치와 범위의 관리도) x 관리도(개별데이터의 관리도)	정규 분포
계수형	제품의 불량률	p 관리도	이항 분포
	불량개수	np 관리도	
	결점 수(샘플크기가 같을 때)	c 관리도	포아송 분포
	단위당 결점 수(단위가 다를 때)	u 관리도	

4. 관리도 흐름도

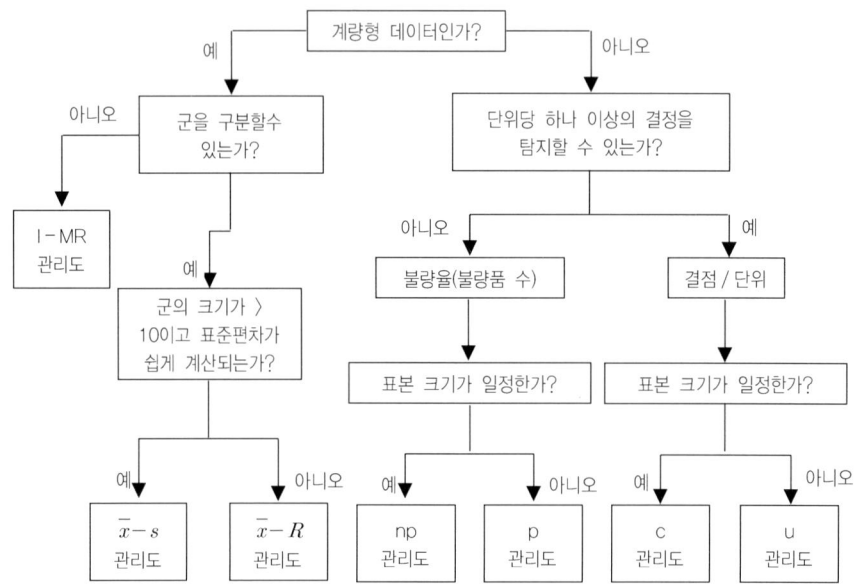

관리도 사용목적

문제] 관리도의 사용목적을 품질변동의 원인과 관련하여 설명하시오.

풀이)

- 변동요인이란 설계특성과 개별제품의 특성 간의 차이를 의미한다.
- 편차는 우연원인에 의한 편차와 이상원인에 의한 편차로 구분된다.
- 우연원인에 의한 편차는 확률적으로 자연스럽고 우연한 원인에 의한 편차를 의미하며 현재의 공정 구성에서 일반적으로 나타나는 편차를 의미한다.
- 이상원인에 의한 편차는 기계설비의 오동작이나 작업자의 실수와 같이 그 원인을 명확히 추적할 수 있는 편차를 의미한다.
- 우연원인에 의한 편차는 보다 정밀한 기계를 도입하거나 공정을 재구성하지 않으면 해결할 수 없는 반면에 이상원인에 의한 편차는 일상적인 설비의 유지보수나 작업자에 대한 교육훈련 등으로 해결할 수 있는 것이라고도 할 수 있다.
  그러므로 생산공정에서의 편차가 우연원인에 의한 편차로만 이루어진 경우가 가장 바람직하며 이는 생산공정이 안정적인 상태에 있다고 할 것이다.
- 품질관리의 중요한 목적 중의 하나는 공정에 이상요인이 발생하였을

경우 가능한 이를 빨리 탐지하여 수정조치를 취함으로써 불량제품의 발생을 사전에 억제할 수 있는 것이다. 이러한 목적으로 널리 사용되고 있는 대표적인 기법의 하나가 관리도이다.

결국 통계적 공정관리의 궁극적 목표는 생산공정에서 품질의 변동을 제거하는 것이다.

현실적으로 품질변동을 완전히 제거하는 것은 불가능하겠지만 관리도를 사용함으로써 품질변동을 가능한 한도까지 매우 효과적으로 감소시킬 수 있다.

$\overline{x}-R$ 관리도 사용목적

☐ X bar 관리도

$$= \overset{=}{x} \pm 3\sigma_{\overline{x}} \qquad , \sigma_{\overline{x}} = \sigma_x / \sqrt{n}$$

$$= \overset{=}{x} \pm 3\sigma_x / \sqrt{n} \qquad , \widehat{\sigma_x} = \overline{R}/d_2$$

$$= \overset{=}{x} \pm \frac{3}{\sqrt{n}} \cdot \frac{\overline{R}}{d_2} \qquad , A_2 = \frac{3}{d_2 \cdot \sqrt{n}}$$

$$= \overset{=}{x} \pm A_2 \cdot \overline{R}$$

$$CL = \overset{=}{x}$$

$$UCL = \overset{=}{x} + A_2\overline{R}$$

$$LCL = \overset{=}{x} - A_2\overline{R}$$

☐ R 관리도

$$= \overline{R} \pm 3\widehat{\sigma_R} \qquad , \widehat{\sigma_R} = d_3 \cdot \frac{\overline{R}}{d_2}$$

$$= \overline{R} \pm 3d_3 \cdot \frac{\overline{R}}{d_2} \qquad , D_4 = 1 + 3\frac{d_3}{d_2}$$

$$= \overline{R}(1 \pm 3\frac{d_3}{d_2}) \qquad , D_3 = 1 - 3\frac{d_3}{d_2}$$

$$CL = \overline{R}$$

$$UCL = D_4 \cdot \overline{R}$$

$$LCL = D_3 \cdot \overline{R}$$

EWMA / 누적합 관리도

1. EWMA 관리도

EWMA 관리도는 다음의 것들로 이루어진다.

EWMA 점들, 이들은 지수가중이동평균들이다. 각 EWMA 포인트는 모든 이전의 부분군들 또는 관찰값들로부터의 정보를 수용하지만, 오래된 공정 데이터에는 가중치를 적게 부여한다.

관리한계선은 중심선으로부터 3s(표준편차) 떨어진 곳에 위치하고 있으며, 공정이 관리상태에 있는지 여부를 평가하기 위한 시각적인 수단을 제공한다.

관리 하한선과 상한선을 벗어나 위치하는 데이터 포인트들에 대하여 EWMA 관리도를 살펴본다.

관리한계선들을 벗어나 위치하는 점들은 공정이 관리이탈상태에 있다는 것을 나타낸다. 이상원인 변동에 대한 잠재적인 원인들에 대한 조사를 시작하여야 한다.

2. EWMA 관리도의 특성들

EWMA 방법은 몇 가지 매력적인 성질들을 가지고 있는데, 특기할 만한 것은 다음과 같다.

각 데이터 포인트들을 독립적으로 사용하는 전통적인 '슈하트(Shewhart)' 관리도와는 달리, EWMA 관리도는 공정의 관리상태를 결정하기 위해서 시간에 걸쳐서 수집된 모든 데이터를 사용하기도 한다.

EWMA 관리도는 종종 공정 위치의 '큰' 이동들을 탐지하는 기법인 CUSUM 관리도보다 뛰어나다.

EWMA 관리도를 사용하여 공정 표준편차들과 평균들 모두를 모니터할 수 있다.

공정 평균의 값들을 예측하기 위하여 EWMA 관리도를 사용할 수 있다.

전통적인 슈하트 관리도에서 관리상태의 평균 런 길이들과 짝을 이루는 관리한계선들을 계산하기 위하여 EWMA 관리도의 가중치들과 s의 수를 선택할 수 있다.

3. EWMA, CUSUM 및 이동평균 관리도의 비교

CUSUM, EWMA 그리고 이동평균(MA) 관리도는 관리상태의 공정을 모니터하여 공정 평균에서의 작은 이동들을 탐지하는 데 유용하다. 그들은 전통적인 계량형 관리도와 같이 공정수준의 큰 이동들을 탐지하는 것처럼 민감하지는 않다.

전통적인 계량형 관리도들을 사용하기에는 데이터가 충분하지 못할 경우에 CUSUM, EWMA 그리고 MA 관리도들을 사용할 수 있으며, 그 구체적인 경우는 다음과 같다.

1) 연속된 결과들 사이에 시간 간격이 길 경우
2) 결과들을 얻기가 어렵거나 시간이 걸릴 경우
3) 어느 주어진 기간 동안에 공정을 적절하게 나타내는 오직 하나만의 측정값이 존재할 경우
4) 부분군 데이터에 대하여도 CUSUM, EWMA 그리고 MA 관리도들을 사용할 수 있다.

4. 하나의 양측 누적합(CUSUM)

한 개의 양측 CUSUM을 가지고 있는 CUSUM 관리도는 다음으로 구성된다.

플롯된 점들, 이들은 각 표본값의 목표치로부터의 편차들에 대한 누적합(CUSUM)들이다.

V-마스크, 이를 이용하여 공정을 평가할 수 있다.
V-마스크가 중심이 되는 관찰값을 지정할 수 있다. 관심을 가지고 있는 관찰값, 또는 가장 최근의 부분군에 V-마스크의 중심을 놓는다. 만일 플롯된 점들이 V-마스크의 팔들 사이에 있을 경우, 공정이 통계적

관리상태에 있다고 말할 수 있다.

CUSUM 관리도에서 다음을 살펴보아야 한다.

누적합(CUSUM)에서의 상향 또는 하향 추세들. 플롯된 점들은 영점을 중심으로 랜덤으로 변동하여야 한다. 만일 상향 또는 하향 추세가 나타나면, 이는 공정 평균이 이동되었다는 증거로 여겨져야 하며, 이상원인들을 찾아야 한다.

V-마스크를 벗어나 위치하는 점들은 공정이 관리이탈상태에 있다는 것을 나타낸다. 이상원인 변동에 대한 잠재적인 원인들에 대한 조사를 시작하여야 한다.

표본 데이터에서, V-마스크는 부분군 20에서 중심화되었으며, 이는 공정 평균의 이동이 부분군 20 이후에 발생하였기 때문이다. 따라서 누적합(CUSUM)은 하향 추세를 시작하고 있으며, 이는 공정 평균이 이동하였다는 것을 나타낸다.

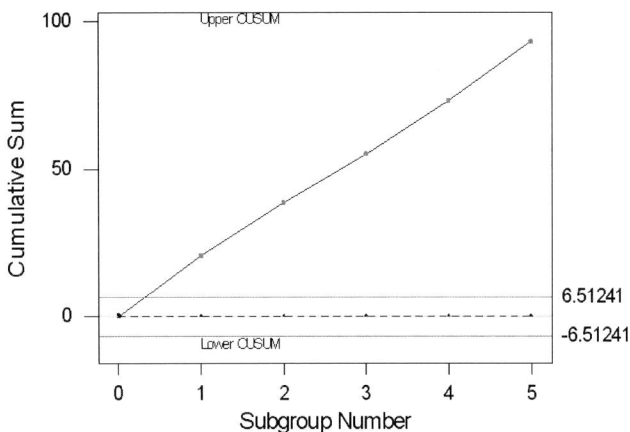

CUSUM Chart for C1

문제] 사후적 공정 품질관리기법(SPC: Statistical Process Control)과 공정예측을 통한 예방적 공정 관리기법인 기술공정관리기법(EPC: Engineering Process Control)의 특징을 비교하시오.

풀이)

구 분	특 징	차이점
SPC	Statistical Process Control의 약자로서 통계적 공정관리를 말하는데 통계적인 도움에 의해 공정을 관리하는 것	과학적이고 합리적인 관리방법
EPC	Engineering Process Control의 약자로서 고유기술에 의하여 공정을 관리하는 것	고유기술에 의하는바 관리점이 SPC에 비해서 낮다.

문제] 공정의 미세변화(Small Shift)를 빠르게 감지할 수 있는 CUSUM 관리도와
EWMA 관리도의 적용절차와 특징을 설명하시오.

풀이)

구 분	특 징	차이점
Cusum 관리도 (누적합 관리도)	공정의 이상 유무 판단을 v마스크를 이용하는 것이 특징 만약 타점된 시료군의 점이 한 개라도 마스크에 가리면 공정에 변화가 있다고 판단	V마스크의 작성을 d와 Θ에 의해 결정. 만일 마스크에 가려지지 않으면 다음 시료군을 조사해 나간다.
EWMA 관리도 (지수가중이동평균관리도)	이동평균에 의해서 공정의 관리상태를 파악하기 위한 것이 특징	Data를 모은 후 지수이동 평균을 계산. 타점해 가면서 공정의 관리상태를 파악

1) 누적합(Cusum) 관리도: 데이터의 누적합에 근거한 관리도로 공정에
서 시료군의 크기가 n인 시료를 주기적으로 추출하여 그 평균값 xbar
와 공정기대값(또는 목적치) U_0와의 차이 누적합을 그래프로 그린 것
이다.

2) EWMA 관리도

공정평균이 기지이고 표준편차가 미지인 경우에 공정 평균에 적용
되는 EWMA 사용을 권장하고 있다.

관리도 판정방법

문제] 관리상태의 판정에서 런(RUN), 경향(TREND), 주기(CYCLE)에 대하여 각 각의 관리상태와 판정기준을 답하시오.

풀이)

1) 런(Run)

중심선의 한쪽에서 연속으로 나타난 점의 군을 말하며 런의 길이 는 중심선의 한쪽에서 연속으로 나타난 점의 수를 말한다.

일반적으로 런의 길이가 7 이상인 런이 나타나면 공정이상이라고 판단하여 그 원인을 찾아보는 것이 좋다.
5~6점의 경우에는 공정을 주의하여 살피는 것이 원인을 찾는 데 노움이 된다.

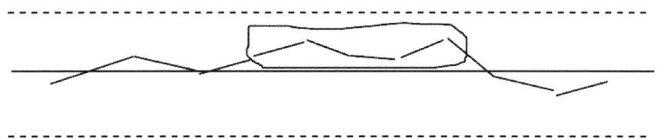

2) 경향(Trend)

점이 점점 올라가거나 또는 내려가는 상태를 말한다.

경향이 나타날 때에는 결국 관리한계선을 벗어나는 점이 발생하기 때문에 미리 조치를 취해 주는 것이 바람직하다.

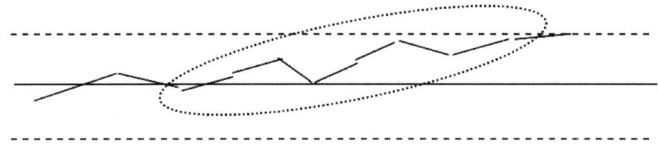

3) 주기(Cycle)

점이 상하로 변동하는 경우를 말하며 주기성이 있는 변동에는 파상적으로 일어나는 변동과 대, 중, 소파가 합성된 변동 주기를 가지고 단계적인 경향을 나타내는 변동이 있다.

주기성 변동의 경우 대개 긴 런을 가지거나 경향을 가지고 있으므로 런이나 주기성이 나타나면 시료의 채취방법, data를 얻는 방법 등이 원인일 수 있다.

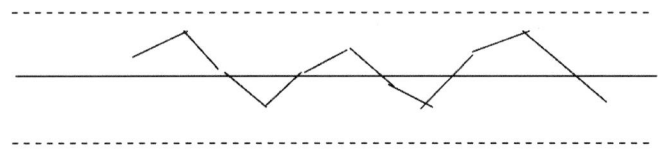

풀이) MULTI – VARI(Multiple Kinds of Variation)의 약자로 제조공장에서 품질특성치의 변동에 영향을 주는 여러 가지 요인을 조사하기 위하여 차트를 그려 봄으로써 어느 요인이 큰 영향을 주는가를 찾아내어 품질안정을 기하는 데 목적을 둔 SPC 기법이다.

특징으로는

① 생산제품 자체를 다각도로 관찰함으로써 그 제품으로부터 품질변동의 핵심원인을 노출시킨다(제품 스스로 말하게 한다).

② 이 기법은 단순히 그래프에 의한 기법이며 수학적인 수식은 사용하지 않는다.

③ 실험이 아니므로 현재의 조건을 인위적으로 변경하지 않고 있는 그대로 생산하며 품질 DATA를 수집하여 현 상태를 정확히 파악한다.

④ 문제해결을 시도하기 위한 초기단계에서 사용하는 것이 바람직하다.

⑤ 제품이 다량으로 생산되는 공정에서는 공정을 대표할 수 있는 효율적인 샘플링 방식이 필요하다.

⑥ 일반적으로 자연계의 현상은 어떤 형태나 주기에 따라서 변화하는데 이 차트는 품질변동의 형태나 주기를 용이하게 찾을 수 있는 기법이다.

문제] 공정능력지수에 대하여 설명하시오.

풀이) 의미: 공정능력(Process Capability)이란 공정이 관리상태에 있을 때 그 공정에서 생산되는 제품의 품질변동이 어느 정도인가를 나타내는 양이라고 할 수 있다.

공정능력의 정량화로 가장 많이 사용하는 것은 공정능력지수(CPI Process Capability Index)이다. 이 지수를 C_P 또는 C_{PK}로 나타낸다.

■ 공정능력지수 3가지

1) 양쪽 규격이고 치우침이 없는 경우
   규격상한(SU)과 규격하한(SL)이 있고 제품의 특성치가 양쪽 규격 중앙에 치우침이 없게 되어 있는 공정에 적용

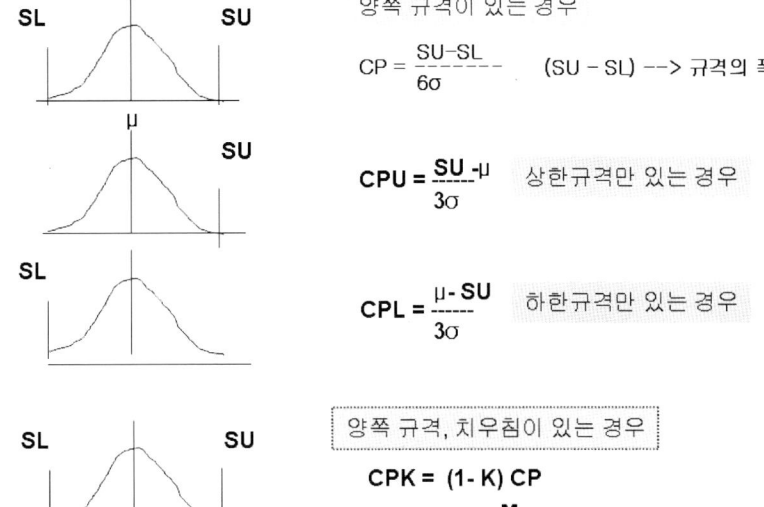

양쪽 규격이 있는 경우

$$CP = \frac{SU - SL}{6\sigma} \qquad (SU - SL) \rightarrow 규격의\ 폭$$

$$CPU = \frac{SU - \mu}{3\sigma} \qquad 상한규격만\ 있는\ 경우$$

$$CPL = \frac{\mu - SU}{3\sigma} \qquad 하한규격만\ 있는\ 경우$$

양쪽 규격, 치우침이 있는 경우

$$CPK = (1 - K)\ CP$$

$$치우침도\ K = \frac{M - \mu}{T/2}$$

문제] 공정능력과 실제 공정능력에 대하여 간단하게 설명하라.

풀이) 공정능력이란 통계적 관리상태에 있는 공정의 정상적인 움직임으로 운영되고 있는 공정의 능력이라 할 수 있다. 공정능력을 평가하기 위해서는 먼저 공정이 통계적으로 관리상태에 있어야 한다. 즉 이상원인이 제거된 상태에서 공정능력을 측정해야 한다. 이때 공정능력은 우연원인에 따라 변화가 있게 된다.

공정능력은 규격공차와 공정변동폭을 비교하여 나타낸 것으로 이들 양자의 퍼짐 위치를 비교하지 못하는 단점이 있어, 중심을 측정할 수 있는 실제 공정능력지수가 있다.

* 규격한계(upper(lower) specification limit)와 관리한계(Upper(Lower) Control Limit)의 차이: 규격한계는 규격상한과 하한으로 미리 설계 시에 규정된 것이고, 관리한계는 실제 생산능력이다.

관리한계는 평균값에 $\pm 3\sigma$로 계산된다.

■ 공정능력지수 판정

	지수	판정
1등급	CP > 1.67	공정능력 최상
2등급	1.67 > CP > 1.33	공정능력 충분
3등급	1.33 > CP > 1.0	공정능력 보통, 불량가능성
4등급	1.0 > CP > 0.67	공정능력 부족
5등급	0.67 > CP	대단히 부족으로 긴급조처

■ 제조공정과 규격과의 관계를 관리하는 과정에서 아래 사항을 발견할 때의 조처사항을 기술하시오.

1.1 공정의 산포가 규격의 최대치와 최소치의 차보다 작고 공정의 중심이 안정되었을 때

1.2 공정의 산포가 규격의 최대치와 최소치의 차가 같을 때

1.3 공정의 산포가 규격의 최대치와 최소치의 차보다 작고 공정의 중심이 규격한계의 중심에서 벗어날 때

1.4 공정의 산포가 규격의 최대치와 최소치의 차보다 클 때

풀이)

1) 4M의 관리: 기계, 사람, 재료, 방법에 대한 철저한 관리

2) 계측기의 관리: 측정시스템관리(MSA)에 의한 고품질, 고신뢰성의 제
   품 확보

3) 검사의 관리: 보다 정밀도 높은 검사를 실시하여 품질 보증

4) 신뢰성 관리: FMEA, FTA 등을 활용, 신뢰성 설계에의 최종에 이르
   기까지 철저한 관리

5) 품질정보의 관리: 품질정보를 적극적으로 파악하고 관리

6) 신제품 초기유동관리: 시장반응 조사 실시

7) 품질보증체제 확립: 고객만족경영(CSM)을 위한 품질보증체제

신뢰성 / MSA

01 신뢰성 개념

1. 신뢰성이란

개념적으로는 시스템이나 장치가 정해진 사용 조건하에서 의도하는 기간 만족하게 동작하는 시간적 안정성을 의미하고 있다.

그러므로 품질관리에서 말하는 제품의 품질은 일정 시점에서의 정적인 품질, 즉 Time Independent인 데 반하여 신뢰성은 Time Dependent이다.

- 신뢰성을 정량적으로 표현하기 위하여 신뢰도라는 말을 사용하고 있다.
- 신뢰도(Reliability)란 "시스템 기기 및 부품 등이 정해진 사용조건에서 의도하는 기간 정해진 기능을 발휘할 학률"이라고 정의된다.

2. 신뢰성 시험방법의 종류

1) 가속시험: 시험시간을 단축할 목적으로 표준보다 가혹한 조건에서 실시하는 시험
2) Step Stress시험: 시험에 대해 시간적, 단계적으로 시험조건의 가혹도를 변화시켜 나가면서 실시하는 시험
3) 한계시험: 사용된 한계를 확인하기 위해서 실시하는 시험

4) 환경시험: System, 기기, 부품 등에 대한 환경에 대한 영향도를 조
　　사하는 시험

5) 내구수명시험: 대표적인 수명시험으로 보통 내구시험이라고 함

6) 안전여유도 시험: 스트레스나 강도를 문제로 하는 것

7) 선별시험: 양품의 선별을 의도하는 시험

8) 보전성의 시험: 수리용이성, 고장탐지, 진단의 용이성을 조사하여 인
　　간요소의 평가도 포함하는 시험

3. 신뢰성 척도

신뢰성의 지표
- 신뢰성 함수
- 불신뢰도 함수
- 고장확률 밀도함수
- 고장률 함수

문제] 신뢰성 및 신뢰도란 무엇인가?

풀이) ① 신뢰성: 시스템이나 장치가 정해진 사용조건하에서 의도하는
　　　　기간 만족하게 동작하는 시간의 안정성을 나타내는 성질
　　　② 신뢰도: 시스템이나 장치가 정해진 사용조건하에서 의도하는
　　　　기간 정해진 기능을 발휘하는 확률

문제] 설계 신뢰성 향상기법 5가지를 설명하시오.

풀이)

① 기능분석을 행한다.

② 기능적 성능을 높인다.

③ 용장성을 이용한다.

④ 신제품의 신뢰성을 테스트한다.

⑤ 성능보다 낮은 응력을 적용한다.

⑥ 조작 및 동작을 편리하게 한다.

⑦ 부품의 교체시기를 정한다.

⑧ 스크린 테스트를 거친다.

⑨ 신뢰성 향상 방안을 연구 개발한다.

문제] 고유 신뢰성과 사용 신뢰성에 대하여 설명하시오.

풀이)

1) 고유 신뢰성

제품 본래의 신뢰성이며 제조업자 측에서 보증하여야 할 성질의 것으로 특히 중요시되는 것은 설계기술이다. 미리 얻어진 과거의 경험을 살려서 사용상태까지도 고려한 설계로 되어 있어야 한다. 고유 신뢰성은 사용 신뢰성을 적절히 고려하여 제품에 만들어 넣어지는데 이때 유의점은 다음과 같다.

① 제품에 사용되는 방식, 가해지는 Stress의 실태를 충분히 고려할 것.

② 고유 신뢰성과 사용 신뢰성과의 관계를 명확히 할 것.

③ 사용 시 보전성, 사용의 용이함, 안전성 등을 처음부터 고려할 것.

2) 사용 신뢰성

시스템이나 제품의 사용 전반에 걸치는 여러 가지 요인과 관계가 있다.

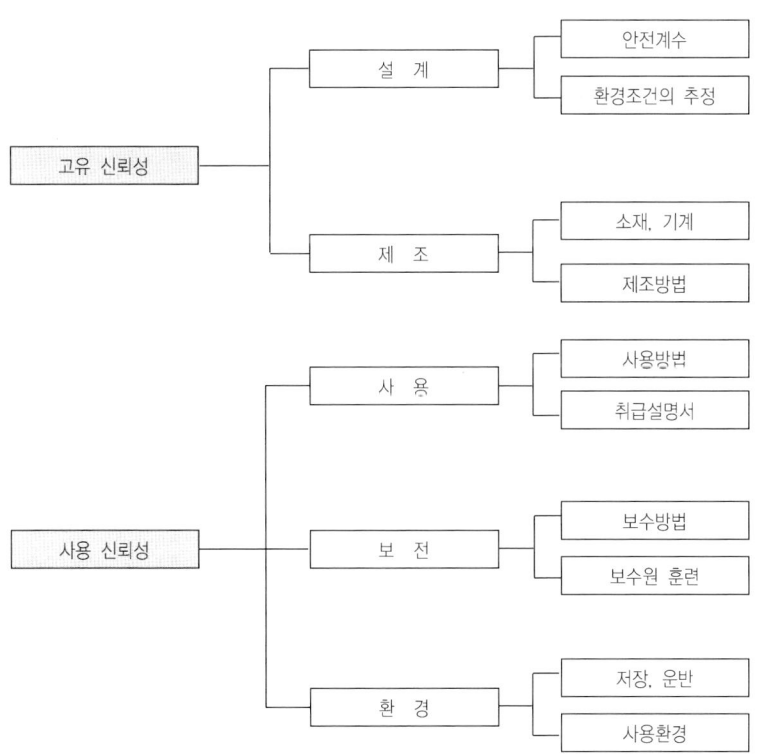

문제] 신뢰성 설계기법에 대하여 설명하시오.

풀이)

1) 고장예방 설계기법

고장예방 설계기법에 있어서 사용되는 일종의 경험법칙인 고장예방 설계의 원칙은 다음과 같다.

① 과거의 경험을 활용한다.　② 부품 수가 적도록 단순화한다.

③ 표준품을 많이 사용한다.　④ 보전성, 즉 점검, 정비, 수리 등을 용이하게 한다.

⑤ 부품의 호환성을 높인다.

2) 신뢰성 특유의 설계기법

신뢰성 이론에 입각한 신뢰성 설계기법

① 신뢰도의 배분

제품의 신뢰도 목표치를 제품을 구성하는 부품 유니트별로 배분하는 것으로 일반적으로 중요한 부분이나 고신뢰도를 요하는 부품에 높은 값을 배분한다.

ex) 자동차 타이어: 고신뢰 볼트

② Fool Proof 설계방식

사용자가 그릇된 조작을 하더라도 고장이나 사고가 없도록 설계되어 있는 것을 말한다(카메라에 찍힌 필름을 돌리지 않고는 셔터가 작동 불가능).

③ Fail Safe 설계방식

기기가 고장 났을 때 이로 인한 사고를 막을 수 있도록 안전하게 설계된 것을 말한다(TV 퓨즈 등).

④ Safe Life 설계방식

절대 고장 나서는 안 되는 완벽한 안전구조 설계방식이다. 특히 보전이 곤란하고 고신뢰도를 유지하지 않으면 안 되는 시스템(항공기 엔진)을 말한다.

⑤ 용장성 설계

최신의 기기와 장치들은 많은 부품으로 구성되어 있는바 이 가운데 하나가 고장을 일으켰을 때 전체의 기능이 정지될 수 있다. 고장을 일으키더라도 전체가 작동이 되도록 여분의 회로나 구성품을 갖추어 놓는 중복방식을 말한다.

문제] MTBF(Mean Time Between Failure)를 예측하는 5가지 방법에 대하여 기술하시오.

풀이) ① 유사제품 비교방법(Similar Item Method)

신제품을 개발하였을 때 외관이나 기능이 유사하여 시장 고장 DATA의 충분한 확보로 인하여 MTBF가 정립되어 있는 기존 제품의 MTBF를 이용하는 방법이다.

② 유사회로 비교방법(Similar Circuit Method)

신제품을 개발하였으나 제품 차원에서 비교가 곤란할 때 MTBF가 정립되어 있는 기존 제품의 특정회로에 대한 MTBF를 이용하는 방법이다.

③ 능동소자 그룹방법(Active Element Method)

부품 고장은 주로 능동소자에서 발생한다는 고장이력을 바탕으로 하여 과거의 고장 DATA를 통계적으로 처리할 각 능동소자의 고장률을 이용하여 제품의 평균수명을 예측하는 방법이다.

④ 부품 점수방법(Parts Count Method)

부품종류, 부품 수, 사용환경 조건만 알면 각 부품의 고장률이 산출됨에 따라 제품의 MTBF를 예측하는 방법

⑤ 부품 스트레스 분석방법(Parts Stress Analysis Method)

각 부품별, 전기적, 열적 스트레스, 부품 품질수준, 사용환경, 최대 정격치 등 다량의 정보를 통하여 MTBF를 예측하는 방법이다.

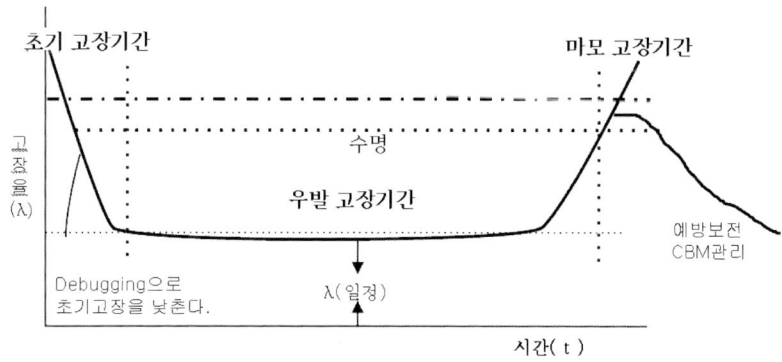

03

CHAPTER

Bath - Tub

문제] BATH-TUB에 대하여 설명하시오.

풀이) 고장률이 시간의 변화에 따라 높은 값에서 점차로 감소하여 일
정한 값을 얼마 동안 유지한 후 점차로 높아지는 제품의 수명을
나타내는 데 쓰이는 곡선으로 이 곡선은 설계나 제조상의 결함
또는 불량부품으로 인하여 발생하는 초기고장 기간, 제품의 사
용조건의 우발적인 변화에 기인한 우발고장 기간, 마모 열화 등
의 원인에 의한 마모고장 기간으로 구분한다.

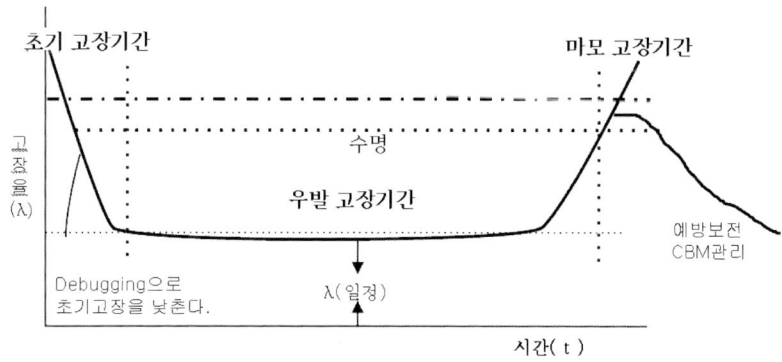

1) 초기고장 기간(디버깅 기간): DFR(Decreasing Failure Rate)

   설비의 신설 또는 수리 직후는 높은 고장률을 나타내지만 점차로 떨어져 일정치를 나타내게 된다.

   원인: 설계 MISS, 제조의 실패, 사용자 잘못

   대책: 디버깅: (Debugging) 작업

2) 우발고장 기간: CFR(Constant Failure Rate)

   원인: 설계한계, 보전사고 등으로 고장이 발생

   대책: 운전표준화, 보전관리 철저, 설계 변경

3) 마모고장 기간: IFR(Increasing Failure Rate)

   원인: 마모고장에 의하여 고장률이 상승하기 시작한다.

   대책: 예방보전(PM)에 의하여 고장률 감소.

* 고장 현상별 원인(유형)과 대책

구 분	현 상	원 인	대 책
초기고장 (DFR)	1) 시제품 발매 2) 초기의 고장 3) 방치할수록 좋아진다	표준을 지키지 않음 - 설계오류(재료선정 오류, 잔류응력 크다)	표준준수 - 설계심사, FMEA, FTA 실시
우발고장 (CFR)	- 복수개의 구성 부품으로 이루어진 시스템에서 볼 수 있는 전형적인 유형 - 대부분 전자부품 고장	- 시스템에 대한 랜덤한 스트레스 - 과중한 조작	- 용장계의 채용 - 설계, 기획에 대한 투자 - 높은 신뢰성 부품 채용 - 적절한 사용
마모고장 (IFR)	- 기계적 소자와 부품의 마모, 피로도에 의한 고장	- 재료부품의 기계적 마모 - 부식환경	- 예방보전(시간기준보전, 상태기준보전)의 실시

* 초기고장 기간(DFR): 매우 높은 고장률을 나타내는 것이 특징이며 인간의 수명에 비교한다면 유년기에 가장 사망률이 높은 것과 비슷하다.

이 기간의 고장은 보통 설계나 제조의 실패, 잘못된 사용방법의 결과로 발생한다.

이런 고장은 사용조건에 의한 시험이나 Over Stress − Test 등을 통하여 Debugging함으로써 제거가 가능하다.

(Debugging: 초기고장을 경감하기 위하여 시스템, 기기, 부품 등을 사용 개시 전 또는 사용 개시 후의 초기에 작동시켜서 결점을 제거하고 수정하는 것)

* 우발고장 기간(CFR): 이 기간의 고장발생은 우발적이며 제품은 이 기간에 고장률이 낮고 안정되어 있다. 이 기간의 고장은 설계고유의 한도라든가, 사용보전 시의 사고에 기인한 것이다.

* 마모고장 기간(DFR): 이 기간의 고장은 노후화에 의한 것으로서 재료적인 마모나 노화에 의하여 일어난다. 이 기간에 점증하는 고장률을 저하하기 위해서나 파국적인 고장이 발생하기 전에 그 원인인 마모부품을 예방적으로 사전교환함으로써 가능해진다.

* 중요도 분류기준
(a) 파국적(catastrophic): 사망 또는 전체 시스템의 상실을 유발하는 고장
(b) 치명적(critical): 심각한 인명 상태, 직업병, 주요한 시스템 손상을 유발하는 고장
(c) 한계(marginal): 경미한 상해, 경미한 직업병, 경미한 시스템 손상을 유발하는 고장

(d) 경미(negligible): 미미한 상해, 직업병, 또는 미미한 시스템 손상을
    유발하는 고장

* 고장모드의 일반적 분류

1. 간헐적(intermittent) 고장: 매우 짧은 시간 동안 일부 기능이 상실
   되는 고장으로 부분적 상실이 될 수도 있다.

2. 지속(extended) 고장: 일부 부품을 수리하거나 교체할 때까지 지속
   되는 고장

   1) 완전(complete) 고장: 요구기능이 완전히 상실되는 고장

   2) 부분(partial) 고장: 일부 기능은 상실되나 요구기능 전체가 상실
      되지는 않는 고장

      완전고장과 부분고장은 다음과 같이 추가로 분류된다.

      ⅰ) 갑작스런(sudden) 고장: 사전시험이나 검사로 탐지할 수 없는
         고장

      ⅱ) 점차적(gradual) 고장: 시험이나 검사로 예견될 수 있는 고장

   3) 파국(catastrophic) 고장: 완전고장이면서 갑작스런 고장 1) and ⅰ)

   4) 열화(degraded) 고장: 부분고장이면서 점차적 고장 2) and ⅱ)

* 고장의 원인: "고장을 유발하는 설계, 제조 또는 사용상의 환경"을
  말한다.

1) 설계(design)고장: 불충분한 설계에 기인하는 고장

2) 약점(weakness)고장: 규정된 범위 내의 부하(stress)하에서도 아이템
   자체의 취약으로 인해 발생하는 고장

3) 제조(manufacturing)고장: 제조과정에서 설계나 제조규격에 불일치 또는 미달되어 야기되는 고장

4) 노화(ageing)고장: 사용기간이 오래됨에 따라 고장확률이 증가하여 발생하는 고장

5) 오용(misuse)고장: 규정된 범위 이상의 부하를 적용하여 야기되는 고장

6) 취급 잘못(mishandling)에 관한 고장:

   아이템에 대한 취급 잘못이나 관리 소홀로 야기되는 고장. 고장원 인들이 상호 배제적인 것은 아니다.

약점고장, 설계고장, 제조고장 간에는 서로 중복되는 부분도 있다.

- 고장을 일으키는 과정(물리적, 화학적 등)을 '고장 메커니즘(failure mechanism)'이라 한다.

FMEA / FTA

1. FMEA(Failure Mode And Effects Analysis)

1) FMEA의 정의

고장모드 영향의 분석이며 일종의 신뢰성 예측을 말하는 것으로 설계된 시스템이나 기기의 잠재적인 고장모드(mode)를 찾아내고, 사용 중에 고장이 발생하였을 경우 임무달성에 미치는 영향을 검토하고 영향이 큰 고장모드에 대해서는 적절한 대책을 세워 고장을 미연에 방지하는 수법이며(Bottom Up으로 고장의 영향을 예측하는 수법) 양산적 설계단계에서 모든 문제점을 제거함으로써 양산 후에는 문제점이 없는 양질의 제품을 고객에게 제공하는 것이다.

2) FMEA의 적용

1) 제조공정의 불량예방
2) 설비 고장예방
3) 검사시스템 개선
4) 재해예방

3) FMEA의 종류

1) 설계 FMEA: 설계품질 보장을 위해서
2) 공정 FMEA: 공정 안에서 예견되는 불량요인이 품질에 미치는 중요
   도를 평가하여 공정에서 품질의 신뢰성을 높여 가는 방법

4) FMEA의 효과

1) 잠재결함 및 고장모드를 미리 제거할 수 있는 체계적 방법
2) 주요 신뢰성 항목을 결정
3) 이상조치 매뉴얼을 작성 가능
4) 고장검출방법 및 시스템 성능을 모니터할 때 기초 자료

5) FMEA 실시 순서

① 가공공정의 흐름 확인과 합부 규격을 확인한다.
② 각 공정의 기능분석 레벨을 정한다.
③ 분석하는 공정 레벨에 대응한 가공 프로세스를 명확히 한다.
④ 가공 프로세스의 블록 그림을 작성한다.
⑤ 각각의 가공 프로세스마다 발생하는 불량모드를 열거한다.
⑥ 불량 요인별 모드를 정리하여 검토대상으로 하는 불량모드를 선정
   한다.
⑦ 불량품 발생 확정원인을 열거한다.
⑧ 공정 FMEA 기입용지에 기입한다.

⑨ 큰 영향을 주는 불량모드, 직접원인이 되는 불량모드를 등급별로 분류한다.

⑩ 설비개선이나 공정변경 여부를 검토한다.

6) PFMEA 작성법

단계 1: PFMEA를 작성하기 전에 이 문서는 개정이 수시로 이루어지므로 이력 관리를 위한 첫 장(PFMEA 작성 번호, 공정, 책임자, 작성자, 팀원, 제품, 작성 및 시작 일자 등)을 반드시 기록한다.

단계 2: XY 매트릭스에서 상위 50%에 속하는 입력에 대한 공정기능(단계) 목록을 작성한다.

단계 3: 잠재 고장 유형 및 영향을 열거한다.

단계 4: 각 항목의 심각성을 지정한다.

단계 5: 고장원인이 될 소지가 있는 것을 모두 적는다.
(한 항목에 여러 잠재 원인을 적을수록 분석을 용이하게 할 수 있다.)

단계 6: 각 원인에 대하여 발생빈도 수준을 지정한다.

단계 7: 고장 형태의 예방 및 탐지를 위한 현 공정 통제 사항과 수준을 적는다.

단계 8: 위험우선순위를 계산한다.

단계 9: 추천할 만한 조치 사항 및 책임자 및 일정을 적는다.

단계 10: 취할 조치를 부과하여 실행한 후 위험우선순위를 다시 계산한다.

7) FMEA와 FTA의 차이점

항 목	FMEA	FTA
목적	부품의 고장모드가 시스템이나 기기에 어떤 영향을 주는가 평가	시스템이나 기기에 발생하는 고장이나 결함의 원인을 논리적으로 규명
분석 방법	부품의 고장모드를 검토하여 그러한 고장이 발생하면 시스템이나 기기의 작동이나 사용자에게 어떠한 영향을 주는가를 분석하고 해결대책을 마련한다. ■ 영향분석(원인 → 결과)	정상사상을 일으키는 원인을 파악하며 논리기호를 이용한 FT를 작성하고 고장의 근본 원인 제거대책을 마련 ■ 요인분석(결과 → 원인)
입력 자료	- 시스템이나 기기의 구성동작 조종에 관련된 자료 - 신뢰성 블록 다이어그램 - 고장모드	- 시스템이나 기기의 구성동작 조종에 관련된 자료 - 시스템의 결함 - 기본 사상 비전개사상의 확률
산출 자료	공정 FMEA표 설계 FMEA표	- FT도 - 정상사상의 확률
효과	잠재결함 및 고장모드 미리 제거 주요 신뢰성 항목 결정 제품개발기간과 비용 절감	FT도 사용 신뢰성 약점 지적과 대책안 마련
특징	- 하드웨어나 단일 고장분석 용이 - 부품의 고장에 대한 검토 가능 - 기기나 시스템의 고장을 사전에 조사 가능 - BOTTOM - UP 방식	- 정상사상 발생의 메커니즘을 설명 가능 - 시스템의 신뢰성 블록 다이어그램으로 사용 가능 - TOP - DOWN 방식

2. FTA(Fault Tree Analysis): 고장 나무 분석

1) FTA의 정의

고장의 원인이 무엇인가 하는 사고방식으로 제품의 고장을 수형도(樹形圖)로 더듬어 나가 어떤 부품이 고장의 원인이었는가를 찾아내는 해석 수법.

2) FTA 효과

① FTA는 원래 안정해석에서 시작된 수법

② FMEA의 보조수단으로 사용

③ 고장 해석의 검토용으로 사용

3) FTA 활용

① 개발설계 시   ② 설계변경 시   ③ 클레임 대책 시

4) FTA 실시 순서

순서 1	해석의 대상이 되는 시스템 및 기기의 구성 기능, 동작을 조사하고 조작방법을 파악한다.
순서 2	시스템 또는 제품에 대한 정상사상을 선정한다.
순서 3	정상사상에 관련된 1차 요인을 열거하고 관련된 외부 요인도 검토한다.
순서 4	정상사상과 1차 요인의 인과관계를 논리기호를 사용하여 연결한다.
순서 5	1차 요인마다 2차 요인을 열거하고 서로 논리기호로써 연결한다.
순서 6	순서 5와 유사하게 3차, 4차……n차 요인을 열거하고 각각 상위의 요인과 논리기호로 연결하여 FT도를 완성한다.
순서 7	불(Boole)대수를 이용하여 FT도를 그린다.
순서 8	각 요인에 발생확률을 배분한다. 이 경우 기본 사상, 비전개사상 모두에 발생확률이 제대로 배분되었는지 확인한다.
순서 9	논리기호에 좇아 정상사상의 발생확률을 계산한다.
순서 10	정상사상의 발생확률이 요구 이하로 낮은가 확인한다. 요구에 적합하지 않으면 대책을 검토한다.

풀이)

1. 병렬 및 리던던시 설계:

    1) 구성품의 일부가 고장 나더라도 그 구성부분이 고장 나지 않도
    록 설계되어 있는 것을 리던던시(redundancy) 설계라고 한다.

2. 부품의 단순화와 표준화: 구체적으로는

    1) 요구되는 기능을 될 수 있는 대로 적은 수의 부품으로 실현하도
    록 할 것

    2) 가능하면 단순기능의 부품을 많이 사용할 것

    3) 사용부품의 종류 수를 줄일 것

    4) 표준부품, 표준회로, 표준재료 등을 사용할 것 등이다.

    또한 표준화함으로써 양산경험과 사용경험이 많은 부품은 결함과
    약점이 충분히 제거되어 안전성이 높다.

3. 최적 재료의 선정

4. 디레이팅(derating): 구성부품에 걸리는 부하의 정격값에 여유를 두
    고 설계하는 방법이다.

5. 내환경성 설계: 제품의 여러 가지 사용환경과 이의 영향도 등을 추
    정, 평가하고 제품의 강도와 내성을 결정하는 설계를 내환경성 설
    계라 한다.

6. 인간공학적 설계와 보전성을 설계한다.

<FMEA 사례>

공정	고장시간 영향요인	잠재 고장 유형(Y's)	잠재고장 영향 (kpovs)	심각도	잠재고장 원인(kpivs)	발생 빈도	현공정 통제	검출도	RPN	조치 계획	심각도	발생 빈도	검출도	RPN
A B S C o m p . d 압출기	Strand 검출 센서	• 센서결로	• 검출오류 • 기기 Stop	10	• WT Spray 분사각도	10	각도 조정	10	1000	방사 적외선 센서로 교체	10	1	3	30
					• 센서사양 부적합	10	수분 제거	10	1000			1	3	30
		• 감지범위 이탈	• 센서 기능 상실 • Block 형성	10	• 고정 Screw 풀림	7	Screw 재조임	7	490	Banding식 체결	10	1	1	20
					• 기기진동	7	진동 완충	7	490	위치변경		1	2	30
		• Interlock	• 기기 Stop 안 됨	10	• 구성미비	3	수동 기기 Stop	7	210	Inter – Lock 구성	10	0	3	0
		• 센서 감지 실패	• 수명저하	7	• 장기사용	7	센서 교체	10	147	방사 적외선 센서로 교체	7	1	2	14
		• 센서 설치방법	• 센서 파손	7	• 보수 작업 시 충격	3	육안 점검	7	147	위치변경	7	1	2	14
					• Door Open 시 충격	3	육안 점검	7	147	위치변경		1	3	21

CHAPTER 05 측정시스템 MSA

1. 측정시스템 분석(MSA)의 특징 5가지

1) 편의성

여러 계측기로 동일 시료의 특성을 무한히 측정할 때 얻어지는 측정치 분포의 평균과 그 특성의 참값과의 차를 치우침 또는 편의라고 하며 작을수록 정확성이 좋다.

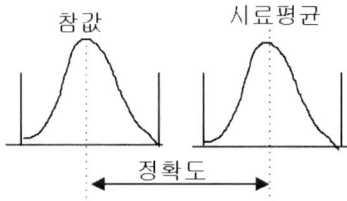

2) 반복성

동일한 대상물의 동일한 특성을 동일한 계측기로 한 명의 검사자가 여러 번 반복 측정하였을 때 얻어진 측정치들의 변동이다.

3) 재현성(Reproducibility)

두 사람의 다른 작업자가 동일한 계측기로 동일 시료를 측정할 때 나타나는 측정데이터의 평균의 차를 말하며 이 차가 크면 이 계측기는 재현성이 떨어진다고 말한다.

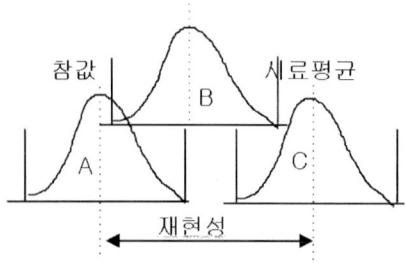

4) 안정성

동일한 대상물의 동일한 특성에 대해 측정치들의 시간에 따른 변동

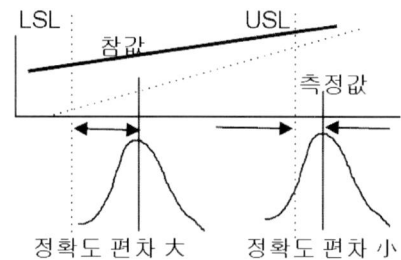

5) 선형성: 계측기의 측정범위 내에서 측정의 일관성 평가

여기에서 편의, 선형성, 안정성 등은 정확도와 관계하며, 반복성과 재현성은 정밀도와 관계한다.

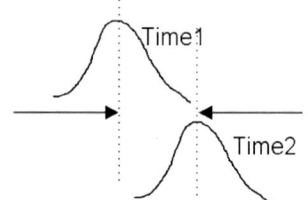

2. Gage R&R이란

1) 반복성(Repeatability): 같은 측정조건에서 같은 측정량을 연속적으로

측정하여 연속적으로 측정하여 얻은 결과들 사이의 일치하는 정도
이다.

- 반복성 조건

(같은 측정절차, 같은 관측자, 같은 조건하에서 사용된 같은 측정
기기, 같은 장소, 짧은 시간 내의 반복)

2) 재현성(Reproducibility): 변경된 측정조건에서 같은 측정량을 측정하
여 얻은 결과들 사이의 일치하는 정도이다.

- 재현성에 대한 기술이 타당하려면 변경된 조건을 명기하여야 한다.
- 변경된 조건은 다음과 같다.

(측정원리, 측정방법, 관측자, 측정기기, 교정용 표준기, 장소, 사용
조건, 시간)

3. 측정시스템의 변동(4가지)

① 부품 간 변동(Part To Part Variation)
② 측정자 변동
③ 부품과 측정자의 교호작용
④ 계측기에서 비롯되는 반복 오차

06

불확도

1. 불확도의 개념

1) (측정) 불확도: 측정결과에 관련하여, 측정량을 합리적으로 추정한 값의 분산 특성을 나타내는 파라미터이다.

2) (불확도)의 A형 평가: 일련의 관측값을 통계적으로 분석하여 불확도를 구하는 방법이다.

3) (불확도)의 B형 평가: 일련의 관측값의 통계적인 분석이 아닌 다른 방법으로 불확도를 구하는 방법이다.

4) 합성 표준 불확도: 측정결과가 여러 개의 다른 입력량으로부터 구해질 때 이 측정결과의 표준 불확도를 합성 표준 불확도라 한다. 합성 표준 불확도는 각 입력량의 변화가 측정 결과에 미치는 영향에 따라 가중된 분산과 공분산의 합의 양의 제곱근과 동일하다.

5) 확장 불확도: 측정량의 합리적인 추정값이 이루는 분포의 대부분을 포함할 것으로 기대되는 측정결과 주위의 어떤 구간을 정의하는 양이다.

2. 불확도의 원인

1) 측정량에 대한 불완전한 정의

2) 측정량의 정의에 대한 불완전한 실현

3) 대표성이 없는 표본 추출

4) 측정 환경의 효과에 대한 지식부족 및 환경조건에 대한 불완전한 측정

5) 아날로그 기기에서의 개인적인 판독 차이

6) 기기의 분해능과 검출한계

7) 측정표준과 표준물질의 부정확한 값

8) 외부 자료에서 인용하여 데이터 분석에 사용한 상수와 파라미터의 부정확한 값

9) 측정방법과 측정과정에서 사용되는 근사값과 여러 가지 가정

10) 외관상 같은 조건이지만 반복적인 측정에서 나타나는 변동

기초통계

통계기본

1. 개 념

1) 제1종 과오(TYPE Ⅰ ERROR)

검정에서는 시료에 의해 모집단을 판단하는 경우 과오(Error)가 있을 수 있는데 이러한 과오는 "귀무가설 H_0이 성립하고 있는데도 불구하고 이것을 기각하는 과오"를 제1종 과오라고 하고 이 과오를 범하는 확률은 유의수준(有意水準) 또는 위험률이라고 한다.

검정에서 위험률 $\alpha = 0.05$의 뜻으로 검정규칙에 따라 판단을 내릴 때 100회에 5회는 과오를 범할 수 있다.

즉 위험률이 5%라는 의미를 가지고 있다(통상 5% 또는 1% 사용).

2) 제2종 과오(TYPE Ⅱ ERROR)

제1종 과오와는 반대로 "귀무가설 H_0이 성립되지 않는데도 불구하고 기각하지 않는 과오, 즉 틀리는 것을 옳다고 판정하는 과오"를 제2종 과오라고 하며 기호 β로 표시한다.

3) 검정력(POWER OF TEST)

검출력은 귀무가설 H_0이 성립되지 않을 때 H_0을 기각하는 확률, 즉 H_0이 성립되지 않을 때 그것을 올바르게 검출하는 확률 다시 말하면 틀린 것을 틀리다고 판단하는 확률을 말한다.

검정 및 샘플링 검사에서 어떻게 하면 이 검출력을 높이느냐 하는 것은 중요한 관리 요인이 되고 있다.

◆ 검출력을 높이기 위한 조건
① 유의수준 α가 클수록 ($\alpha\uparrow$)
② 시료 n이 클수록 (n$\uparrow$)
③ 표준편차 σ가 작을수록 ($\sigma\downarrow$)
④ 모평균의 차이 $\triangle\mu$가 클수록 ($\mu\uparrow$)

2. 추 정

1) 추정의 정의

"통계량으로부터 모수를 알아내는 것"을 추정(Estimation)이라고 한다.

2) 추정의 종류

- 점추정(Point Estimation): 모수를 단 하나의 분포의 기대치로써 추측하는 것을 말한다.

- 구간추정(Interval Estimation): 모수가 일정한 확률로 어떤 값과 어떤 값 사이에 있게 될 것을 추측하는 것을 말한다.

3) 통계량에 따른 추정의 종류

- 계량치의 추정: 점추정(Point Estimation)

  구간추정(Interval Estimation)
- 계수치의 추정: 점추정(Point Estimation)

  구간추정(Interval Estimation)

4) 모수에 대한 추정치의 적정성을 판단하는 기준 4가지 성격

- 불편성(Unbiasedness)

  어떤 모집단으로부터 추출된 모든 임의 시료로부터 계산된 통계량의 평균값들이 그들의 모수와 일치될 때 이 추정치를 불편 추정량이라 한다.
- 유효성(Efficiency)

  두 추정량(estimator)이 있을 때 어떤 추정량의 모수에 대한 오차, 즉 평균평방 오차가 다른 추정량의 평균평방 오차보다도 작다고 하면 이 추정량을 유효 추정량이라고 한다.
- 일치성(Consistency)

  시료의 크기가 무한히 증가함에 따라 추정량이 추정하고자 하는 모수에 가깝게 접근할 때 이를 일치 추정량이라고 한다.
- 충족성(Sufficiency)

어떤 시료로부터 생산된 추정량 ($\hat{\theta}$)가 분석대상이 되는 모집단의 모수 (θ)에 관하여 모든 정보를 포함하고 있을 경우, 이 추정량을 충족 추정량이라고 한다.

CHAPTER 02 가설검정

1. 통계적 가설검정

1) 개 념

모집단의 모수의 값이나 확률분포에 대하여 어떤 가설(Hypothesis)을 설정하고 이 가설의 성립 여부를 표본의 데이터로 판단하여 통계적 결정을 내리는 것을 통계적 가설검정(Statistical Hypothesis Testing)이라 한다.

검정은 추정과는 대조적으로 모집단에 관한 가설이 먼저 설정되며 이 가설이 옳은가의 여부를 판단하기 위하여 표본에서 얻은 통계량의 값을 이용한다.

검정의 대상으로 삼는 가설을 귀무가설(Null hypothesis)이라고 하고 이에 대립되거나 이를 부정하는 가설을 대립가설(Alternatine hypothesis)이라고 한다.

귀무가설은 보통 H_0으로 나타내고, 대립가설은 H_1로 나타낸다.

표본을 측정하여 얻어진 결과에 의해 가설을 부정할 때는 그 가설을 기각(Reject)하고 가설을 부정하지 못할 때에는 그 가설을 채택(Accept)한다.

가설검정의 결과를 나누어 보면 아래 표와 같다.

검정결과＼실제 현상	H_0이 사실인 경우	H_0이 거짓인 경우
H_0을 채택	옳은 결정	제2종 과오(β)
H_0을 기각	제1종 과오(α)	옳은 결정($1 - \beta$) 검출력

귀무가설(H_0)이 사실인 경우 이를 채택하거나 기각하는 두 가지 결정이 있고, 또 귀무가설(H_0)이 거짓인 경우 이를 채택하거나 기각하는 두 가지 결정이 있다.

따라서 모두 네 가지 경우가 있다.

잘못된 결정을 내리는 경우는 두 가지로서 사실인 H_0를 기각하는 경우와 거짓인 H_0을 채택하는 때로서 전자는 제1종 과오(type Ⅰ error), 후자는 제2종 과오((type Ⅱ error)를 범했다고 말한다.

2) 가설검정의 수헹절차

① 귀무가설(H_0)과 대립가설(H_1)을 세운다.
② 검정통계량을 결정한다.
③ 표본크기 n과 유의수준 α를 정한 후 이에 따라 기각역을 결정한다.
④ 표본을 추출 관찰하여 검정통계량의 값을 구하고 귀무가설의 기각 여부를 판정한다.

03 상관과 회귀

1. 상관분석과 회귀분석의 적용범위

1) 적용범위

변화하는 쌍 2변량 x, y 중 x의 변화가 y의 변화에 관계가 있을 때 상관이 있다고 하며 또한 x의 확정변수 y가 그에 대한 변량이 되고, x와 그에 대응하는 변량 y의 모평균 간에 어떤 관계가 있을 때 x와 y 사이에는 회귀관계가 있다고 한다.

2) 상관분석 순서

① 산포도 작성
② 상관계수 r 계산

$$r = \frac{S(xy)}{\sqrt{S(xx)\ S(yy)}}$$

③ 상관관계의 유의성을 검정

④ 유의이면 x에 대한 y의 회귀선을 구한다.

$y = a + bx$ 직선의 기울기

$$b = \frac{S(xy)}{\sqrt{S(xx)}}$$

⑤ 기여율을 구한다(r^2)

기여율: y의 점변동에 대한 회귀에 의한 변동 정도

$$r^2 = \frac{S(xy)^2}{S(xx)\ S(yy)}$$

⑥ 상관계수 r에 대한 추정

2. 회귀분석의 목적

독립변수의 값을 지정했을 때 종속변수가 갖는 값의 정확한 추정
① 특성과 특성 사이의 상호관계
② 대용관리 특성의 발견
③ 특성과 요인과의 관계
④ 층별하여 상관을 취함으로써 교호작용 발견

문제] SPC 추진의 7단계를 설명하시오.

풀이)
① 최고경영층의 공약
② 현 품질수준의 측정
③ 중점문제의 파악
④ 중점문제의 원인분석
⑤ 공정의 개선
⑥ 개선의 측정
⑦ 개선의 반복

▶ p값은 언제나 유용한가?

어떤 연구에서 다음과 같은 결과를 제시하였다.

"A병 환자 20명, B병 환자 20명, 정상 20명의 세 집단에 대해 동일한 학습과제를 주어 평균점수를 비교한 결과 $F_{(2,57)} = 8.22$, $p < 0.05$로 세 집단 사이에 유의한 차이가 있었다."

이런 주장에 두 가지의 문제가 있을 수 있다.

첫째로 그 추정하고자 하는 모집단이 분명하지 않은 것. 둘째로 세 군이 각각의 모집단으로부터 무작위추출로 얻어진 표본이 아닌 것. t검정이나 F검정 등의 유의성 검정기법은 무작위추출로 선정되지 않은 표본에는 적용할 수 없다. 이들 검정에 이용되는 분포표들은 무작위추출 표본에 대한 이론적 분포에 근거하고 있기 때문이다. 따라서 위와 같은 연구에서 각 집단이 모집단에서 무작위추출된 표본이 아니라면 p값을 계산하였더라도 거의 의미가 없다.

위 논문의 저자가 주장하는 세 집단 간의 평균치 차이는 아마도 실제 차이가 반영된 결과라고 볼 수 있을 것이다. 그러나 그것은 p값으로 정확하게 검정되었다고 할 수는 없다. 그러므로 p값이 0.05 이하이므로 유의하다든가 그보다 크므로 유의하지 않다든가 하는 상세한 논의를 하는 것은 잘못이며 p값을 강조해도 그 이론적 근거가 불충분한 것이다. 많은 사람들은 자기의 자료와 비슷한 예제를 책에서 찾아내어 거기 쓰인 수식대로 계산할 뿐이다. 따라서 당연히 무작위표본 추출에 의하지 않고 p값을 계산하더라도 그 잘못을 느끼지 않는다.

이런 종류의 잘못은 너무나 흔히 볼 수 있으며, 분야에 따라서는 올바르게 기술한 것이 거의 전무한 상태이다.

문제] 새로운 제품을 개발하여 판매하는 회사가 이 회사에서 새로운 제품의 평균 강도가 200kg/㎠보다 크다고 주장한다. 실제 평균강도 μ 에 대해 알기 위하여 판매되는 제품 중 10개를 임의 추출하여 그 강도를 측정하여 기록한 결과 다음과 같았다.

210, 195, 204, 210, 180, 208, 185, 204, 193, 185(단위: kg/㎠)

1 – 1) 이 새로운 제품의 평균강도를 추정하시오(신뢰도 95%).

풀이) μ의 95% 신뢰구한: $\bar{x} \pm 1.96 \dfrac{S}{\sqrt{n}}$

$\bar{x} = 197.4$ $S = 11.3$

$\therefore 197.4 \pm 1.96 \cdot \dfrac{11.3}{\sqrt{10}} = 197.4 \pm 7.0, (190.4, 204.4)$

문제] 어느 공정에서 생산되는 진공관의 수명은 평균 200시간이라 한다. 생산품의 90% 이상의 수명이 150시간 이상 되도록 하려면 이 공정의 표준편차의 최대 허용값은 얼마가 되어야 하는가?

(단 진공관의 수명은 정규분포를 하며 $Pr(U) > 1.282 \geq 0.1$, $Pr(U) > 1.645 \geq 0.05$)

풀이) $Pr(x < 150) = 0.1$에서

$$Pr(u < \frac{150 - \mu}{\sigma}) = 0.1$$

그런데 $Pr(\mu < -1.282) = 0.1$이므로

$$\frac{150 - \mu}{\sigma} = -1.282$$

$$\therefore \ \sigma = \frac{150 - \mu}{-1,282} = \frac{150 - 200}{-1,282} = 39$$

$$\sigma = 39(시간)$$

문제] 베어링 내경을 X, 샤프트의 지름을 Y라 할 때 X~N(1.060, 0.00152), Y~N(1.05, 0.0022)의 분포를 한다. 이 베어링이 원활히 돌기 위해서는 최소한 0.0175의 틈새가 필요하다. 너무 빡빡해서 제대로 돌지 않는 불합격품은 얼마나 되겠는가?

(단 베어링은 임의 조립방식에 의해 만들어지고 있다.)

참고 정규분포에서 U값=Z값=3일 때

($Pr(Z > 3 \geq 0.0013$, $Pr(Z > 2 \geq 0.0228$, $Pr(Z > 1 \geq 0.1587)$

풀이) 1) 조립품의 평균값 $= \mu_x - \mu_y = 1.060 - 1.05 = 0.010$

2) 조립품 틈새의 표준편차

$$\sigma_d = \sqrt{\sigma_x^2 + \sigma_y^2}$$

$$= \sqrt{(0.00152)^2 + (0.0022)^2}$$

$$= 0.0027$$

3) 조립품 틈새의 분포$(X - Y) \sim N(0.010, \ 0.0027^2)$

4) 최소틈새 $L = 0.0175$보다 조립품 틈새 $d(<x - y)$가 작을 확률

$$Pr(d<L) = Pr(Z < \frac{L - \mu}{\sigma d}) = Pr(Z < \frac{0.00175 - 0.010}{0.0027})$$

$$\therefore \ Pr(Z<3.0) = 1 - Pr(Z>3.0) = 1 - 0.0013 = 0.9987(99.87\%)$$

문제] x-Rs(측정치 및 이동범위 관리도)에서의 이동범위의 합계 $\Sigma Rs = 35$
K = 15일 때 공정능력(6σ)을 구하시오(단 n = 2일 때 $d_2 = 1.128$).

풀이) $\overline{R_S} = \dfrac{\text{이동범위합}}{\text{이동범위수}} = \dfrac{35}{15} = 2.3$

$$\sigma = \frac{\overline{R_S}}{d_2} = \frac{2.3}{1.128} = 2.069$$

$$\therefore \ 6\sigma = 6 \times 2.069$$

$$= 12.4$$

문제] 두 변수 x, y 간의 다음의 실험 DATA가 얻어졌다.

x : 1 2 3 4 5   x = 3

y : 2 3 5 7 8   y = 5

직선 방정식 $y = \beta_0 + \beta_1 x$를 구할 때 결정계수(기여율) r^2의 값을 구하고 그 의미를 간단히 서술하시오.

풀이) $r^2 = \dfrac{\text{SSR}}{\text{SST}} = \dfrac{\{n(\sum xy) - (\sum x)(\sum y)\}^2}{\{n(\sum x^2) - (\sum x)^2\}\{n(\sum y^2) - (\sum y^2)\}}$

$\qquad = \dfrac{\{(5 \times 91) - (15 \times 25)\}^2}{\{(5 \times 55) - 15^2\}\{(5 \times 151) - (25)^2\}}$

$\qquad = \dfrac{80^2}{50 \times 130} = \dfrac{6400}{6500} = 0.98$

두 변수간의

∴ 추정회귀식 $y = \beta_0 + \beta_1 x$는 98%의 설명력을 갖는다.

실험계획법

실험계획법이란?

문제] 실험계획법에 대하여 설명하시오.

풀이) 실험계획법이란 실험에 대한 계획방법을 의미하는 것으로, 해결하
고자 하는 문제에 대해 실험을 어떻게 시행하고, 데이터를 어떻게
취하며 어떠한 통계적 방법으로 데이터를 분석하면 최소의 실험횟
수에서 최대의 정보를 얻을 수 있는가를 계획하는 것이라고 할
수 있다.

※ 실험계획은 다음과 같은 것들을 알아내는 데 도움이 된다.

① 추정과 검정의 문제
어떤 요인이 반응에 유의한 영향을 주고 있는가 여부를 파악하고
그 영향이 양적으로 어느 정도 큰가를 알아내어 여러 인자의 영향
력을 비교하기 위하여

② 오차항 추정의 문제
작은 영향밖에 미치지 못하는 요인들은 전체적으로 어느 정도의 영
향을 주고 있으며, 이와 함께 측정오차가 어느 정도인가를 알아내

기 위하여

③ 최적조건의 결정문제

　유의한 영향을 미치는 원인들이 어떠한 조건을 가질 때 가장 바람직한 반응을 얻을 수 있는가를 알아내기 위하여

※ 교락: 2개 이상의 요인(원인)이 함께 영향을 끼쳐서 어느 요인이 참원인인지를 모르는 현상이다.

※ 교호: 2개 이상의 특정한 인자수준의 조합에서 일어나는 효과를 교호작용이라 한다.

문제] 실험계획법의 기본 원리를 열거하고 내용을 설명하시오.

풀이)

1) Random화의 원리

뽑힌 인자 외에 기타 원인들의 영향이 실험결과에 미치는 것을 없애기 위한 방안. 만약 실험을 랜덤화시키지 않는다면 실험의 숙련도나 실험실의 기온 등과 같이 실험에서 고려하지 않은 원인들이 실험결과에 영향을 끼칠 수 있으므로 어느 것이 참원인지 모르게 된다.

2) 반복의 원리

반복을 시켜 줌으로써 오차의 자유도를 크게 해 줄 수 있으며, 오차분산이 정도 좋게 추정됨으로써 실험결과의 신뢰성을 높일 수 있다.

3) Block화의 원리

실험의 환경을 될 수 있는 한 균일한 부분으로 쪼개어 여러 블록으로 만든 후에 블록 내에서 각 인자의 영향을 조사하는 것이 바람직하다.

실험 전체를 시간적 혹은 공간적으로 분할하여 Block을 만들어 주면 각 Block 내에서의 실험환경이 균일하여 정도 좋은 결과를 얻을 수 있다.

블럭화는 관심 있는 요인의 효과 차이를 더 뚜렷하게 밝혀내기 위한 것으로 블록 간 차이가 크면 클수록 오차분산을 줄일 수 있게 되어 블럭화의 효율은 증대된다.

난괴법 등이 대표적이다.

4) 직교화의 원리

요인 간의 직교성을 갖도록 실험계획하여 데이터를 구하면 같은 실험 횟수라도 검출력이 좋은 검정을 할 수 있고, 정도가 더 높은 추정을 할 수 있다.

요인 간의 직교성을 이용하여 만들어 놓은 표로 직교배열표가 있다.

5) 교락의 원리

교락법은 구할 필요가 없는 2인자 교호작용이나 고차의 교호작용을 블럭과 교락시키는 방법으로 검출할 필요가 없는 요인이 블럭의 효과와 교락하게 됨으로써 실험의 효율을 높일 수 있다.

03

실험계획의 순서

문제] 실험계획의 순서에 대하여 설명하시오.

풀이) ① 대상 실험의 목적 설정

실험을 통해서 얻고자 하는 목적을 명확하게 설정한다.

② 특성치의 선택

실험목적을 달성하기 위해 측정해야 할 결과

측정이 어려운 특성치는 대용특성치를 선정한다.

③ 인자 선정

실험결과에 영향을 미치는 인자들을 도출한다.

인자의 수준 수를 설정한다.

④ 실험의 배치

실험인자를 배치하여 실험 → 배치: 직교배열표 사용한다.

실험순서를 시간적, 공간적으로 Random화하여 배치한다.

⑤ 실험의 실시 / 분석

랜덤화 순서에 따라 실시한다.

실험에 관련된 보조 측정치를 기입하여 사후 검토에 활용한다.

⑥ 해석 / 조치

분산분석: 각 인자의 영향도를 산포를 이용하여 분석

검정과 추정: 측정 data의 평균 / 표준편차 검증

상관분석: data의 교호작용 분석

회귀분석: 인자들과 특성치의 관계를 함수화

확인실험: 최적조건을 도출하여 결과에 대한 확인 실험 실시

CHAPTER 04 실험계획 후 처리방법

문제] 비정규 분포를 따르는 제품 특성에 대한 실험계획을 시행한 경우 처리방법
을 설명하시오.

풀이)

1) 실험목적의 설정: 실험을 통하여 얻고자 하는 목적을 명확히 설정한다.

2) 특성치의 선택: 실험목적을 달성하기 위한 실험의 반응치를 특성치
로 선택한다.

3) 인자와 인자수준의 선택: 관련된 인자는 모두 선택(단 목적달성 가
능한 최소의 인자)한다.
각 인자의 흥미 영역에서만 수준을 잡아 준다.
수준 수는 보통 2~5수준이 적절하며, 많아도 6수준이 넘지 않도록
한다.

4) 실험의 배치와 실험순서의 랜덤화: 어떻게 인자의 수준을 조합시켜
실험할 것이며, Block의 구성은 어떻게 하고, 실험순서를 위한 Random
화를 어떻게 할 것인가를 정한다.

5) 실험의 실시: 실험방법에 대한 작업표준을 작성하여 이를 충분히 숙지한 후 실험을 실시한다.

6) Data의 분석: 어떠한 통계적 방법을 사용하여 분석할 것인가를 정해야 한다.

   분석은 가능한 그래프화하여 시작하는 것이 좋다.

   분석방법으로는 분산분석, 통계적 검정과 추정, 상관분석, 회귀분석 등이 있다.

7) 분석결과의 해석과 조치: 분산분석표에서 검정의 결과로부터 결론을 낼 때는 실험의 목적 가정, 귀무가설 등을 고려해야 한다.

   해석이 끝나면 반드시 적절한 조치를 취해야 한다.

CHAPTER **05**

모수 / 변량인자

문제] 모수인자와 변량인자를 비교하여 설명하시오.

풀이)

1) 모수인자(Fixed factor): 기술적으로 미리 정하여진 수준을 사용하며, 각 수준이 기술적인 의미를 갖고 있는 인자.
   공업실험에서 사용되는 대부분의 인자들로서 온도, 압력, 작업방법 등이다.

2) 변량인자(Random factor): 수준의 선택이 랜덤으로 이루어지고 각 수준이 기술적인 의미가 없는 인자.

모수 모형	변량 모형
① 기술적인 의미를 가지며 실험자에 의해서 미리 정하여진다.	① 수준이 기술적인 의미를 가지지 못하며 수준의 선택이 랜덤하게 이루어진다.
② a는 고정된 상수이다.	② a_i는 랜덤으로 변하는 확률변수 $E(a_i) = 0$, $VAR(a_i) = \sigma_A^2$
③ a들의 합은 0이다. $\sum a_i = 0$, $\bar{a} = 0$	③ a들의 합은 일반적으로 0이 아니다. $\sum a_i \neq 0$, $a \neq 0$
④ 온도, 압력, 시간, 작업방법 등	④ 실험날짜 등

문제] 교호작용과 교락의 차이에 대하여 설명하시오.

풀이)
- 교호작용: 2개 또는 그 이상의 인자가 조합되어 상승 또는 상쇄작용을 일으키는 부분, 즉 다른 인자의 영향을 받는 부분이다.
- 교락: 2개 이상의 인자가 교합되어 원인 구별이 되지 않는 것이다.

문제] 직교배열표를 이용한 실험계획을 할 때 장점과 유의점을 실험배치와 분석 면에서 간략하게 설명하시오.

풀이)
1) 장점: (1) 기계적인 조작으로 이론을 별로 모르고도 분할법, 교락법, 일부 실시법 등의 배치를 쉽게 할 수 있다.
   (2) 실험의 크기를 늘리지 않고도 실험에 많은 인자를 짜 넣을 수 있으며 실시가 용이하다.
   (3) 실험 data로부터 요인변동의 계산이 용이하고, 따라서 분산분석표의 작성이 수월하다. 즉 실험 data의 해석이 용이하다.
2) 단점: (1) 어떤 시료의 양이 한정이 되어 있어 그 시료의 효과가 그 사용량에 비례하는 경우에 직교배열표를 사용하면 실용적 배치 중에서 가장 정밀도가 나쁜 배치가 된다.
   정밀도에 있어서 직교배열표의 가치는 요인효과가 비직선적일 때만 좋아진다.
   (2) 여러 인자의 결합조건으로 실험하므로 일반적으로 오차가 크게 된다.

CHAPTER 06 반복의 장단점

문제] 실험계획법에서의 반복의 원리에서 반복이 갖는 이점 3가지를 설명하시오.

풀이)

1) 오차항의 자유도가 커진다.

2) 오차분산의 정도가 좋게 된다.

3) 실험결과의 신뢰도를 높인다.

문제] 반복이 있는 이원배치와 반복이 없는 이원배치의 장단점을 간략하게 설명하시오.

풀이)

1) 반복이 있는 경우:

– 장점(이점):

① 인자의 효과(주 효과)와 인자 조합의 효과(교호작용 효과)를 분리하여 구할 수 있다.

② 교호작용을 분리하여 검출함으로써 주 효과의 검출력이 좋아지고 실험오차를 단독으로 구할 수 있다.

③ 반복한 데이터로부터 실험의 재현성과 관리상태를 검토할 수 있다.

④ 수준 수가 작더라도 반복 수의 크기를 조절하여 검출력을 높일 수 있다.

- 단점

① 실험횟수가 증가한다.

② 실험비용 COST가 증가한다.

③ 교호작용의 분리 검출이 곤란하다.

④ 실험의 재현성이 나쁘다.

문제] 난괴법 적용 시 결측치 처리방법을 설명하시오.

풀이)

구 분		결측치 처리방법
1원배치		결측치를 무시하고 그대로 분산분석한다.
2원배치	반복무	Yates의 방법으로 결측치를 추정한 후 분산분석한다.
	반복유	결측치가 들어 있는 조합에서의 나머지 Data들의 평균치로 결측치를 추정하여 대체시켜서 분산분석한다.

* 기존 실험계획법과 품질공학의 차이점

구 분	품질 공학		실험계획법
	정특성	동특성	
목적	안정성(기능 경제성)	안정성 추구(선형성, 범용성, 재현성)	결과(반응)치 추구 정보효율 극대화
평가방법	산포와 평균 동시평가	직선성의 산포 (기울기)	요인효과, 평균치 이동
오차	− 오차요인을 적극 도입 − 임의로 오차산포를 고려 하여 실험에 포함	좌동	등분산 오차라는 전제조건으로 오차관리
최적화 수준	1단계: 산포 최적화 2단계: 평균치 최적화	산포 최적화 기울기 최적화	평균치·최적화 허용오차를 좁게 가져가는 법

문제] 제품의 수율에 영향을 미칠 것으로 생각되는 반응온도(A)와 원료(B)를 인자로 택하여 2원배치 반복 없는 실험을 실시한 Data이다. 아래 물음에 답하시오.

	A_1	A_2	A_3	A_4
B_1	7.6	8.6	9.0	8.0
B_2	7.3	8.2	8.0	7.7
B_3	6.7	6.9	7.9	6.5

1) 분산분석표를 작성하시오(변동, 자유도, 불편분산, 분산비).
2) 수준조합 A_2, B_3의 95% 신뢰구간을 구하시오(단 $t(6, 0.05) = 2.447$).

풀이)

1) 변동계산

구분	A_1	A_2	A_3	A_4	$T_{i.}$	$\overline{x}_{.j}$
B_1	7.6	8.6	9.0	8.0	33.2	8.3
B_2	7.3	8.2	8.0	7.7	31.2	7.8
B_3	6.7	6.9	7.9	6.5	28.0	7.0
$T_{i.}$	21.6	23.7	24.9	22.2	T=	92.4
$\overline{X}_{i.}$	7.2	7.9	8.3	7.4	$\overline{\overline{X}}$	7.7

$$CT = \frac{T^2}{lm} = \frac{92.4^2}{4 \times 3} = 711.5$$

$$S_T = \sum_{i=1}^{4} \sum_{j=1}^{3} X_{ij}^2 - CT = 717.7 - 711.5 = 6.2$$

$$S_A = \sum_{i=1}^{4} \frac{T_{i.}^2}{3} - CT = 2141.1/3 - 711.5 = 2.2$$

$$S_B = \sum_{j=1}^{3} \frac{T_{.j}^2}{4} - CT = 2859.7/4 - 711.5 = 3.4$$

$$S_E = S_T - S_A - S_B = 6.2 - 2.2 - 3.4 = 0.6$$

2) 자유도 계산

$$\Phi_T = lm - 1 = (4 \times 3) - 1 = 11$$

$$\Phi_A = l - 1 = 4 - 1 = 3$$

$$\Phi_B = m - 1 = 3 - 1 = 2$$

$$\Phi_E = (l-1)(m-1) = 3 \times 2 = 6$$

3) 분산분석표

요인	S	Φ	V	F_0
A	2.2	3	0.73	7.3
B	3.4	2	1.70	17.0
E	0.6	6	0.10	
T	6.2	11		

4) $A_2 B_3$의 95% 신뢰구간

$$(\overline{x_{3.}} + \overline{x_{2.}} - \overline{\overline{x}}) \pm t(\Phi_E ; \alpha/2) \sqrt{\frac{V_E}{n_e}} \;, \qquad n_e = \frac{lm}{l+m-1} = \frac{4 \times 3}{4+3-1} = 2$$

$$= (7.9 + 7.0 - 7.7) \pm (2.447 \times \frac{0.1}{2}) = 7.2 \pm 0.12$$

PART 4

표준화 / ISO

표준화 개요

1. 표준의 정의

관계되는 사람들 사이에서 이익 또는 편리가 공정하게 얻어지도록 통일 단순화를 도모할 목적으로 물체, 성능, 능력, 배치상태, 동작, 절차, 방법, 수속, 책임, 의무, 권한, 사고방법, 개념 등에 대하여 정한 결정

표준화: "표준을 설정하고 이것을 활용하는 조직적 행위"

2. 표준의 특성

1) 호환성: 표준이 설정되면 부품을 서로 교환할 수 있다.
2) 기준성: 다른 제품, 다른 장소에서도 호환이 될 수 있게 기준이 된다.
3) 통일성: 표준을 지키는 것은 통일성을 유지한다.
4) 반복성: 대량생산 체제에 효과적으로 적용될 수 있다.
5) 객관성: 기준성과 호환성을 위해서는 객관성이 있어야 한다.
6) 고정성: 표준을 정하면 일정 수준에서 고정된다.
7) 진보성: 기술 진보에 따라 표준을 개정하고 진보해야 한다.
8) 경제성: 표준화는 경제적인 이점이 있다.

3. 표준의 분류

1) 규정내용에 따라 ⇒ 기본규격 / 제품규격 / 방법규격

2) 강제력에 따라 ⇒ 강제규격 / 임의규격

3) 적용영역에 따라 ⇒ 사내 / 단체 / 국가표준 / 지역표준 / 국제표준

4. 표준화의 목적

표준화의 목적: (ISO / STACO 기준)

1) 관계자 간의 의사소통

2) 제품의 단순화 및 인간생활에 있어서의 행위의 단순화

3) 전체적인 경제, 안전 건강 및 생명의 보호

4) 무역 장벽의 제거

5) 생산자와 소비자의 경제성 추구

6) 소비자 및 공동사회의 이익 보호

5. 표준화의 원리

1) 단순화의 원리

2) 관련자 합의의 원리

3) 다수이익의 원리: 다수의 이익을 위하여 소수의 희생이 필요로 하기
   도 한다.

4) 고정의 원리: 일정기간 고정되는 성질이 있다.

5) 개정(진보)의 원리

6) 객관성의 원리: 제품의 특성이나 성능을 규정할 때에는 제품의 특성 등에 대하여 객관적으로 규정해야 한다.

7) 보편성의 원리: 특히 강제규격 등을 정할 때는 여러 사항을 유의해야 한다.

6. 표준의 역할(기능)

1) 상호 이해의 촉진: 의사소통에 사용되는 수단들을 표준으로 정하여 상호이해를 촉진시킨다.

2) 다양성의 조정: 사회의 다양성과 무질서화를 정리하고 이들을 예방하는 역할을 한다.

3) 호환성 / 인터페이스의 확보

4) 사용목적의 적합성 확보: 생산자와 소비자 모두의 요구사항을 만족하는 품질보증이나 품질인증의 역할이 필요하다.

5) 사용자 및 소비자의 이익 보호

6) 안전의 확보와 환경의 보호

CHAPTER 02

사실표준과 공적표준

구 분	사실표준(de facto standards)	공적표준(de jure standards)
정 의	표준화를 둘러싼 경쟁이 시장에서 이루어지고 그 결과 표준이 사실상 결정된 것	표준화 기관에 의해 제정된 표준
특 징	• 책정과정 속도가 신속 • 표준의 보급과 제품의 보급이 동시에 이루어짐 • 표준의 단일화는 시장에서의 경쟁에 위임됨 • 규격을 표준화할 수 있는 자가 시장을 독점할 수 있음	• 책정과정이 투명하고 표준내용이 명확하며 개방적 • 원칙적으로 단일 표준 제공 • 멤버십이 비교적 개방적
단 점	• 정보공개가 불완전 • 기술정보의 미공개로 인해 복수방식의 비교가 곤란, 개발기업에 의한 경쟁 장벽이 생겨 후발기업이 불리한 입장에 처할 수 있음 • 멤버십이 폐쇄적이 되기 쉬움 • 개정절차가 불투명	• 표준개발 속도가 느림 • 표준의 보급과 제품의 보급에 시간 격차가 존재 • 기술에 대한 무임승차 발생
견정자	시장	표준화 기관
정통성	사업자 및 사용자 선택의 결과	표준화 기관의 권위
동 기	표준화되지 않으면 불편	표준화되지 않으면 제품기능을 발휘하기 곤란
주요 분야	다른 사람이 받아들일 필요가 있는 분야	제품의 본질적인 기능에 대한 분야
표준화의 열쇠	시장 도입기의 점유율, 유력기업의 참가, 계열기업 수, 소프트웨어 수	표준화 기관의 강제력, 참여기업 수, 유력기업의 참여
표준화와 사업화	사업화가 우선	표준화가 우선

CHAPTER 03 사내표준화

1. 사내표준화의 의의

"사내표준화란 특정기업에서 기업활동을 효율적으로 원활히 수행하기 위한 수단으로서 사내 관계자들의 합의에 의하여 사내표준을 정하여 이를 활용해 가는 조직적인 행위로서 가장 기본적인 경영수단의 하나이다."

2. 사내표준화의 역할(기능)

1) 경영방침의 구체화: 간략하게 기술된 경영방침을 구체적으로 실행하게 하는 역할
2) 책임과 권한의 명확화: 관리표준이 명확해지면 업무상의 마찰, 혼란, 오해, 오류 등을 방지할 수 있다.
3) 관리의 기준: 경영활동의 목표치와 같은 관리기준이 되며, 통계적인 수법을 활용할 수 있는 바탕이 된다.
4) 기술의 보존: 기업의 자산으로서 보존할 가치가 있는 정보나 자료들은 사내표준으로 분류, 보존하면 기업의 기술로 보존됨.
5) 업무의 효율화: 일의 능률을 위하여 일의 방법, 절차, 순서 등을 표

준화해야 한다.

6) 교육훈련의 용이성: 개인의 기능 및 기술이 모두 문서화되어 있으면 숙련공이나 선임자의 자리를 표준을 통해 기술이나 기능을 쉽게 배울 수 있다.

표준화된 작업은 신입사원에게도 교육하기가 쉽다.

3. 사내표준화의 요건

1) 실행 가능한 것: 회사의 능력에 맞는 사내표준 제정
2) 당사자 이해관계자들의 합의에 의해 결정: 관계자들의 적극적인 협조
3) 기록내용 측면에서 구체적이고, 객관적으로 규정되어야 함
4) 기여비율이 큰 것부터 중점적으로 취급할 것
5) 적기에 지속적으로 개정되어야 함
6) 상위 표준과의 모순이 없어야 함
7) 장기적 방침과 체계화로 추진할 것

4. 작업표준의 조건

1) 적용범위
2) 공정순서
3) 사용재료

4) 사용설비 및 공구

5) 작업순서 및 방법

6) 작업조건

7) 작업 시 주의사항

8) 공정관리

9) 사고 시 처리사항

10) 작업자의 책임한계

11) 작업자의 구성 임무 및 자격

12) 기록과 보관

5. 산업표준화의 3S

1) 표준화: 표준을 합리적으로 설정하여 활용하는 조직적 행위 또는 어떤 표준을 정하고 이에 따르는 것

2) 단순화: 일정한 범위 내에 있는 제품의 형식 수를 어떤 시기에서의 요구에 충분히 합당한 수까지 줄이는 것

3) 전문화: 제조하는 물품의 종류를 한정시키고 경제적, 능률적으로 생산 및 공급체제를 갖추는 것

문제] ISO9000과 KS 규격제도 비교

구 분	ISO9000	KS 규격
인증 적용	• 구매자가 시방을 결정하는 계약형 상품 및 서비스 • 특수 시방 제품 포함	• KS 규격에 규정된 상품 및 가공 기술 시 장형 상품 지향 • 특수 시방 제품 제외
인증 내용	• 공급자의 품질시스템에 의한 품질보증 • 능력 인증 구매자 지향 제도	• KS 규격 적합 인증
근거법		• 산업표준화법
심사 방법	ISO9000 규격을 기초로 한 품목별 고유기 술 및 관리기술 등을 고려하여 품질보증체제 를 문서화한 품질매뉴얼 심사 및 이에 의거 한 공장심사	KS 규격 표시허가 심사기준에 의거하여 심 사항목별 서류심사 및 공장심사
사후 관리	공장심사 연 2~4회 시판품 조사 없음	공장심사 5년 1회 시판품 조사: 특별 사후관리 형태

표준화 효과

1. 표준화의 효과

1) 설계 부문

① 기술의 보편화가 이루어진다.

② 전반적인 기술수준을 향상시킨다.

③ 연구목표를 합리적으로 선정한다.

④ 중복 부분의 연구를 방지하여 연구의 불필요성을 제거한다.

⑤ 설계자 간의 의사소통을 원활히 한다.

⑥ 설계공수를 절감한다.

2) 제조 부문

① 생산능률의 향상.

② 생산코스트 감소.

③ 품질향상의 직결.

④ 부품 / 재료의 절약.

⑤ 사용 / 소비의 합리화.

⑥ 재공품의 감소.

⑦ 작업안전도의 향상.

3) 영업 부문

① 표준화된 가격결정 절차에 따라 영업간접 시간을 단축할 수 있다.

② 영업활동의 투명성을 보장할 수가 있다.

③ 제품 재고량, 서비스 부품 재고량의 감소.

④ 서비스의 향상.

⑤ 시장품질의 안정.

⑥ 가격경쟁력의 강화.

2. 표준화 실시 기업체의 공급자에 대한 효과

1) 표준화된 원재료나 부분품의 주문을 받음으로써 납품물의 다양성이 감소되어 생산 저장, 운반에 있어 원가나 비용의 절감을 가져오게 된다.

2) 공급회사는 상대편이 표준화를 하고 있음으로 해서 자사의 표준화 도입이 용이해지기 때문에 비용, 시간상의 이익을 얻게 된다.

3) 공급 상호간에 있어서의 합병이 용이하다.

3. 표준화가 소비자에 미치는 효과

1) 품종이 단순화됨으로써 선택을 용이하게 한다.
2) 표준화된 물품은 호환성이 높기 때문에 구입된 물품의 교체, 수리가 용이하다.
3) 품질이 균일화되고 수명이 보장되어 신뢰성이 높기 때문에 구입가격상의 이익과 사용상의 이익을 동시에 얻게 된다.
4) 표준화된 특히 보증된 상품을 구입 시에 여러 가지 검사를 하지 않고 안심하게 살 수 있기에 수입검사를 생략한다든가 경감할 수 있다.
5) 표준화된 제품은 수요가 커질 가능성이 많기 때문에 결국 시장의 확대를 가져와 수요자는 구입가격상의 이익을 보게 된다.

4. 표준화의 한계

1) 표준화를 시킴으로 사물을 그 표준에 합치시키는 데 소요되는 부담이 더 클 경우에는 오히려 표준화의 목적인 능률 증진과 경제성을 높이는 데 도움이 되지 않기 때문에 그런 경우에는 표준화를 시키지 않는다.
2) 사용자들의 취미나 기호와 관련되는 것이다.
3) 업무규정에 있어서 지나치게 상세하게 규정되어 있으면 실행이 어려워지므로 주의해야 한다.

5. 표준화를 실시하는 기업에 미치는 영향

1) 표준화에 의해 제품의 종류가 감소하므로 대량 생산이 가능하다.

2) 작업방법이 합리화되기 때문에 종업원의 노동능률과 숙련도를 높이게 된다.

3) 부분품의 표준화에 의해 분업생산이 용이하게 되어 생산능률을 증진시키고 생산비용을 저하시킨다.

4) 품질관리의 기초가 되며 그것의 추진에 의해 자사제품의 품질향상과 균일성을 가져오게 하여 판매능력이 증대된다.

5) 생산의 합리화가 이루어져 불합격품이 감소되고 자재의 절약을 도모한다.

6) 제품의 단순화에 의한 불필요한 형, 치수, 등급 및 종류의 감소에 따르는 효과이다.

7) 재료나 부분품에 대한 표준화로 재고의 감소와 창고면적 및 관리비용, 즉 재고투자를 절약할 수 있다.

8) 재고통제에 있어서 기계적 수단의 사용과 운반이 용이해지기 때문에 결과적으로 재고관리 활동의 원활화가 가능하다.

9) 표준화된 재료 및 부분품의 대량구입이 가능해져 구매업무의 능률이 향상된다.

10) 매 주문마다 최적량의 구매가 가능하게 되기 때문에 구매비용이 절감된다.

11) 빈번한 작업설비변동의 감소와 기계설치에 요하는 작업시간의 절

약으로 작업지연을 방지한다.

12) 작업자의 숙련도를 높여 불량품의 감소와 품질의 향상을 촉진케 함으로써 생산성의 제고와 생산비용의 절감을 초래한다.

13) 불필요한 작업의 제거와 작업통일화로 작업효율의 증대와 작업자의 안전을 도모케 한다.

14) 작업의 표준화로 작업의 기계화를 증진하고 기술자나 설계자의 시간절약을 가능케 한다.

15) 표준화된 허용차나 공차의 혜택으로 인하여 그 차이에 대한 의견 충돌이 감소한다.

16) 제품생산의 전문화가 이루어졌을 경우 자기 공장에 일정 시설이 없을 때는 하청공장의 설비와 기술을 이용하여 더 싼 값으로 생산이 가능하다.

17) 모든 업무에 관한 표준화가 성문화되면 신입사원들에 대한 교육훈련이 용이하다.

18) 책임과 권한의 명확화로 업무의 합리화, 부문화의 협력 및 조정의 기능이 더욱 강화된다.

표준화 유형

1. (산업)표준화의 유형

1) 사내표준(회사규격)

특정회사 내에서 사용되는 표준으로 적용수준에 따라 전사표준, 사업부표준, 공장표준 등이 있다.

 * 목적: 가장 경제적으로 기업의 목표달성을 위해서 재료, 기계, 사람, 방법 등을 사내표준화하여 공정을 안정시키고 품질을 향상시키기 위함에 있다.

2) 단체 표준

업계, 단체, 학회 등의 특정단체에서 사용되는 표준으로 ASTM, ASME 규격 등이 있다.

3) 관공서 표준

정부, 관공서, 공공단체에서 사용되는 표준으로 MIL규격, 철도청규격,

조달청 규격 등이 있다.

4) 국가 표준

특정국가에서 사용되는 표준으로 KS규격, JIS 규격 등

NNI: 네덜란드	NB: 브라질	JIS: 일본
NV: 노르웨이	COST: 소련	CSN: 체코
DS: 덴마크	SIS: 스웨덴	CSA: 캐나다
DIN: 독일	BS: 영국	NF: 프랑스
ANSI: 미국	UNI: 이태리	AS: 호주
BIN: 벨기에	IS: 인도	CAS: 중국

5) 지역 표준

특정지역의 표준화 단체에서 사용되는 표준으로 EN, COPANT 등이 있다.

6) 국제 표준

국제적으로 사용되는 표준으로 ISO, IEC 규격 등이 있다.

2. 국내 EM, NT, GR 품질인증 마크

1) EM(Excellent Machine, Material): 우수 품질인증 마크

국내에서 3년 이내에 새로 개발된 기계류 부품소재의 품질 및 성능을 관계기관, 학계, 연구기관 등의 전문가로 구성된 품질인증 위원회에서 평가한 후 우수제품에 대하여 품질인증 마크를 부여하는 제도

2) NT(New Technology): 개발기술의 실용촉진

국내에서 최초로 개발된 신기술로 제조된 상품 또는 제조기술로서 상품화한 지 3년 이내 기술로 평가하여 우수기술로 인증되면 신기술 인증 마크(NT)를 부여하는 제도
- 제외기술 분야
  - 식품, 의약품 및 전문 의료기기
  - 항공기, 조선, 철도차량, 건축시공 기술

3) GR(Green Round)

환경보전을 위한 국제적 조치를 전부 내포하는 의미
- 종합 대책 방안
  1) 환경기술개발과 환경산업의 육성
  2) 에너지 체계의 최적화
  3) 환경기준 및 환경규제의 선진화

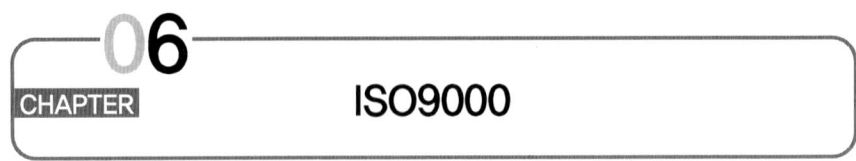

1. ISO9000 : 2000 규격의 체계

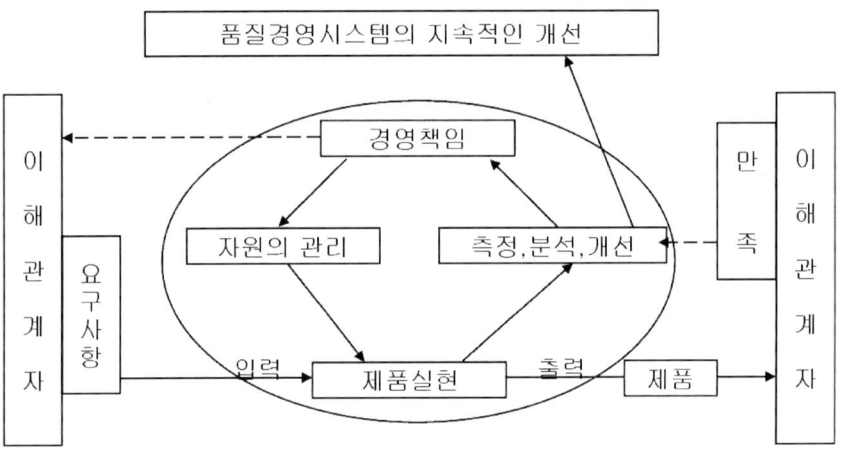

2. ISO9001(1994)와 ISO9000(2000) family의 차이

구 분	특 징
ISO9001 (1994)	규격 수는 25개, 인증규격은 3개(9001, 9002, 9003) 품질인증시스템이 제조업에 거의 국한 ISO9000과 ISO9004의 규격체제가 일관되지 못함 요구사항은 ISO9001의 20개 - 고객만족(QA)이 핵심
ISO9000 (2000)	규격 수는 4개, 인증규격은 1개(ISO9001)로 통합 제조업체뿐만 아니라 Business Process를 강화 20개 요구사항을 4개로 대별(경영책임, 자원관리, 제조물책임, 측정분석 및 개선)하고 각각의 20개 요구사항을 삽입 - 품질경영의 8원칙 제시 - 지속적인 개선을 매우 강조 - ISO9001과 ISO9004규격을 일관된 쌍의 규격으로 개발

3. 품질경영의 8원칙

1) 고객중심(Customer Focus): 현재 및 미래의 고객요구를 이해하고 고객의 기대를 능가하는 노력을 해야 할 것이다.

2) 리더십(Leadership): 리더는 조지의 목적과 빙향의 일관성을 확립한다. 리더는 구성원들이 조직의 목적을 달성하는 데 전적으로 참여할 수 있는 내부환경을 조성하고 유지해야 할 것이다.

3) 전원참여(Involvement of People): 모든 계층의 구성원들은 조직의 필수 요건이다.
따라서 전원이 참여함으로써 그들의 능력이 조직의 이익을 위해 발휘될 수 있다.

4) 프로세스 접근방법(Process Approach)

관련된 자원과 활동이 하나의 프로세스로 관리될 때 바라는 결과가 보다 효율적으로 얻어진다.

5) 경영에 대한 시스템적 접근방법(System Approach to Management)

주어진 목표에 대한 상호 연계된 프로세스의 시스템을 파악하고 이해하며 관리하는 일이 조직의 유효성과 효율성에 기여

6) 지속적 개선: 조직의 영원한 목표는 지속적 개선이다.

7) 의사결정에 대한 사실적 접근방법: 효과적인 결정은 data 및 정보의 논리적 또는 객관적인 분석에 근거한다.

8) 상호 이익이 되는 공급자 관계: 조직과 공급자가 가치를 창조하는 능력은 상호이익이 되는 관계에 의해 향상된다.

문제] 표준수(Preferred number)에 대해 서술하시오.

풀이)

1) 표준수는 2차 대전 후 ISO에서 국제규격으로 등비급수를 표준수로 채택하게 되었다.

우리나라는 이것을 1996년 11월 KS A 0401(표준수)로 제정하였다.

2) 표준수는 국제적으로 장려되고 있는 급수치가 있는데 수치를 결정할 때 특별한 제약이 없는 한 될 수 있는 대로 표준수 속에서 선택하면 자연히 수치의 소수화를 달성할 수 있다.

등비수열은 굵은 피치의 것에서부터 가는 피치의 것까지 여러 종류가 있다.

문제] ISO9000(2000) 시행에 따른 대응방안을 설명하시오.

풀이)

1) 최고경영자와 변경사항에 대하여 상의하고 최고경영자의 확고한 열의를 확보한다.

2) 자원할당에 대한 결정 및 계획

3) ISO9001:2000전환팀과 Project 리더를 임명한다.

4) 전환팀 교육을 제대로 시켜 ISO9001 : 2000을 충분히 숙지하도록 한다.

5) 인증기관에 연락하여 전환방침과 시기에 대한 자문을 받는다.

6) 내부 심사원에게 ISO9001:2000을 교육한다.

7) 업무와 담당자, 기일 등을 정하고 상급의 Project 일정을 확립한다.

8) 자주 일정을 검토하여 Project가 궤도를 유지할 수 있도록 한다.

9) 적합한 담당자들에게 변경사항에 대한 교육을 시킨다.

10) 전환 Process 전 과정에 최고경영자를 시종일관 참여시킨다.

* 전환의 시기는 다음의 상황에 따라서 변경될 수 있다.

1) 경영지의 열의

2) 품질경영시스템의 성숙도

3) 적절한 자원

4) 확실한 조치 계획: 이 계획에는 일정, 구체적인 활동 리스트 관련 담당임원 및 기한 등이 포함된다. 일정표를 자주 검토함으로써 계획이 제대로 추진되는 중인지 확인하고 장애물이 있을 때 즉시 처리할 수 있도록 한다.

문제] QS9000(ISO / TS16949)와 TL9000의 체계를 설명하시오.

풀이)

체　계	QS - 9000	TL - 9000
개　요	미국 자동차 BIG3사의 요구사항	정보통신 산업 분야의 요구사항
인증제도	품질시스템 제3자 인증	품질시스템 제3자 인증
요구사항	ISO9000의 16개 요구사항의 특별 요구사항	공통 성과지표
문서체계	매뉴얼, 절차서, 지침서	
내부감사	필요	필요
부적합사항	유	유
기　타	APQP, CP, PPAP, FMEA, SPC, MSA, QSA 등	NPR, FRT, OFR, OTD, SO, 하드웨어 및 서비스 성과지표 RAA, CAA 및 FPQ 등

CHAPTER **TL9000**

1. TL9000 특성

1) ISO9001를 기초로 수립되었다.

2) TL9000은 기존의 시스템(ISO9001)과의 차이점

　　– 이행결과에 따른 제품의 수준 측정 및 지표화

　　– 품질Metrics (성과 측정지표) 요구함

3) 동종 산업의 평균품질수준 및 최고수준 파악이 용이하여, Benchmarking 기회를 제공한다.

■ ISO9001과 TL9000의 차이점

ISO9001

1) 요건이 보다 특정 지어짐

2) 기록에 보다 초점을 맞춤

　　– 품질기획

　　– 프로젝트기획

　　– 구성관리기획

　　– 제품기획

TL9000

성과지표는 성과를 측정함

고객의 관점에 초점을 맞춤

　　– 정의되고

　　– 추적되고

　　– 보고되는가

3) 새로운 요건 추가   자료에 근거한 조치를 강조

   – 고객만족   – 문제식별

   – 품질개선 요구사항   – 실패분석

   – 고객과 공급자 간의 의사소통   – 개선

4) 제품수명주기 모델을 이용

2. TL9000의 목표

1) 정보통신산업의 제품, 서비스의 완전성과 이용을 효과적으로 보장할 수 있는 품질시스템 개발

2) 품질시스템 공통 요구사항 규정

3) 절차관리 및 품질시스템 실행결과 평가를 위하여 성과대비 비용에 기초한 효과적 성과지표(Metrics)의 규정

4) 지속적 개선의 추진

5) 고객과 공급자 간의 유대 강화

6) 산업계 적합성 평가 활동의 촉진

3. TL9000의 기대효과

1) 고객에 대한 지속적 서비스 개선

   (Cycle Time 감소, 정시인도, 결함 제거, 라이프 사이클 비용 감소)

2) 고객과 공급자 간 관계 강화 및 성과지표에 근거한 프로그램 개선

3) 비교 가능한 데이터 획득

4) 품질시스템 요구사항의 표준화

5) 외부심사, 현장방문의 감소 및 효율적 관리

6) 총체적 비용 절감 및 경쟁력 향상

7) 계획적 라이프 사이클 관리

8) 공급자의 경쟁우위 확보

9) 최선의 품질시스템 구축을 통한 고객신뢰도 향상

10) 협력업체의 성과 개선 및 관리 향상

11) 시장점유율 향상

12) 결함 제거

문제] QS9000 표준서(부속서) 7가지를 설명하시오.

풀이)

1) 품질시스템 심사(QSA)

2) 통계적 공정관리(SPC)

3) 잠재적 고장형태(FMEA)

4) 측정시스템 분석(MSA)

5) 사전제품 품질계획 및 관리계획서(APQP)

6) 양산부품 승인절차(PPAP: Production Part Approval Process)

　　－범위: 1) 대량(Bulk)자재를 포함한 모든 생산과 서비스 제품에 대
　　　　　　　한 양산부품 승인의 일반적인 요구사항을 포함한다.

2) 양산부품 검토와 승인은 최초 양산 출하 전에 각 부품에
   대해 요구된다.
- 정의: 양산 부품은 양산설비, 금형, 치공구, 계측기, 공정, 자재, 작
  업자, 환경과 공급, 속도, 주기, 압력, 온도와 같은 공정 설비조건
  에 의해 현장에서 제조된 부품을 말한다.
- 목적: 양산부품 승인의 목적은 고객의 모든 엔지니어링 설계기록
  과 사양 요구사항이 공급자에 의해 적절히 이해되고 있는가 그리
  고 공정이 제시된 생산율에서의 실제 생산가동 중에 이러한 요구
  사항들을 충족시키는 제품을 생산할 수 있는 잠재력을 갖고 있는
  가를 결정하기 위한 것이다.
7) 품질시스템 요구사항(QS - 9000)

문제] ISO17025에서의 QM 개념을 설명하시오.

풀이) 최고경영자의 리더십 아래 품질을 경영의 최우선 과제로 하고,
      고객만족의 확보를 통한 기업의 장기적인 성공은 물론, 기업구성
      원과 사회 전체의 이익에 기여하기 위해 경영 전반에 걸쳐서 모
      든 구성원의 참가와 총체적 수단을 활용하는 전사 종합적인 경영
      관리 체계.

문제] ISO9000(2000년도) 규격의 4대 분류 및 국내 대응방안을 설명하시오.

풀이)

1) 전사적 표준화를 통해 개정방향과 일치하는 QM시스템을 구축한다.

2) 형식적인 품질시스템을 지양하고, ISO9000의 보증요건을 경영지침과 직접 연계시켜야 한다.

3) 실질적인 실행이 되어야 하고, 문서화 실행의 괴리를 좁힐 수 있는 실질적인 대응과 인식의 전환이 절실하다.

4) 현재 운영시스템의 전환을 원활히 유도하고 신규격 적용에 따른 부작용을 최소화시켜야 한다.

5) 이미 인증을 받았거나 추진 중인 기업이 반드시 품질매뉴얼의 변경을 요구하는 것은 아니다.

6) TQM으로 발전시킬 수 있는 계기가 되어야 한다.

7) 품질시스템의 신뢰성을 대외적으로 입증할 수 있는 방법이 제3자 인증제도이다.

8) 기업입장에서는 신규 규격의 전환계획과 지침에 따라 차분히 준비하면 될 것이다.

문제] KS 인증제도(구KS표시허가제도)에 대하여 설명하시오.

풀이) 1) 의의

　　　KS표시제도는 산업표준화법에 의거하여 정부가 품질보증기관이 되어 한국 산업규격에서 규정하는 품질 이상의 제품 또는 가공기술을 갖는 제조자에게 그 상품, 포장, 용기에 KS마크를 표시하도록 함으로써 KS규격 보급 및 활용의 촉진과 국내기업에 사내표준화와 품질관리를 도입 실시토록 하고 소비자가 우수제품을 사용할 수 있도록 하여 소비자를 보호할 목적으로 운영되는 한국의 국가규격 인증제도이다.

2. KS 표시허가 절차

KS 표시허가는 심사기준의 제정, 표시허가 및 사후관리 3단계이다.

① 심사기준

KS 표시품이 한국산업규격 이상 수준으로 계속 생산될 수 있는 요건을 정하고 있으며 그 내용은 사내표준화와 품질관리, 자재관리, 공정관리, 제품의 품질, 제조설비 및 검사설비의 보유와 관리 등이다.

② KS 표시허가

제조자 또는 가공자가 KS 표시허가 신청을 하면 공업진흥청 표준국에서 심사기준에 따라 한국표준협회에서 공장심사를 한다. 심사기준에 규정된 사항을 평가함과 아울러 생산보고, 문서비치, 교육실시 상태 등도 평가하여 심사보고서를 작성하고 생산되고 있는 제품을 공인시험기관에 시험분석을 의뢰한다.

③ 사후관리

사후관리는 공장검사와 시판품 조사로 나눈다.

3. KS 표시승인

KS 표시승인은 한국산업규격에 합치되는 제품을 생산하거나 가공기술을 갖는 외국의 공장이 KS마크를 표시한 제품을 생산할 수 있도록 KS 표시허가를 외국에 개방하는 제도이다.

문제] ISO9000 / ISO14000과 6시그마 / DFSS 비교

풀이)

ISO9000 / ISO14000	6시그마 / DFSS
(1) 국제규격으로 인증을 요구한다.	(1) 인증을 요구하는 국제규격이 아니며, 기업의 경영전략이다.
(2) 활동을 가시화하기 위한 문서화와 활동을 평가하기 위한 품질감사를 중시한다.	(2) 원인 결과 관계의 해석과 통계적 방법의 활용을 중시한다.
(3) 각각의 품질시스템 요소마다 이상적인 활동의 모습을 구체적으로 정한다.	(3) 프로세스의 분석을 통하여 불충분한 점을 단계적으로 개선하여 나간다.
(4) 모든 활동의 표준화를 유도하고, 부적합을 방지하기 위한 관리시스템을 강조한다.	(4) 계속적인 품질혁신, 프로세스 혁신을 강조하며, MAIC, IDOV 등의 과학적 추진단계 Tools이 다양하다.
(5) 고객의 요구, 사회에 적합한 제품의 품질보증을 기반으로 기업의 환경경영 등 기업의 사회책임을 강조한다.	(5) 시장조사, 고객만족도 조사, DFSS, QFD 등을 통하여 제품을 설계하고, 고객만족을 기반으로 기업이익 창출을 강조한다.

제조물책임(PL)

CHAPTER 01   PL의 개념

1. 제조물책임(PL)의 개념

1) 제조물책임의 정의

　상품의 생산, 유통, 판매 등 일련의 과정에 관여한 자가 그 상품의 결함에 의하여 야기된 생명, 신체, 재산 및 기타 권리에 대한 침해로 인해 생긴 손해에 대하여 최종소비자나 이용자 또는 제3자에 대하여 배상할 의무를 부담하는 것이다.

2) 결함의 분류 및 발생요인

결함구분		결함구분
제품 자체 결함	설계상의 결함	- 안전설계의 미비(예상오용에 대한 대비도 포함) - 안전, 기술기준에 불합격 - 안전장치의 불비 - 주요 안전부품의 내구성 부족
	제조상의 결함	- 제조상의 품질관리 불량에 의한 안전장치 고장 - 검사오류에 의한 재료부품의 결함, 조립 불량 - 원재료의 불량, 원료혼입 실수 - 수송 포장, 보관 등의 불비
경고·표시상의 결함	취급설명서 및 경고 라벨의 결함	- 예견 가능한 오사용 방지의 경고내용 미비 - 명시적 보증 위반 - 경고 라벨의 위치 불량, 부착 불량
	광고, 선전 카탈로그 영업사원의 설명 등의 결함	- 품질특성의 중요성 불성실 표시 - 명시적 보증 위반

PL의 기능

1. 피해자의 구제

1) 결함 제품으로부터 발생한 소비자 피해의 구제를 보다 쉽게 할 수 있다.

2) 그동안 우리나라는 결함 제품에 의한 피해의 경우, 계약 책임 또는 불법 행위 책임 등을 적용하여 피해에 대한 배상 문제를 해결하여 왔다. (민사법상의 책임 법리 특히 불법 행위 책임 법리를 적용하고 있음) 제품의 결함 때문에 발생한 손해에 대한 청구가 불가능하거나 매수인이 제조자의 과실을 입증하여야 하는 등 사실상 피해의 구제를 어렵게 하고 있다

이러한 법리로는 결함 제품을 제조한 제조자에 대한 직접 청구 또는 확대 손해에 대한 청구가 불가능하거나 매수인이 제조자의 과실을 입증하여야 하는 등 사실상 피해의 구제를 어렵게 하고 있다.

2. 기업경쟁력 제고

1) 제조물책임의 정착은 우리 기업의 국제적 경영활동에 기여한다. 고도 산업사회에 이른 오늘의 경제 실정에서 결함 제품으로 인해 피해를 입은 소비자가 손쉽게 피해의 구제를 받을 수 있도록 하여야 한다는 생각은 선진국의 경우 이미 정착되어 있다.
제조물책임법의 국제적 동향은 다음과 같은 의의가 있다.
① 소비자 보호의 수준이 국제수준으로 촉진된다는 점
② 제조자 사이에 경쟁이 확보된다는 점
③ 국가 간의 자유로운 교역을 가능하게 한다는 점

2) 기업의 제품에 대한 안전성 관리나 이와 관련한 기업의 전략은 선진화가 불가피하다.
① 기업은 선진 외국 제품의 안전성 수준에 따르지 않을 수 없다.
② 배상제도나 위험의 예측 및 제품의 개발전략도 새로이 구상하여야 한다.

3) 이는 기업의 부담이 될 수도 있으나, 기업 제품의 품질향상을 통한 해외시장의 개척에 크게 도움이 될 것이다.

3. 기업규제 완화

1) 제조물책임은 기업 스스로의 품질경영을 정착시키고, 과도한 행정
   간섭도 줄어들게 한다.
   ① 기업에 국민생활의 안전을 맡길 수 없다는 불신
   ② 소비자 피해에 대한 사후 구제 장치가 미흡하여 피해 차단 장치
   인 행정 간섭이 필요하다.
2) 제조물책임은 피해의 구제를 위하여 생각해 낸 제도
   제품의 생산과 교류가 급진전되는 사회에서는 행정규제에 한계가
   올 것이고, 이는 결국 사후 구제로 정책의 전환을 가져오게 할 것이다.
3) 기업의 생존 차원에서 기업 스스로 제품에 대한 안전성 확보 등 품
   질경영을 하지 않을 수 없게 된다. 안전성 등 품질관리에 관한 행정
   간섭은 점차 줄어들고, 이는 기업의 경영 부담을 줄이는 것이 된다.

4. 기업경영에 미치는 영향

1) 제조물책임에 대하여 아직은 제대로 알고 있지 못하다.
2) 일부에서는 적극적으로 대처하는 것 같다.
3) 다수의 기업은 현안 문제로 보고 있지 않다. 다만 막연하나마 제조
   물책임이 기업경영에 큰 영향이 있을 것이라는 예상을 하고 있다.
4) 제조물책임의 발전으로 기업에 엄격한 책임을 묻게 됨에 따라 기업
   의 경영을 위태롭게 하거나,

5) 신제품의 개발에 너무 신중하게 대처한 나머지 제품의 경쟁력을 잃는 일이 없도록 하고자 하는 것이 기업 심리의 표현이다.

6) 긍정적으로 수용하면, 제품의 사고로 인한 기업의 부담은 보험에 가입함으로써 안정을 기할 수 있다.

7) 기업은 안전한 제품을 만들려고 노력하고, 소비자에게 제품의 사용 방법을 알기 쉽게 알려 주는 등 제품의 안전을 위한 노력을 계속한다면 소비자의 기대를 만족시킬 수 있을 것이다.

8) 제조물책임이 운용되더라도 결함 판단의 부분에서는 법원이 적절한 판단을 내릴 것이기 때문에 미국에서 문제가 되고 있는 것과 같이 기업에 과도한 부담을 주지는 않을 것이다.

CHAPTER **03**

PL의 구분

1. PL의 구분

1) PLP(Product Liability Prevention: 제조물책임 예방): PL발생을 사전
   에 방지하거나 발생 후 피해를 무효화 또는 최소화하기 위해 취하
   는 회사의 예방활동이다.

2) PLD(Product Liability Defence: 제조물책임방어): 소송발생 시 이를
   법률 면에서 검토하고 유리한 증거가 될 수 있는 자료, 증언을 준
   비하여 회사의 책임을 최소화할 수 있도록 소송 등을 수행하는 것
   이다.

2. 제조물책임을 법률 이론적 근거 측면에서 구분하면
   불법행위 책임

1) 과실책임: 제조업자의 행위에 초점을 두며 제조가공상의 결함, 설계
   상의 결함, 제품 사용상의 위험 및 사용자에게 충분한 경고를 하지

않은 경우 등을 말한다.

2) 엄격책임: 부당하게 위험한 결함상태에서 제품을 팔아 사용자나 재산에 손해를 입힌 경우를 말한다.

3) 보증책임: 계약 당사자 사이에 있어 제품의 품질이나 안전에 대한 합의로 제조업자나 판매자가 계약사항에 대한 위반이 있으면 당연히 책임을 져야 한다는 개념이다.

4) 제조물책임에 대한 대책

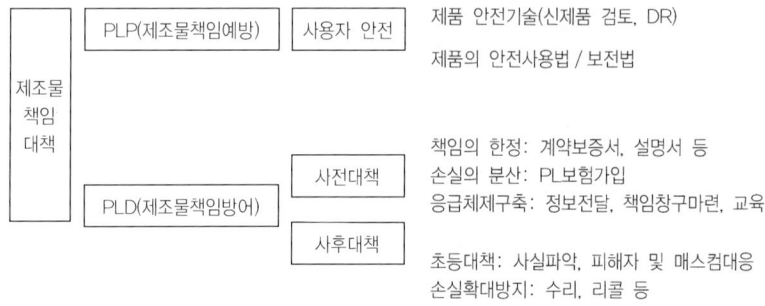

CHAPTER 04 PL의 대응방안

1. 기업의 대응책(4가지)

1) PL Mind의 확산: 제조물책임에 대해 정확한 지식을 습득하고 효과적인 제조물책임만이 기업의 당면과제이며 앞으로 무한경쟁을 이겨가는 데 매우 중요하다는 것을 깊이 인식해야 한다.

  - 무엇보다도 제품안전에 관한 경영방침의 확립과 경영자의 PL Mind의 확산이 매우 중요하다.

  - 기업의 최고경영자부터 직접 설계, 제조, 판매에 관여하는 전체 사원까지 인식과 발상이 바뀌어야 한다.

  - 제품안전성의 확보와 제품사고의 대응에 있어 새로운 기업이념을 확립하고 전사적으로 이를 확산시켜야 한다.

 * 새로운 기업이념: (1) 소비자의 안전을 확보하는 것은 기업의 가장 중요한 사회적 책임의 하나

   (2) 법규제나 기준은 기업이 준수해야 할 최소한의 조건중에 하나이다.

   (3) 제품의 회수나 대책에 쓰는 실패비용보다 제품의 개발 단계에서부터 제품안전대책에 대응하는 것이 결과적으로 최소한의 비용으로 된다.

2) 기업에 대한 PL진단이 필요하다. 기업의 각 파트별로 제조물책임대책을 어떻게 수립하고 수립된 체제를 어떻게 제대로 기능하게 될 것인지에 대하여 외부 전문가에 의해 종합적인 진단을 실시하는 것을 말한다.

3) 전사적인 PL체제의 구축이 필요: 전사적인 대응체제를 갖추기 위해서는 우선 제품의 안전성에 대한 기본 방침의 결정, 제품의 안전관리 활동의 추진, 제품안전정보, 내외 판례, PL정보 등의 사업부를 초월한 전달, 제품사고가 일어난 경우의 대응 등을 검토하기 위해 본사조직 및 각 사업본부, 각 공장마다의 제품안전 추진조직을 설치해야 한다.

4) 제품안전경영시스템(Product Safety Management System: PSMS)을 갖추어야 한다.

시스템적으로 제품안전을 확보하고 경영체제를 갖춰 나갈 수 있도록 하는 것이다.

제조물책임대책(PLP)은 사전예방으로 제품안전(PS)과 제조물책임방어(PLD)로 나눌 수 있는데 제품의 기획·설계단계로부터 제품의 수명이 다하는 폐기단계에까지 결함발생을 방지하는 효과적인 경영시스템을 구축하는 것이다.

개발위험의 항변

1. 개발위험의 항변

1) 제품 개발 시 기업은 제품안전/소비자안전을 고려하여 개발을 하여야 한다.

   이는 오늘날 급변하는 시장환경, 소비자 만족을 위해 기업의 새로운 제품 개발에 많은 부담을 줄 수 있다는 것이다.

2) 결함/PL 관련 용어를 함부로 쓰면 안 됨. PL 문제 발생 시 소송에서 불리한 조건으로 작용할 수 있기 때문이다.

2. 제품안전경영시스템

1) 경영자 책임 및 조직체제 프로그램
2) 제품안전 설계 프로그램
3) 제품안전 감사 및 보증 프로그램
4) 제품 시정 프로그램
5) 문서 관리 프로그램

3. 1991년 미국 소비자제품안전위원회가 규정한 제품안전 관련 핵심사안 9개 항목

1) 문서화된 제품안전방침 수립
2) 독립적인 안전 검토 절차 개발
3) 제품 위험의 중대성 및 발생 가능성의 규명 평가
4) 제품에 내재된 위해 요소, 제품 사용환경 및 예측 가능한 제품 사용 방법이 고려된 위험평가를 통한 제품 설계 검토 수행
5) 규명된 제품 위험의 제거, 만약 완전한 제거가 불가능한 경우 안전 장치 설계를 통한 사고 발생 가능성의 최소화
6) 제품 사용에 따른 위험을 소비자들이 충분히 인식할 수 있는 경고 제시
7) 제품 유효 수명 동안에 제품안전 관련 기록의 보관 및 유지
8) 출하된 제품의 안전성능에 대한 지속적인 감시
9) 출하된 제품의 안전사고로 인한 상해를 제거하거나 최소화할 수 있는 소비자 통보 및 리콜 절차 수립

문제] PL면책 사유에 대하여 설명하시오.

풀이)
1) 제조업자가 당해 제조물을 공급하지 아니하였다는 사실
2) 제조업자가 제조물을 공급할 당시 과학기술 수준으로 결함을 발견

할 수 없다는 사실

3) 제조업자가 제조물을 공급하는 때 관련 법령이 정하는 기준을 준수함으로 발생하였다는 사실

4) 원재료나 부품의 경우 원재료와 부품을 사용한 제조물 제조업자의 설계 또는 지시로 인하여 결함이 발생하였다는 사실

문제] PL법과 민법의 차이점

풀이)

기존의 민법에서도 제조물 결함으로 사용자가 손해를 보상받을 수 있는데, 민법으로 배상을 받으려면 피해자가 제조업자의 과실을 피해자 자신이 면밀히 조사한 후 입증해야만 했기 때문에, 일반 소비자가 고도의 전문지식이 필요한 제조자의 과실입증이 어려워 사실상 불가능했었다.

그러나 PL법에서는 제품의 결함이 있는 사실만 입증하기만 하면 손해배상을 청구할 수 있다.

이는 기존의 민법에서 제조과정의 실수를 증명하는 것보다 훨씬 쉬워진 것이다.

문제] Signal Word(시그널 워드)

1) 위험(danger): 위험요소가 심각한 부상이나 사망을 가져올 수 있는 가능성이 매우 높거나 즉각적일 경우

2) 경고(warning): 인적 부상이나 사망을 가져올 수도 있는 위험요소가 있을 때

3) 주의(caution): 가벼운 인명적 부상이나 재산상의 손실을 가져올 수 있는 위험요소나 안전하지 못한 실행이 있을 때

PART 6

품질상 제도

CHAPTER 01

MB상 평가제도

1. MB상 평가모델의 구조

(1) 경영자: 경영자는 리더십을 발휘하여 시스템을 운영한다.

(2) 시스템: 시스템은 고객을 중시하는 사고 위에서 고객만족의 실현을 통하여 품질성과와 운영성과를 달성할 수 있도록 명확하게 정의되어야 한다.

(3) 품질목표: 품질에 대한 기본 목표는 궁극적으로 고객만족을 실현하는 데 있다.

(4) 성과 측정: 지속적으로 고객가치를 개선하고 기업성과를 향상시키기 위하여 일련의 행동에 대한 결과를 제공한다.

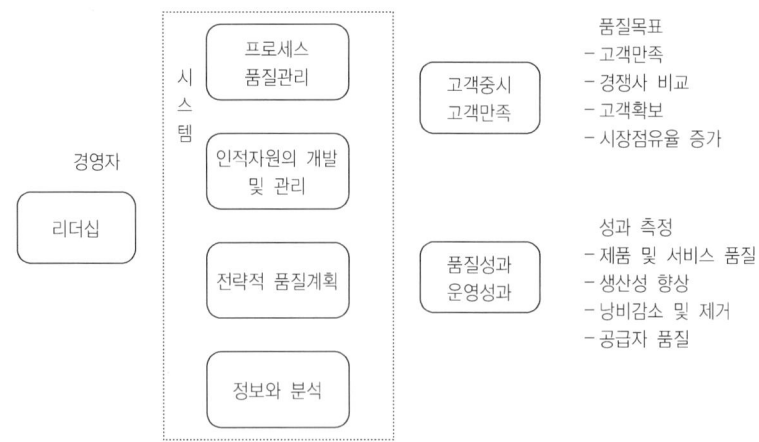

2. MB상 평가항목

7가지 범주	항 목	세부평가 영역
1. 리더십 – (125점) (Leadership)	1 – 1 조직의 리더십 1 – 2 사회적 책임과 시민의식	a) 상위리더십의 지향 b) 조직성과의 분석 c) 사회적 책임 d) 지역사회에 대한 지원
2. 전략계획 – (85점) (Strategic Planning)	2 – 1 전략 개발 2 – 2 전략 전개	a) 상위리더십의 지향 b) 조직성과의 분석 c) 사회적 책임 d) 지역사회에 대한 지원
3. 고객 및 시장 중시 – (85점) (Customer and Market Focus)	3 – 1 고객과 시장 지식 3 – 2 고객만족과 고객관계	a) 고객과 시장지식 b) 고객관계 c) 고객만족도 결정
4. 정보분석 – (85점) (Information and Analysis)	4 – 1 조직성과의 측정 4 – 2 조직성과의 분석	a) 조직성과의 측정 b) 조직성과의 분석
5. 인적자원 중시 – (85점) (Human Resource Focus)	5 – 1 업무시스템 5 – 2 종업원교육 훈련 및 계발 5 – 3 종업원 복지 및 만족	a) 업무시스템 b) 종업원교육훈련 및 개발 c) 업무환경 d) 종업원 지원 분위기 e) 종업원 만족
6. 프로세스 관리 – (85점) (Process Management)	6 – 1 제품서비스 및 프로세스 6 – 2 지원 프로세스 6 – 3 공급 / 협력업체 프로세스	a) 설계 프로세스 b) 생산, 운송 프로세스 c) 지원 프로세스 d) 공급/협력업체 프로세스
7. 사업성과 – (450점) (Business Results)	7 – 1 고객숭심의 성과 7 – 2 재무 및 시장성과 7 – 3 인적자원 관리성과 7 – 4 공급업체 및 협력업체 성과 7 – 5 조직의 유효성 실적	a) 고객중심의 성과 b) 재무 및 시장성과 c) 인적자원 관리성과 d) 공급업체 및 협력업체 성과 e) 조직의 유효성 실적

CHAPTER 02 일본과 유럽 품질상 제도

1. 데밍상 수상 심사기준

1) MB상과는 달리 기업의 경영성과를 중심으로 평가를 하는 것이 아니라 기업의 품질관리 과정에서 통계적 품질관리를 기업경영에 얼마나 효율적으로 응용하는가와 새로운 품질관리기법을 개발하여 품질관리에 효과적으로 사용하는가를 중점 평가한다.

2) 일본 경영 품질관리상의 심사기준: (범주와 항목: 2000)

    (1) 경영 비전과 리더십: 리더십 발휘구조, 사회적 책임과 기업윤리

    (2) 고객 시장의 이해와 대응: 고객 시장의 이해, 고객에의 대응, 고객만족의 명확화

    (3) 전략의 책정과 전개: 전략의 입안, 전략의 전개

    (4) 인재개발과 학습환경: 학습환경, 사원교육, 사원만족

    (5) 프로세스 관리: 기간업무 프로세스의 관리, 지원업무 프로세스의 관리, 사업파트너와의 협력관계

    (6) 정보의 공유화와 활용: 정보의 선택과 공유화, 경합비교와 벤치마킹, 정보의 분석과 활용

    (7) 기업활동의 성과: 사회적 책임과 기업윤리의 성과, 인재개발과 학

습환경의 성과, 품질활동의 성과, 사업의 성과

(8) 고객만족 – 고객만족과 시장에서의 평가

2. 유럽 품질상(European Quality Award: 1992년 제정)

심사 영역: 9개 영역의 과정과 결과를 평가

1992년 제정, 주관하는 기구는 유럽품질경영재단(EFQM)이며 EC와 유럽품질기구가 후원, 일본의 데밍상(1951년), 미국의 MB상(1987년)에 비하면 가장 최근의 것이고 유럽인들의 자부심이 집약되어 평가범위가 상당히 포괄적이며 진보적이라는 평을 받는다.

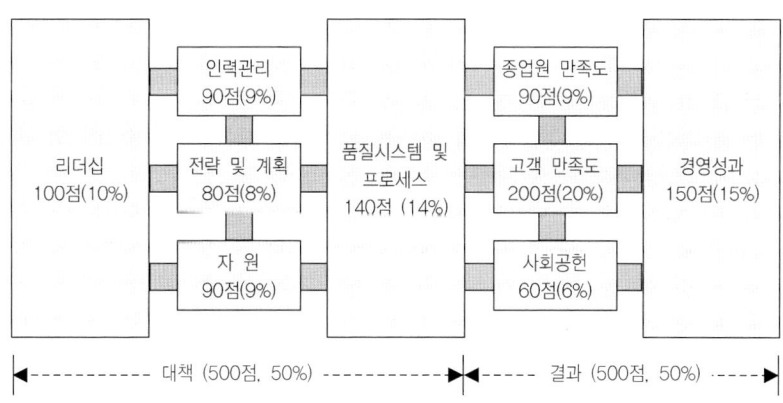

03

각 국가 품질상 제도 비교

1) 한국의 경영품질대상 제도: 1975년 제정 → 1993년 품질경영상으로 변경

심사 영역: 8개 영역 1000점 만점 평가

① 리더십 및 전략(150), ② 기술력(150), ③ 정보관리 및 전산화(50)

④ 품질시스템(200), ⑤ 인적자원 관리(100), ⑥ 환경 및 안전관리(50)

⑦ 고객만족경영(150), ⑧ 품질수준 및 경영실적(150)

2) 일본의 경영품질상 제도(1995년 제정)

심사 영역: 미국 NB상을 모태로 8개 영역 1000점 기준

① 리더십(150), ② 정보의 공유화와 활용(80), ③ 전략의 정책과 전개(80)

④ 인재개발과 학습환경(120), ⑤ 프로세스 매니지먼트(120)

⑥ 고객 시장의 이해와 대응(150), ⑦ 사업활동의 성과(200), ⑧ 고객만족(100)

3) 일본의 데밍상 제도(1951년 일본과학연맹에 의해 창설)

심사 영역: 10개 영역 각 10%씩 100% 기준

① 방침(10%), ② 조직, ③ 정보, ④ 표준화, ⑤ 인재육성과 능력개발

⑥ 품질보증활동, ⑦ 유지관리상황 ⑧ 개선활동, ⑨ 효과 ⑩ 장래계획

PART **7**

생산성 등 기타

CHAPTER 01 목표 / 방침관리

1. 방침관리

기업의 목적, 경영이념, 경영정책, 중장기 경영계획 등을 토대로 해서 수립된 연도 경영방침을 달성하기 위해서 계층별로 방침을 전개 책정, 즉 실행계획을 세워서 이를 실시한 다음 그 결과를 검토하여 필요한 조처를 취하는 조직적인 관리 활동이다.

경영자는 매년도 또는 매기 초에 방침을 명시한다.

당연히 품질도 포함하여 목표치와 이를 위한 중요한 시책이 지시되고 각 부문은 부문장이 방침을 받아 각 부문으로서의 목표나 구체적 시책을 내놓는다.

이들 방침은 실시계획서의 형태로 하부조직으로 전개된다.

방침관리는 결과보다는 그렇게 되기까지의 과정을 중요시하며 그 다음으로 좋은 결과를 낳는 것을 중요시한다는 점에서 결과를 중요시하는 목표관리와 구별된다.

2. 방침관리의 과정

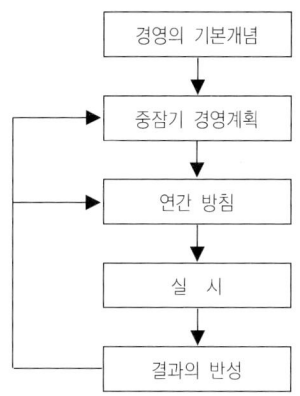

3. 방침 설정과 전개

1) 설정되는 방침은 사시(社是) 중장기 계획을 받아 경영목표 분석에
   의해
2) 전년도 계획, 실적을 토대로 한 반성을 반영한 것
3) 구체적으로 목표 및 시책을 제시한 것
4) 중요 문제를 제시한 것
5) 상사의 방침과 부하의 방침 간의 연결이 충분할 것 등이 요구된다.

4. 목표관리(Management By Objective)

    종업원에게 업무목표만을 지시하고 그 달성방법은 종업원에게 맡기는 관리방법이다.

    한 걸음 더 나아가 목표 설정까지도 종업원에게 맡기는 경우

    조직의 거대화에 따른 종업원의 무기력화를 방지하고 근로의욕을 향상시키는 관리방법이다.

[방침관리와 목표관리의 비교]

	방침관리	목표관리
목 표	- 혁신에 의한 기업의 업적 향상	- 기업의 업적 향상 - 자기계발, 동기부여, 조직의 활성화
관리 대상	- 관리자 이상 - 조직레벨	- 관리자 이하 - 개인 위주
목표의 설정	- TOP DOWN에 의한 방침 전개 - 조직의 계층에 따른 계통적인 방침 전개(계통도, 매트릭스도 적용) - 상사와 부하의 협의에 의한 결정	- 부하의 자주성 존중 - 상사와 부하의 합의에 의한 결정
목표의 종류	- 업무목표 - 목표와 방책을 대비하여 방침을 구성	- 업무목표 위주나 능력목표도 대상 (리더십, 대인관계능력 등의 개발)
목표의 달성 방법	- QC적 문제해결법(QC수법, QC스토리 적용)	- 기본적으로는 부하에게 일임하고 상사는 지도와 지원을 함 - 달성방법은 규정되어 있지 않으며 종래의 고유기술과 경험에 의하여 달성
성과의 측정과 평가	- 목표의 달성도를 확인함 특히 TOP에 의한 진단으로 정기적(연 1~2회)으로 평가함 - 달성도는 데이터로 평가함 - PDCA사이클에 따라 원인분석을 한 후 개선이 이루어짐	- 목표달성도의 평가를 정기적(연 2회)으로 본인과 상사가 동시에 행함 - 목표가 미달성된 경우 원인분석을 하고 차기 계획에 반영시킴 - 평가결과는 인사부서에 제출되어 인사고과의 보완자료로 활용됨 - 개인의 육성계획에 반영됨

CHAPTER 02 생산활동과 품질요소

1. 생산활동(제조)의 품질경영요소

1) 생산요소의 4M: Man, Machine, Material, Method
2) 8M
   ① 외적 요소: Material, Machine, Money
   ② 기술관리: Method, Market, Management information
   ③ 인적 요소: Management, Men
3) 9M(파이겐바움): Market, Money, Management, Men, Motivation, Material, Machine and Mechanization, Modern information system, Mounting product requirement

* 생산기업에서의 품질경영활동

a. 생산방침: 시장조사, 품질비용 분석, 품질목표 설정
b. 연구개발 및 설계: 시장조사를 토대로 제품 설계, 표준 설정
c. 원자재 구매: 시방서대로 원자재 구매
d. 교육, 훈련: 작업자에게 품질의식 교육
e. 설비보전: 제품을 제조할 기계설비의 정비, 점검

f. 제조작업

g. 검사: 중간 및 최종 검사하여 불량원인 규명

h. 판매 서비스: 제품판매 및 AS 실시

i. 조사: 시장변동 및 고객의 반응조사로 수요 예측 및 신제품 개발 시 제품 설계에 반영

2. 생산성 향상을 저해하는 요소 8가지

1) 설비고장 손실

2) 준비교체 조정 손실

3) 절삭기구 손실

4) 초기수율 저하 손실

5) 일시정지 공전손실

6) 속도저하 손실

7) 불량, 재가공 손실

8) 계획, 비계획 Shut Down 손실

3. Feedback 관리기법

1) 생산부문의 공정 개선

2) 보전 카렌다의 합리적 운영

3) TPM체제 유지로 고장 감소

4) IE 및 TPS 활동

5) 설비보전예방 및 초기관리

4. PPAP(Production Part Approval Process): 정규 양산체제 조건완비

1) 의 미

① 양산 설비, 금형, 치형구, 계측기, 공정, 작업자 및 제반 공정 관리 조건이 완비된 상태에서 생산된 부품

② 고객 서면 합의⇒고객 요구조건에 따라 PPAP 실행

③ 고객 서면 합의 미이행⇒최소 300EA, 1Hr 동안의 생산분에 의한 측정 및 시험 실시(대표부품)

2) 목 적

① 고객의 모든 엔지니어링 설계 기록과 사양 요구사항이 공급자에 의해 적절히 이행

② 공정에서 실제 생산으로 요구사항이 충족되었는지 확인

③ 요구하는 제품을 생산할 잠재력 확보 여부 확인

3) 적용범위

① 대량(Bulk)자재를 포함한 모든 생산과 서비스 제품의 요구사항에 대하여 적용
② 공급자 내부, 외부 생산 제품도 동일 적용됨
③ 최초 양산품 출하 전 각 부품에 대해 적용
* 대량 Bulk 자재란: 제품의 일부분으로 Paint, Oil, Gasoline 등을 말한다.

4) 양산부품 승인 요구 대상

① 신규부품 또는 제품
② 전회 제출한 부품이 잘못되어 수정한 경우
③ 설계, 사양 또는 재료에 대한 변경으로 수정된 제품
④ 전회 승인된 부품에 사용되지 않던 다른 제작방식(공법)과 재료 사용의 경우
⑤ 추가 또는 대체 공구를 포함 신규, 또는 수정된 공구에 의한 생산 (소모성 공구는 제외)
⑥ 기존 공구 및 장비의 해체정비 또는 재배치 후의 생산
⑦ 제조공정이나 방법 변경 후 생산
⑧ 공장이전(공구, 장비) 생산 또는 확정된 공장에서 생산
⑨ 외주부품, 자재 또는 서비스 공급원 변경
⑩ 1년 이상 사용 정지공구에 의해 생산된 부품 경우
⑪ 공급자 품질문제로 인해 납품 중단 요청 이후

문제] 제조단계에서 설계품질대로 되지 않는 이유는?

풀이)

1) 원재료의 산포가 있을 때

2) 장치나 기계에 이상이 있다거나 고장이 있을 때 또는 도구가 마모
   되었을 때

3) 가공이나 처리의 공정에 산포가 있을 때

4) 작업 Miss가 있을 때

문제] 모든 제조업체에서는 생산성 향상을 위한 제반 관리기법을 최대한 활용하
   고 있다. 생산성 향상의 저해요소(8가지 이상)와 향후 Feedback시킬 수
   있는 관리기법 5가지를 기술하시오.

풀이)

1) 생산성 향상 저해요인

   ① 경영자가 종업원에게 효과적인 동기유발 요인을 충족 못 시키는
      경우

   ② 억압

   ③ 서비스와 시설의 빈약

   ④ 잦은 작업자 교체

   ⑤ 과도한 시간 외 작업

   ⑥ 임금인상 보류

   ⑦ 빈약한 조직체와 환경

⑧ R&D에 대한 지출 감소

⑨ 정부 규제 증대

2) 향후 Feedback시킬 수 있는 관리기법

① 우수한 팀워크를 고루 갖춘 협동적인 조직

② 작업환경 개선

③ 뛰어난 작업성과에 대한 보상

④ 효과적인 리더십(높은 동기부여, 수행목표 설정, 효율적인 의사소통)

⑤ R&D에 적극 투자

문제] 개선활동 실패 사유

풀이)

1) 캠페인성의 개선활동이 너무 많다.

   현장의 개선사례가 보고를 위한 것이어서는 안 된다.

2) 성인화 등 효과가 큰 개선에 치중한다.

   작업편의 등 소개선 활동은 배제되고 사람이 절감되는 성인화같이
   큰 개선에만 관심을 갖게 되면 '개선하면 좋아진다는' 평범한 보람
   보다도 마지못해 하는 피동적이 되어 의미 있는 개선에서 멀어진다.

3) 교육이 부족하다.

4) 의문을 내고 해결도 스스로 하는 자세를 기르도록 하는 것이다.

5) 개선의 눈이 훈련되지 않았다.

6) 실패가 인정이 안 되는 분위기가 아쉽다.

개선의 실패나 시행착오가 인정되는 분위기가 아니고 실패를 두려워하는 분위기에서는 많은 악습을 낳게 된다.

7) 개선을 혼자서 머리만으로 한다.

"현장, 현물, 현실의 3현주의에 입각한 개선활동이 진정한 개선이다."라는 것을 잘 알면서도 게으름이나 머리로만 개선하려는 습관 자세 때문에 개악이 되는 사례를 많이 보았다.

8) 목표설정이 비합리적이다. 전년 혹은 전월 실적만을 기준으로 삼아 몇% down으로 이루어지는 것이 현실이다 보니 이번에 너무 열심히 하면 다음에 어려워진다는 사고가 만연하게 된다.

9) 개선의 Merit가 부족하다. 개선을 하고도 인센티브가 없으면 개선의 의욕이 떨어진다.

문제] 중소기업의 품질문제를 10가지 이상 열거하시오.

풀이)

1) 설계내로 만들있고 김사에서도 합격한 제품이 시장에 나와 판매가 부진하거나 또는 소비자들로부터 품질에 대한 불평을 자주 듣는다.

2) 설계대로 제조했더니 오히려 불량이 더 나오는 경우가 있다.

3) 어떤 경우에는 생각지도 못했던 아주 우수한 제품이 나오는가 하면 어떤 경우에는 생각지도 못했던 아주 엉터리의 제품이 나오기도 한다.

4) 생산부서에서는 합격된 제품을 OQC검사에서는 불합격으로 판정을 받는다거나 또 OQC에서도 합격된 제품이 소비자로부터 클레임을 받는 경우도 있다.

5) 처음 사용 시에는 좋았으나, 사용 중에 고장이 발생하여 불량품으로 되는 경우가 있다.

6) 값이 싸서 샀더니 역시 비지떡이더라.

7) 고장 난 물품을 수리하려고 하는데 수리할 부품이 없다든가 부품 간의 호환성이 없어 많은 애로가 있다.

8) 언제까지 꼭 몇 개를 만들어 달라고 했더니 납기일을 잘 안 지켜 생산에 지장을 초래한다.

9) 불량 발생 시 추적 시스템이 없어 불량품 루트 추적이 안 된다.

10) 불량품이 발생 시 서로 오리발을 내민다.

* 중소기업의 경영환경

1) 1인 관리체제: 경영자의 입김에 의해 영업, 제품, 개발, 재무, 생산 등의 모든 분야가 좌우된다.

2) 어려운 자금조달: 주로 타인의 자본에 의존하기에 금융비용의 부담이 가중된다.

3) 근무 여건의 열악으로 우수 인력 확보의 어려움이 있다.

4) 낮은 경쟁력: 모기업의 제품개발 방향과 마케팅전략에 따라 항상 피동적으로 대처할 수밖에 없는 상황이므로 대등한 상호관계를 유지하는 것에 대해 어려움이 있다.

* 중소기업의 장점

1) 경영환경 변화 시 민첩하게 대응 가능

2) 조직의 유연성 및 신속성이 우수

* 중소기업 공통 현상

1) 품질경영에 대한 이해가 부족하거나 인식이 잘못되어 있다.
2) 품질방침과 목표가 없다.

   (품질방침 수립 시 세 가지 고려사항: 내 / 외고객의 요구사항과 문제점, 중장기 전략, 최고경영자의 사상과 리더십)
3) 추진조직이 없거나 담당자(자신이 일하고 있는 기업의 특성과 업종에 맞게 훈련된 실무자)가 없다.
4) 조직의 전 부문이 참여하지 못하고 종합 조정되지 못한다.

문제] 귀하에게 중소제조업체의 최고경영자로부터 품질관리 활동의 체계 정립을 위한 지도 요청시 절차(5단계 이상)를 간단히 기술하시오.

풀이)

1) 최고경영자의 품질Mind와 품질방침의 파악: 최고경영자가 품질을 최고 우선과제로 하고 있으며 품질방침과 목표가 객관적이며 구체적으로 수립, 시행되고 있는가?
2) 고객중심의 기업문화가 형성되고 있는가? 고객만족경영(CSM)을 위한 품질보증(QA) 사전 및 사후대책 등의 절차가 구비되어 시행되고 있으며, 고객에 대해서 봉사한다는 자세로 전 임직원의 문화가 형성되어 있는가?

3) 구성원의 행동의식 변화와 전원참가 여부: 전 구성원이 고객에게 봉사하는 자세의 행동의식 변화가 있고 그것을 시행하는 데 전 구성원이 잘 따르고 있는가?

4) 경영간부의 솔선수범과 Leadership 여부 경영간부가 솔선수범해서 회사의 제반 규정(절차서)을 지키고 있으며, Leadership은 훌륭하며 경영간부의 Leadership은 상황에 따라 잘 발휘되고 있는가?

5) 인재육성과 인적자원의 활용이 잘되고 있는가? 자원 중에서도 제일 중요한 사람의 육성과 자원의 활용은 기업의 생존경쟁력과 직결되므로 그에 따른 인재육성내용, 인적자원의 활용이 잘 이루어지고 있는가?

6) 사실에 의한 관리와 과학적 관리기법의 활용: 모든 업무는 사실에 의해 관리되고, 그 사실에 대한 Data의 관리기법은 과학적인가?

문제] 최근 대부분의 제조업체에서는 전산시스템을 도입하여 관리하고 있다. 그러나 부서별 관리표준이 미흡한 경우는 소기의 목적을 달성하기 어렵게 된다. 귀하가 생각하고 있는 관리항목을 아래 표기된 부서별로 기술하시오.

풀이)

1) 영업부서: 판매업무 절차서, 고객관리 절차서, 서비스관리 절차서

2) 생산부서: 제품 및 부품규격, 재료규격, 생산관리 절차서, 제조관리 업무절차서, 제조설비관리 절차서

3) 구매, 자재부서:
   구매업무 절차서, 협력사(외주공장 / 부품협력사) 관리절차서, 창고관리절차서, 고객 지급품 관리절차서, 구매 시방서

CHAPTER 03   TPM 추진 STEP

1. TPM 자주보전 세부 추진단계(7STEP)

1) 1STEP: 청소점검(CHECK)

   설비 본체를 중심으로 먼지, 더러움을 배제한다.

2) 2SPEP: 발생원 곤란개소 개선(DO)

   먼지, 더러움의 발생원, 비산의 방지나 청소, 급유 곤란개소를 개선하여 청소, 급유의 시간 단축을 꾀한다.

3) 3STEP: 자주보전 가기준서 작성(PLAN, DO)

   단시간에 청소, 급유 점검, 덧죄기를 확실하게 유지할 수 있도록 행동기준을 작성한다(눈으로 보는 관리의 활성화).

4) 4STEP. 총점김, 과목별(C, A, P, D)

   점검 매뉴얼에 의한 점검기능 교육과 총점검 실시에 의한 설비 미결함 적출과 복원점검하기 쉬운 설비로의 개선(눈으로 보는 관리 활동의 지속적 유지관리)한다.

5) 5STEP: 자주점검, 설비별(C, A, P, D)

   자주점검 체크시트의 작성 및 개선을 실시한다.

   설비운전조건의 재확인, 수리 및 자주점검을 실시한다.

6) 6STEP: 자주보전의 시스템화

각종 현장관리항목의 표준화를 행하고 작업의 효율화와 품질, 안전의 확보를 꾀한다.

7) 7STEP: 자주관리

회사방침, 목표의 전개와 개선활동의 정착화

2. FORD 자동차의 문제해결 8단계

1) 팀 구성

2) 문제의 기술

3) 임시조치의 실행 확인

4) 근본 원인의 설정 및 확인

5) 시정조치의 확인

6) 항구적 시정조치의 확인

7) 재발 방지

8) 팀 축하

3. 평균수명

시스템이 한 번 고장 난 후 다음 고장이 날 때까지 평균적으로 얼마나 걸리는지를 나타내는 것이다.

1) 고장확률 밀도함수 f(t)

언제 고장이 많이 나는가를 알 수 있는 척도로서 많이 활용된다.

예를 들면 고장확률 밀도함수 f(t)는 어떤 연령 t에서 인간이 몇%가 사망하는가를 나타내는 것이다.

2) 고장률 함수 $\lambda(t)$

어느 시간까지 잔존한 것이 다음의 단위시간에 그 몇%가 고장이 나는가의 확률을 나타내는 값이다.

예를 들면, 고장률 함수 $\lambda(t)$는 $t = 50$세까지 생존한 사람 중 다음 1년간에 그 몇%가 사망하는가라는 사망률을 나타내는 것이다.

3) MTTF(Mean time to Failures): 평균수명

고장까지의 평균시간으로 수리 불가능한 경우에 해당된다.

4) MTBF(Mean time between Failures): 평균수명

평균 고장 간격시간으로 수리 가능한 경우에 해당된다.

5) MTTR(Mean Time to Repair): 평균 수리 시간

수리 시간의 평균치이다.

04 CRM(Customer Relation Management)

1. CRM의 정의

우리 회사의 고객이 누구인지, 고객이 무엇을 원하는지를 파악하여 고객이 원하는 제품과 서비스를 지속적으로 제공함으로써 고객을 오래 유지시키고, 이를 통해 고객의 평생 가치를 극대화하여 수익성을 높이는 통합된 고객관계 관리 프로세스를 말한다.

2. 데이터베이스 마케팅과의 차이점

CRM은 데이터베이스 마케팅을 포함하는 좀 더 넓은 의미의 개념으로 CRM은 마케팅, 세일즈, 서비스, 고객접점 등의 통합을 통해 고객정보를 보다 다양하고 적극적으로 활용한다. CRM은 고객 세분화를 통해 신규고객을 얻고, 기존고객을 유지하고, 평생 고객화하는 등의 지속적인 순환과정을 통해 고객의 가치를 극대화시키는 전략적인 경영 패러다임을 말한다.

3. CRM 구축의 기본 원칙

CRM을 구축하기 위해서는 전략, 프로세스, 조직, 시스템의 통합이 반드시 이루어져야 한다.

4. CRM의 특성

첫째, CRM은 시장 점유율보다는 고객 점유율에 비중을 둔다.
둘째, 고객 획득보다는 고객 유지에 중점을 둔다.
셋째, 제품판매보다는 고객관계(Customer Relationship)에 중점을 둔다.

5. CRM의 필요성

① 기존 마케팅 방식은 마케팅팀을 위한 마케팅 부서만의 마케팅이 실시되었다.
② 현재 각 기업의 마케팅은 고객의 니즈를 파악하지 못하고 있다.
③ 고객에 대한 니즈를 파악할 수 있는 시스템이 기존에는 존재하지 않았다.
④ 지속적으로 고객에게 서비스를 제공할 방법이 없다.
⑤ 전사적이고 고객 지향적이어야 한다.

6. CRM 전략 수립 시 고려할 사항

① 수입증가를 위해 기존의 고객을 활용.

② 탁월한 서비스 제공을 위한 통합된 정보를 이용.

③ 일관된 판매 프로세스를 도입.

④ 새로운 가치 창조를 위해 고객이 회사에 충성도를 갖게 함.

⑤ 활동 지향적인 솔루션 전략을 수립.

CHAPTER 05 SPC(Statistical Process Control)

1. 동적 품질정보 해석법

시간이 변화함에 따라 공정의 변화하는 모습을 살피기 위한 SPC활동을 말하며 주로 SPC - Chart로서 관리도가 활용된다.

2. SPC의 개념과 추진 7단계

1) 기본 개념: 통계적 기법을 이용하는 끊임없는 공정개선과 품질혁신의 추구이다.

2) 정의: S: (Statistical) ⇒ 통계적 자료의 도움을 받아서

　　　　　P. (Process) ⇒ 공정의 현상을 파악하고 분석하고

　　　　　C: (Control) ⇒ 우리가 원하는 상태를 유지, 개선해 나가는 기법.

* 품질향상, 즉 보다 더 균일성 있는 품질의 제품을 생산하자는 것이며, 이는 공정을 SPC를 통하여 변화폭, 즉 Process Variation을 줄여 나가기 때문이다.

3) 대상 수법: 히스토그램, 공정능력지수, 관리도, 실험계획법

4) 추진 7단계

① 최고경영자의 공약　　⑤ 공정의 개선

② 현 품질수준의 측정　　⑥ 개선의 측정

③ 중점 문제의 파악　　　⑦ 개선의 반복

④ 중점 문제의 원인 분석

3. 규격, 공차, 틈새

1) 규격: 표준 중 주로 물건에 직접 또는 간접으로 관계되는 기술적 사항에 관하여 규정된 기준이다. 규격은 또 요구되는 품질표준을 유지하기 위해 설정한 특정의 지시, 규격에는 공칭치수와 공차가 있다. 공칭치수는 확인의 목적으로 쓰이는 치수이다.

2) 공차는 품질특성의 총 허용변동이다. 최대허용치수 - 최소허용치수

3) 틈새는 짝을 이루는 품질특성으로 축의 외경과 구멍의 내경에 의해 형성된다.

4. 설계심사(DR: design Review)

1) 의　미

디자인을 리뷰하는 총칭으로 계획(기획), 설계, 입안자가 계획과 사고단계에서 관계되는 제3자의 평가, 검토, 제안 등의 의견을 들어서 충실성과 신뢰성을 한층 높이는 것이다.

2) 설계심사 Check 항목

① 설계 시방서는 고객의 요구사항을 모두 포함하고 있는가?

② 설계는 모든 기능상의 요구사항을 만족하고 있는가?

③ 설계는 모든 환경조건에 대해 만족하는가?

④ 동종의 설계에 수반된 유용한 DATA가 다음과 같은 점에 대해 심사

  a) 공장실험에서의 결함보고

  b) 시장 서비스에 있어서의 문제점 및 고장보고

  c) 고객클레임

⑤ 표준의 그리고 시간적으로 시험 미스의 부품이 어느 범위 내에서 사용 되는가?

⑥ 도면이나 시방서의 공차가 제조에서 달성되는가?

⑦ 설계는 설비의 문제점을 최소한으로 하도록 고려되고 있는가?

⑧ 설계는 보전의 문제점을 최소한으로 하도록 고려되고 있는가?

⑨ 종합적인 VE 분석이 이루어지고 있는가?

⑩ 인간의 안전을 위한 모든 준비가 이루어지고 있는가?

⑪ 제품외관에 대해 연구되고 있는가?

3) 설계심사의 원칙

① 심사팀은 협력을 받을 수 있는 최고의 전문가기술자, 관리자에 의해 편성된다.

② 심사자는 그 설계에 전혀 관계가 없었던 사람이 참여한다.

③ 심사는 신뢰성뿐만 아니라 생산성, 보전성, 서비스 등의 요인을 포함
한다.

4) DR의 3가지 종류와 각각의 심사의 목적

① 구상설계심사(CDR, Concept Design Review)

    a) 목적: 영업, 엔지니어링, 구매, 제조 그리고 영업 등 여러 부서 간
협조체제 구축

    b) 시기: 신제품의 초기설계가 공식화되기 전에, 즉 제품구상 및 기
획단계에서

② 예비설계심사(PDR, Preliminary Design)

    a) 목적: 제품의 기능을 나타내는 데 필요한 요구사항이 제대로 설계
되었는지 심사하는 것

    b) 시기: 기초 설계가 끝난 후 상세 설계가 시작되기 전

③ 최종설계심사(FDR, Final Design Review)

    a) 목적: 생산가능성, 허용오차, 지시 매뉴얼, 그리고 안전에 대하여
강조

    b) 시기: 자재 리스트와 생산설계가 완성되고, 제조로 넘어가기 직전
에 실시

문제] 컴퓨터 SIMULATION에 대하여 설명하시오.

풀이) 어떤 현상이나 사건을 컴퓨터로 모형화한 후 이를 가상적으로

수행해 봄으로써 실제 상황에서의 결과를 예측하는 기법이다.

이 기법은 대부분의 복잡한 현실 세계 시스템들이 수학적 모형으로 표시할 수 없는 경우에도 모형화를 가능케 함으로써 어떤 운영 환경에 있어서도 현존 시스템의 효율을 측정할 수 있고 특수요구에 맞는 설계방법들을 비교할 수 있으며 실제 실험보다 실험을 위한 환경의 조절이 쉽고, 경제시스템처럼 오랜 시간이 걸리는 시스템을 연구할 수 있도록 하며 아주 짧은 시간에 동작하는 시스템에 있어서는 시간을 확장시켜 연구할 수 있도록 해주는 장점이 있다.

그러나 모형개발에 많은 비용과 시간을 요하고, 특히 확률적 시뮬레이션 모형의 수행에 있어서는 사용된 특정입력변수와 특정모형에 대한 추정량 산출에 불과하므로 각 입력 매개변수에 대하여 많은 횟수의 독립적인 수행이 필요하다는 단점이 있다.

- **가설(Hypothesis):** 모집단의 모수에 대한 가정이나 주장을 말한다. 어떤 사실의 원인을 설명하거나 어떤 이론체계를 연역하기 위하여 설정한 가정이다.

- **가설검정:** 모집단의 모수에 대한 가설을 세우고 표본에서 얻은 통계량을 바탕으로 설정한 가설의 진위를 판단하는 방법이다.
  두 샘플이 통계적으로 유의하게 다른지 결정하는 방법으로 산포의 근본 원인을 찾을 때 사용한다.

- **가설지향:** 실제의 활동(정보수집 분석)에 옮기기 전에 그 과정이나 결과 / 결론을 추정 · 사고하는 태도

- **가중이동평균법:** 약간의 시계열의 데이터를 그대로 이용해서 이동평균을 구하는 것이 아니라 그 데이터에 어떠한 중요도를 곱하여 구한 이동평균

- **갑작스런 변화(Sudden Shift):** 새로운 과정요소를 갑작스럽게 도입하거나 기존의 요소를 갑작스럽게 변화시키면 공정 전체에 변화를 초래하게 되어 이것이 관리도에 반영되는 것. 그 원인은 전원의 변화, 조작자들의 교대, 교대에 따른 변화, 계절변화, 기준을 벗어난 부품들, 피로, 관리계획, 설비나 측정기구의 교대, 어떠한 종류의 주기적 변화 등.

- **강건설계(Robust Design)**: 제품이 사용, 이동, 저장, 조립, 취급, 제조 등의 과정과 잘 어울리도록 충격, 변동 등의 영향을 적게 받도록 설계하는 것이다.

- **검사특성곡선(Operating Characteristic Curve: OC Curve)**: 로트가 합격할 확률을 로트의 불량률 또는 평균치의 함수로 나타낸 곡선이다.

- **검정(Test)**: 데이터의 신뢰성을 확인하기 위하여 가설(H_0: 귀무가설, H_1: 대립가설)을 설정하고 검정통계치를 구해서 귀무가설을 채택했을 경우와 기각했을 경우로 구분하여 데이터의 신뢰성을 구한다.

- **검정통계량(Test Statistics)**: 가설검정에서 귀무가설을 검정하기 위한 기각역을 결정할 때 기준이 되는 통계량을 의미하는데, 표본이 적용되는 분포에 따라 Z, t, F 등이 있다.

- **검출력 또는 검정력(Power of Test)**: 검정하려는 귀무가설이 거짓일 때 (즉 대립가설이 참일 때)

  귀무가설을 기각시키는 확률, 즉 귀무가설의 잘못을 검출해 내는 확률 검출력은 제2종 과오의 확률이 최소일 때 가장 커지게 되며, 제2종 과오의 확률을 β라고 하면 검출력은 $1 - \beta$가 된다.

- **결점수(c) 관리도(c Control Chart)**: 일정한 단위 중에 발생한 결점수 등의 품질특성치로서 공정을 관리하는 경우 사용하는 관리도이다.

- **결정계수(coefficient of determination)**: 총변동 중에서 회귀선에 의하여 설명되는 변동이 차지하는 비율 $(0 \leq R^2 \leq 1)$

  적합도를 측정하는 척도로 두 변수의 상관계수 r을 제곱한 R^2로 표현된다.

$0 \leq R^2 \leq 1$이며, 1에 가까울수록 추정된 회귀식이 자료를 잘 설명하는 것이 된다.

- **결측치**(Missing Value): 실험 중 기록의 잘못이 있거나 사고가 있었을 경우에 어떤 수준조합에서 데이터가 빠지는 경우를 말한다.

- **경향**(Trend): 관리도에서 점이 계속 위로 또는 아래로만 향하고 있을 때, 그 원인은 도구의 마모, 용액의 고갈, 피로, 튜브의 마모, 온도변화 점진적인 느슨해짐이나 기준의 요염유동 등

- **계량인자**(Quantitative Factor): 온도, 압력, 습도 등과 같이 계량치로 측정되는 인자를 말한다.

- **계량형 데이터**: 연속적으로 측정되는 품질특성의 값(무게, 시간, 길이, 온도, 두께, 치수, 조업 등) 측정기로 측정하여 얻는 데이터

- **계량형 관리도**(Variable Control Chart): 길이, 중량, 강도, 부피 등과 같은 계량형 품질특성치를 사용하여 작성된 관리도. Xbar-R, Xbar-S, I-MR(Individual-Moving Range) 관리도 등이 있다.

- **계수형 데이터**: 셀 수 있는 데이터, 즉 불량품의 수, 흠이나 이물의 수, 사고 건수 등과 같이 1, 2, 3, ……으로 헤아려서 얻는 데이터를 의미한다.

- **계수인자**(Qualitative Factor): 촉매의 종류, 원료의 종류 등과 같이 계량치로 측정되지 않는 인자들을 말한다.

- **계수형 관리도**(Attribute Control Chart): 부품의 개수, 불량률과 같은 계수형 품질특성치를 사용하여 작성된 관리도. 종류에는 p관리도, np관리도, c관리도, u관리도 등이 있다.

- **계통적 이상원인**: 관리상태에 있다고 하나 타점된 점들이 어떤 일정한 패턴을 갖고 있는 경우 계통적 이상원인을 갖고 있다.
- **계측기 편향(정확도)**: 같은 부품의 동일 특성에 대한 복수 계측에 대해 실질 값과 관측평균의 차
- **계측기 R&R(Gage Repeatability & Reproducibility)**: 계측기의 반복성, 재현성으로 인한 오차가 공차에서 차지하는 비율을 구해 계측시스템의 적합성을 평가하는 기법이다.
- **계층화(Stratified)**: 관리도에서 가끔씩이라도 관리한계 근처까지 가는 점수가 없이 부자연스럽게 중심선에 몰려 있는 유형.

  그 원인은 비랜덤적 표집, 스크리닝, 최신화된 관리한계, 속임 등.
- **단위당 결함 수(DPU, Defects – per – Unit)**: 하나의 Unit에 존재하는 모든 Defect의 수이다.
- **다원분산분석(Multi – way ANOVA)**: 종속변수에 영향을 주는 인자가 3개 이상인 경우의 분산분석법을 말한다.
- **다중회귀분석**: 하나의 종속변수(Y)에 대하여 복수개의 독립변수(X)간의 관계를 연구하는 회귀분석
- **단측 검정**: 귀무가실이 크거나 같다, 작거나 같다 등으로 표현된 경우, 이 주장을 확인할 때 표본분포의 양쪽 꼬리 중 어느 한쪽만을 고려함으로써 채택 여부를 결정할 수 있다.

  이 경우 기각값은 하나만 존재하게 되는데, 표본정보와 이 기각값과의 비교를 통해 검정이 이루어지므로 단측 검정(One – sided Test)이라고 한다.

  단측 검정은 우측 단측 검정(Right – hand side Test)과 좌측 단측 검

정(left-hand side Test)으로 구분되는데, 귀무가설의 모수 값이 특정 값보다 크거나 같다는 식으로 나타난 경우에는 좌측 단측 검정, 작거나 같다는 식으로 나타난 경우에는 우측 단측 검정이라고 한다.

- **양측검정**: 귀무가설이 母數의 값이 특정한 값과 같다(Equal)는 형태로 가정되었을 때, 표본조사 결과 얻어진 표본통계량이 그 값보다 아주 크거나 아주 작을 때 귀무가설을 기각할 수 있게 된다. 이때 아주 크거나 아주 작다는 값의 한계는 표본평균의 분포를 이용하게 되며, 이 분포의 양쪽 꼬리부분에 해당하는 값으로부터 도출된다. 이 값이 기각값(Critical Value)이다. 이 값은 양쪽 꼬리부분에서 두 개가 얻어지며, 이 값을 중심으로 귀무가설의 기각 영역(Reject Region)과 채택 영역(Accept Region)이 결정된다. 귀무가설의 채택 여부는 표본정보와 이 두 개의 기각값과의 비교를 통해 결정되므로 이러한 검정형태를 양측검정(Two-sided Test)이라 한다.

- **대립가설(Alternative Hypothesis – H₁ 또는 Ha)**: 연구가설(Research Hypothesis)로서 '변화 또는 차이가 있다' 내지 '효과가 있다'는 주장을 담고 있는 가설.
  이것은 귀무가설이 기각될 때 우리가 수용할 수 있는 하나의 가능성을 의미한다.

- **데이터 Plot**: 측정하려는 데이터를 관리도에 그리는 과정. 즉 관리도에 각각 점이 찍히는 것이 Plot.

- **독립성 또는 관련성 검정(Test of Independence)**: Chi-Square 검정 시 변수가 두 개인 경우에 분할표(Contingency Table)상의 두 변수 간에 관련성이 있는가를 검정한다.

- **명목척도**: 사물, 사람 또는 속성을 분류하는 목적으로 숫자나 기호를 부여함으로써 범주로서만 그 의미를 지니는 척도로 성별, 인종, 혈액형, 취미, 자동차 유형이 있다.
- **반응표면계획**: 통계적 분석방법의 하나로 반응 표면 분석을 염두에 두고 데이터 수집계획을 세우는 실험계획법으로 최적조건을 찾기 위해 사용된다.
- **변동**: 변동은 통계학적 용어로서 각 관찰치가 평균치에서 벗어난 값, 즉 편차를 제곱한 후 모두 더한 것, 즉 (편차) 제곱합을 말한다. 변동의 값이 크면 평균을 기준으로 관찰치들의 변화가 크다는 것을 의미하는데 결국 분포의 형태가 퍼져 있는 형상을 취한다.
  반대로 변동이 작으면 변화가 작다고 할 수 있으며 분포의 형태는 뾰족해진다.
- **보정**: 상황을 야기한 인자를 파악하거나 교정하지 않고, 변수를 관리상태로 되돌리기 위해 프로세스 조정을 하는 관리 행동이다.
- **분산(Variance)**: 각 데이터들과 평균(mean)과의 차이를 제곱해서 산술 평균을 구한 것이다.
- **분산분서(ANOVA)**: 실험의 결과 관측된 특성치의 변동량을 분산개념으로 파악한 다음, 분산의 원인이 어디에 있는가를 알아보는 통계적 방법이다.
- **사분위수(Quartile)**: 데이터를 순서대로 정렬하여 중앙값을 찾고 최소값과 중앙값 사이의 가운데 위치한 값(25%에 해당하는 값), 마지막으로 중앙값과 최대값 사이의 가운데 해당하는 값(70%에 해당하는 값)을 말한다.

- **선정요소방법론:** 여러 선정요소의 기준에 따라 선정대안을 비교, 점수화해서 순위를 매기는 방법론이다.

  선정요소 테스트 방법론은 문제를 정의하고 선정하는 데도 사용되지만 개선단계에서 선정대안을 비교할 때 사용하면 유용하다.

- **선형성:** 어떤 계측기에서 사용하는 전체 측정범위에 걸친 치우침의 차이를 의미하는 것이다.

- **순위척도(ordinal scale):** 범주의 의미와 함께 순위 및 대소관계를 나타내는 척도이다.

  수학적 조작은 불가능. 교육 정도(국졸 이하 / 중졸 / 고졸 / 대졸 이상), 사회경제수준(상, 중, 하) 등이 해당한다.

- **스코아보드(Score Board):** 6시그마를 가속화하기 위해 사업팀별 6시그마 재무성과(40%), Project 진행도(30%), Belt 보유율(30%) 등을 신속하고 정확하게 평가한 게시판을 말하며, 사내시스템에 반영한다.

- **시그마 수준(Sigma level):** 제품들의 평균수준 및 각기 다른 프로세스를 비교하기 위한 잣대. 시그마 수준은 $3 \times C_p$(치우침이 있을 경우는 $3 \times (Cpk + 0.5)$)로 계산한다.

  시그마 수준을 계산하기 위해선 특성치(CTQ)를 결정해야 하는데, 대표적인 품질관련지표는 고객라인 이탈률, Q-cost, 직행률이 있으며, 프로세스 관련지표에는 적기 조달률, 재고일수, 입고율 등이 있다.

- **요인배치법:** 인자의 각 수준의 모든 조합에 대하여 실험을 행하는 실험계획법. 실험순서는 랜덤하게 정의한다.

- **위험우선순위번호(RPN):** 고장모드의 원인 및 영향, 고객에 도달하기 전 고장을 검출하는 프로세스의 현재 능력이 세 가지에 근거하

여 계산된 번호이다.

RPN = 심각도 × 발생 빈도 × 검출도

- **유의수준 또는 위험률**(Significance Level): 가설검정에서 귀무가설이 사실임에도 불구하고 이를 기각하게 될 확률의 상한값. 즉 제1종 과오를 범할 확률을 α로 표기하여 α는 대개 1%, 5%, 10% 등이 선택되는데 그중에서도 5%가 주로 적용된다.

- **이상요인**: 공정 자체의 문제, 즉 기계의 마모, 원자재 불량 등의 원인에 의해서 발생하는 반드시 제거되어야 할 원인이다.

- **이상적인 측정시스템**: 다음과 같은 조건을 만족하는 측정시스템.

  1. 매번 참값(True Value)을 보여준다.
  2. 계측시스템의 품질은 통계적 특성, 즉 치우침과 산포에 의해 결정되는데 측정시스템에서의 산포는 우연원인에 의해서만 발생하는 통계적 관리상태를 보여야만 한다.
  3. 측정시스템에 의한 산포가 제품 규격보다 작아야 한다.
  4. 측정시스템 의한 산포가 프로세스 산포보다 작아야 한다.
  5. 계측기의 구별력(Discrimination)은 시스템이 측정할 수 있는 소수점 이하 자릿수로서, 측정 눈금은 제품규격이나 프로세스 신포의 10분의 1 정도까지 되어야 한다.

- **이원분산분석**(Two-way ANOVA): 종속변수에 영향을 주는 인자가 2개 있는 경우의 분산분석법을 말한다.

- **인자 또는 요인**(Factor): 분산분석에서 취급하는 독립변수이다.

- **인자의 수준**(Factor Level): 한 인자 내에서 실험에 영향을 미치는 여러 가지 특별한 형태를 인자수준 또는 처리(Treatment)라고 한다.

- **일부 실시법:** 불필요한 교호작용이나 고차의 교호작용은 구하지 않고 각 인자의 조합 중에서 일부만 선택하여 실험을 실시하는 방법이다.

- **일원분산분석(One - way ANOVA):** 하나의 인자가 종속변수에 미치는 영향을 조사하는 분산분석법이다.

- **자유도(Degree of Freedom):** 자유롭게 크기가 변할 수 있는 변수의 수. 일반적으로 관찰한 표본의 수에서 계산해 내고자 하는 통계량의 수 또는 제약식의 수를 차감하면 자유도가 된다.

- **잔차(Residual):** 실제 관측치와 추정회귀선에 의한 적합값(fit)과의 차이. 회귀식으로는 설명될 수 없는 부분을 말한다.

- **잔차분석:** 회귀모형에 대한 가정(정규성, 등분산성, 독립성)의 충족 여부의 검토, 그리고 이상 값의 개입 여부에 대해 검토하는 일련의 절차이다.

- **장기공정능력(Long - term Capability):** 오랜 기간 동안의 외부적 영향으로서 공구나 부품의 시간경과에 따른 마모, 재료 간의 미세한 성분변화 등이 발생함에 따른 변동을 포함하고 있을 때의 공정상태를 말한다.

- **적합도(goodness of fit):** 회귀선이 종속변수의 변화를 얼마나 잘 설명해 주는가를 나타내는 것이다.

- **적합도 검정(Test of Goodness of Fit):** Chi Square 검정 시 변수가 하나인 경우에는 표본에서 얻은 실제도수와 기대도수 간의 차이가 있는지를 밝혀 모집단의 분포에 대하여 추론한다.

- **주 효과:** 실험계획을 통해 실험을 실시할 경우 실험의 Input에 해당

하는 각각의 인자가 실험의 결과에 얼마만큼의 영향을 미쳤을까 하는 인자의 영향의 정도를 말한다.

- **주 효과 분석(Main Effect):** ANOVA 분석의 일종으로 이것을 사용하면 한눈에 모든 인자의 움직임을 파악할 수가 있어 어떤 변수가 다른 변수에 비해 변동이 큰지를 파악할 수 있으며 변동폭이 클수록 Y에 미치는 영향이 크다고 할 수 있다.

- **집단 간 변동(SSB):** 각 집단(또는 수준)의 평균에서 전체 평균을 뺀 후 제곱한 것으로서, 이것은 설명되는 변동이라고도 한다.

  이것은 요인수준 평균 간의 차이 정도를 측정한 것인데, 만일 모든 표본의 요인수준의 평균이 같다면 0이 된다. 평균 간의 차이가 클수록 SSB는 커진다.

- **집단 간 평균제곱(MSB: Mean Squares Between Groups):**

  집단 간 변동을 집단 간 자유도로 나눈 것이다.

- **집단 내 변동(SSW):** 집단 내의 관찰치(Y_{ij})에서 각 표본의 평균을 빼서 제곱합을 구하고 다시 이를 모두 더한 것이다.

- **집단 내 평균제곱(MSW: Mean Squares Within Groups):**

  집단 내 변농을 집단 내의 자유도로 나눈 것 이것은 각 요인수준의 평균에 대한 관찰치들의 임의변동을 측정한 것으로서 변동이 작을수록 SSW는 작아진다.

  만일 SSW = 0이라면 한 요인수준에서의 모든 관찰치가 같다는 것을 의미하고 다른 요인수준에서도 마찬가지라고 할 수 있다. 이것은 설명되지 않는 변동이라고 한다.

- **핵심공정 인풋 변수(KPIV):** 아웃풋 변수에 대해 가장 큰 영향을 가

지는 몇 개의 공정 인풋 변수. 보통 X라고 불린다.

- **핵심공정 아웃풋 변수(KPOV):** 아웃풋 변수. Y라고 불린다. 공정 실적 또는 제품 특성.

- **회귀분석:** 종속변수(dependent variable)인 결과(Y)와 여기에 영향을 끼치는 요인(X), 즉 독립변수(independent variable)의 관계를 명확히 규명하여 종속변수와 독립변수 사이의 관계를 분석할 때에 활용되는 통계적 방법이다.

- **Big Y:** 보통 우리가 함수관계를 얘기할 때의 종속변수를 말한다.

여기서 말하는 Big Y도 전체 기업을 대표하는 종속변수를 말하는 것이며, 전체 기업의 전략, 즉 이익률 5% 향상이라든지, 매출액 20% 향상이라든지, 업계 1위 달성 등의 목표들이 이에 속한다.

즉 함수관계에서의 Y, 즉 이익률 5% 향상을 달성하기 위한 수단인 영업이익의 20% 향상, 제품가격의 30% 증가 등과 같은 변수가 함수관계에서 X가 되는 동시에, Big Y를 풀어 주는 Small Y라 할 수 있다.

- **Belt 제도**

6시그마는 서양의 과학적인 방법론과 동양의 장인제도 개념이 결합된 독특한 제도로서, 모든 임직원이 6시그마 활동에 참여하고 통계적 문제해결력을 터득하여 최고 경지에 오르게 하는 제도.

화이트 벨트(White Belt) → 그린 벨트(GB: Green Belt) → 블랙 벨트(BB: Black Belt) → 마스터 블랙벨트(MBB: Master Black Belt) 등의 자격을 두어 운영한다. Chi-square 분포: 정규분포를 이루고 있는 모집단에서 대표본을 추출하였을 때, 각 표본의 표준화된 분산의 합이 이루는 분포를 말한다.

- C&E 매트릭스(Cause & Effect Matrix): 단순화된 QFD(품질기능전개)의 개념을 활용하여 프로세스 매핑에서 얻어진 Input과 Output을 고객 요구사항의 중요도에 따라 어떤 프로세스의 어떤 Input을 먼저 관리할지 결정한다.

- Control Plan: 기존의 DMAI 단계를 통해 정의하고 측정하고 분석한 후, 개선한 것을 개선된 상태로 유지하기 위해 취하는 일련의 조치(관리방안)들.

  개선된 프로세스의 산포를 지속적으로 관리하기 위하여 모든 요소들을 표준화한다.

- P / T비: 측정시스템이 규격과 관련해서 얼마나 기능을 잘 발휘하고 있는지를 평가할 때 적합하며, 공차 중 몇% 정도가 계측오차에 의한 것인가를 나타내며, 계측시스템의 정밀도를 추정하는 데 널리 사용된다.

- RTY(Rolled Throughput Yield): 재작업이나 수리 없이 공정을 마치는 제품의 이론적 누적수율.

  전체 공정 각 단계의 직행률(FPY)을 모두 곱하여 계산한다.

- SIPOC(Supplier Input Process Output Customer):

  핵심 프로세스의 구체화를 위하여 프로세스 매핑 시 프로세스에 대한 인풋, 아웃풋 정보뿐만 아니라 아웃풋을 제공받는 고객 및 VOC를 파악하고, 아울러 인풋을 제공하는 공급자까지 확대 정의함으로써, 이들의 정보를 바탕으로 시스템 관점에서 고객 지향적 문제해결을 도모할 수 있다.

- SPC(Statistical Process Control: 통계적 프로세스 관리):

관리도를 활용하여 문제를 정의하거나 프로세스 아웃풋의 데이터를 관리한계와 비교하여 모니터링하고 불안정한 패턴이나 관리이탈 상황이 발생하면 적절한 조치를 취함으로써 프로세스를 통계적으로 관리한다.

− SQM(Standard Quality Management: **표준품질 생산방식**): 선도적 품질, 원가 및 고객만족을 달성하기 위하여 표준을 설정, 데이터를 분석 평가하고 피드백시스템을 구축하여 공정의 input / output 산포를 6σ 수준으로 개선하는 일련의 활동을 말한다.

1. 품질특성치를 계수값 일 때와 계량값 일 때의 판단방법의 차이점을 설명하시오.

2. 측정시스템 분석(MSA)에 대해서 차별(구별)력과 %R&R에 대해서 설명하시오.

3. 다음 중 2^2요인 반복실험법으로 실험 데이터를 얻었다. 주효과와 교효작용 효과를 식으로 쓰고 소수점 3자리까지 구하시오.

| 구분 | | A | | T_{Bj} |
		A_1	A_2	
B	B_1	5.5 6.0	9.5 8.5	29.5
	B_2	9.0 8.5	10 9.5	37
T_{Ai}		29	37.5	66.5

1) A의 주효과의 평균을 계산하시오.

  ○ A효과 =

2) B의 주효과의 평균을 계산하시오.

  ○ B효과 =

3) A × B의 주효과의 평균을 계산하시오.

  ○ A × B 효과 =

4. 말콤볼드리지(MB)상의 대분류 심사항목을 6가지 나열하시오.

5. 린 6시그마의 WIP(Work in Process)에 대하여 설명하시오.

6. 표준의 정의와 표준화의 효과를 설명하시오.

7. 크기가 1000개인 어떤 로트에 대하여 전수검사를 할때 개당 검사비가
   5원이고, 무검사로 인하여 불량품(부적합품)이 혼입됨으로서 발생하는 손
   실이 개당 100원이다. 이때의 임계 불량율(부적합품율)을 계산하시오.

8. 직교배열표의 장점 3가지를 쓰시오.

9. 제품의 신뢰성을 확보하기 위한 RAMS 척도에 대해서 간략하게 설명하시오.

10. 품질비용(Q-Cost)과 품질공학에서 다루는 손실함수($L_{(y)}$)와 관계를 간략하게 설명하시오.

11. 싱글 PPM 품질인증의 대분류 심사항목(6가지)과 품질인증단계(4가지)를 설명하시오.

12. 실험계획법의 기본원리 원칙 5가지를 나열하고 설명하시오.

13. C_{pk} 와 Zbench(시그마수준)의 차이점을 설명하시오.

85회 기출문제

1. 제품의 주요한 품질특성(CTQ)인 동심도를 측정하는데 정규분포를 따르고 있는 모집단이다. 신뢰수준은 95% (α =5%)이고 (β =10%) 로 추정오차는 ($\mu-\mu_0$) = 2mm, σ = 2.5mm 일때 계량 규준형에 따른 품질특성의 합격확률은 다음과 같다. OC곡선을 그리고 표본크기(n)를 구하라.

동심도	15	17.5	20
L(p)	0.95	0.5	0.1

Z(0.99)	Z(0.975)	Z(0.95)
2.326	1.960	1.645

   1) OC곡선을 그리고 α와 β를 설명하시오.

   2) 표본크기(n)를 구하시오.

2. 에어백 압력인 품질특성을 100개 수집하여 군의크기 4로 군의수 k=25로 작성하여 해석한 결과 군별 평균합 $\Sigma \overline{X}$ = 1280 Pa 이고 $\overline{R}$ = 5.0 이다, σ_b(군간변동)= 0이고 σ_w (군내변동) = $\overline{R}$ / d_2 을 추정하여 $\overline{X}$ – R 관리한계(UCL, LCL)를 구하시오. (단, 소수점 2자리까지 구하시오.)

구분	d_2	d_3	C_4	A_2	D_4	D_3
4	2.059	0.88	0.921	0.729	2.282	0
5	2.326	0.864	0.94	0.577	2.118	0

1) 모 표준편차(σ)를 추정하시오.

2) 평균 $\overline{X}$와 R 관리도의 관리한계선을 구하시오.

3. 상기 2번 문제의 관리한계를 이용하여 연장한 다음 표준치가 주어진(관리용) 관리도로 전환한 다음 연속해서 다음과 같은 데이터를 얻었다.

$\overline{X}$ – R관리도를 작성하고 이상유무(제2종의 과오)의 원인을 설명하시오.

(단, 연속 9의 런의 원인은 재료신율 변화, 연속 6의 경향의 원인은 공기압 변화, 연속 3점 중 2점이 2σ 와 3σ 사이에 나타나는 원인은 두께 변화, 관리한계이탈의 원인은 성형시간 초과라고 본다.)

군번호	1	2	3	4	5	6	7	8	9
평균	47.8	49.5	51.3	51.6	52	53.4	51.1	48	52
범위	6	3	5	8	4	7	8.5	10	9

1) $\overline{X}$ – R 관리도를 작성하시오.

2) $\overline{X}$ – R 관리도를 타점한 후 이상요인을 설명하시오.

4. 어떤 화학공정의 반응 온도가 섭씨로 정규분포를 따른다고 한다. 평균이 125이고 분산이 9인 정규분포를 따른다면 화씨로 표시한 온도는 어떠

한 분포를 따르는지 (분포의 종류, 평균, 분산)을 각각 구하시오.

(단, 화씨= $\dfrac{9}{5}$ × 섭씨 + 32)

5. ISO 품질경영시스템 운영에 있어 성공적으로 조직을 이끌고 운영하기 위하여 체계적이고 투명한 방법으로 운영하는 것이 요구된다. ISO 9000 규격에서 제공된 품질경영 8대 원칙을 설명하시오.

6. 제품 신뢰성을 확보하기 위해서 정량적인 분석과 정성적인 분석법이 있는데 B_α life와 FMEA/FTA에 대해서 설명하시오.

   1) B_α life :

   2) FMEA기법에서 RPN을 구하는 방법과 조처방법에 대해서 설명하시오.

   3) FTA에서 고장 확률 계산시 불(Boolean)대수이론의 계산법에 대해서 설명하시오.

85회 기출문제

1. 자동차용 금속판을 생산하는 한 회사에서 공정능력을 분석하기 위하여 랜덤하게 60개의 표본을 추출하여 두께를 측정하였다. 금속판의 두께에 대한 규격은 USL = 3(mm), LSL = 2(mm)이다.

   1) 측정 결과 표본 표준편차가 s = 0.177 이라고 할 때, 공정능력지수 C_p 의 추정치를 계산하시오.

   2) 이 회사에서 새로운 설비 도입 후 60개의 표본을 추출하였더니 s=0.121 이었다. 새로운 설비 도입 후 공정능력이 향상되었는지를 판단하시오.

2. 열처리 공정에서 품질특성인 경도(Hr)를 2개 라인의 데이타를 15개씩 측정값을 얻었다. 품질산포인 분산 검정과 $\sigma A^2 = \sigma B^2$ 가정 하에서 $\alpha = 0.05$로 평균치가 다른지 검정과 구간추정을 하시오.
   (단, 수치표는 $F_{0.95}(15,15)$= 2.40, $F_{0.975}(15,15)$= 2.86, $F_{0.99}(15,15)$= 3.52 $t_{0.95}(30)$= 1.697, $t_{0.975}(30)$= 2.042, $t_{0.99}(30)$= 2.457)

라인	측정 데이터								평균	표준편차
A	49.7	50.2	49.8	50.6	56.6	51.1	53.8	52.8	52.0	1.90
	54.5	51.8	50.8	52.0	50.3	52.4	53.6	52.0		
B	45.3	48.2	47.2	48.0	54.0	48.1	49.1	48.5	48.4	1.84
	48.0	48.1	46.5	48.7	48.1	50.1	48.6	47.5		

3. 수천개의 조명용 형광등이 있는 대형건물에서 형광등이 나가는 것을 그 때마다 찾아서 새것으로 바꾸기는 매우 번거롭고 비용이 많이 들어 일정 주기마다 새 것으로 바꾸는 방식을 채택하는 것이 보통이다. 형광등의 수명이 평균 5,000시간, 표준편차가 350시간인 정규분포를 따른다고 할 때, 사용 중에 나가는 형광등이 5% 미만이 되도록 하려면 교체주기 를 몇 시간으로 해야 하는지 계산하시오.

(단, $Z_{0.90}$ = 1.282, $Z_{0.95}$= 1.645, $Z_{0.975}$ = 1.960, $Z_{0.99}$ = 2.326)

4. 동박을 생산하는 공장에서 신 설비를 도입하여 최적 운전조건을 설정하 는데 영향을 주는 원인변수의 인자는 A(촉매), B(온도), C(속도), D(압 력), E(동성분), F(이송량), 6개이고 교호작용 요인은 A×B, A×E, B×D 3개이다. 2 수준으로 실험을 설계하고자 할때 직교배열표(직교 표: La(3^c)) 로 물음에 답하시오.

1) 직교 배열표(직교표) 실험 중 적합한 최소실험 배치는 어떤 표준 직교 표이고 총실험횟수와 요인수 및 총자유도를 쓰시오.

2) 3수준계 직교배열표에 실험인자를 다음 열에 배치했을 때 3개의 교호 작용(A×B, A×E, B×D)을 기본표시를 이용하여 해당 열에 배치하 시오.

인자	A	B			E	D	C			F			e (오차)
열	1	2	3	4	5	6	7	8	9	10	11	12	13
기본 표시	a	b	ab	ab^2	c	ac	ac^2	bc	abc	ab^2c^2	bc^2	ab^2c	abc^2

3) 3수준계의 표준 직교배열표에서 인자의 변동(제곱합) 을 구하는 공식을 쓰시오.

5. 동박을 생산하는 공장에서 신설비를 도입하여 호일 두께(y) 에 대해 최적 운전조건을 설정하는데 영향을 주는 원인변수 중 제어인자는 A(촉매량), B(용해온도), C(속도), D(Cu성분), 교호작용은 A×B, B×D 신호인자는 S(압하량), 잡음인자(N)는 외부온·습도 등이다. 표준직교표인 $L_8(2^7)$인 품질특성이 망목특성으로 실험 설계하고자 할 때 아래의 실험 데이터를 이용하여 다음 물음에 답하시오.
(단, 소숫점 2자리까지 구하시오)

인자명	A 촉매		B 온도	C 속도		D 성분	e 오차	N 외기 온	N 습도	호일 두께 ($\overline{y}$)	호일 두께 (s)	망목 $20\log(\overline{y}/s)$
1수준	3		500	2.5		0.5		26	50			
2수준	5		600	4.5		0.8		60	95			
열번호	1	2	3	4	5	6	7	Y_1	Y_2			
1	1	1	1	1	1	1	1	2.51	2.65	2.58	0.10	28.32
2	1	1	1	2	2	2	2	1.98	2.58	2.28	0.42	14.61
3	1	2	2	1	1	2	2	3.23	3.98	3.61	0.53	16.65
4	1	2	2	2	2	1	1	3.19	4.23			
5	2	1	2	1	2	1	2	4.32	4.68	4.50	0.25	24.95
6	2	1	2	2	1	2	1	2.98	3.78	3.38	0.57	15.53
7	2	2	1	1	2	2	1	2.39	2.67	2.53	0.20	22.13
8	2	2	1	2	1	1	2	2.88	3.09	2.99	0.15	26.06
기본 표시	a	b	ab	c	ac	bc	abc					

1) 4행의 SN비의 계산식을 쓰고 구하시오.

2) 교호작용 A×B, B×D 의 (a) (b) 칸을 채우시고 요인별 순위를 적으시오.

	A	B	C	D	(a)	(b)	e
	촉매	온도	속도	성분			오차
열번호	1	3	4	6			7
1수준	73.63	91.12	92.05	93.39			80.03
2수준	88.67	71.18	70.25	68.91			82.27
합계	162.3	162.3	162.3	162.3			162.3
차이	15	19.94	21.8	24.48			2.2
순위							

3) 전체요인 중 유의한 인자는 A, B, C, D, B×D 일때 최적조합수준을 구하고 SN비를 점 추정하시오.

   a) 최적수준기호와 수준 값을 기재하시오.

   b) 최적조합수준의 점 추정식을 쓰고 구체적인 값을 기록하시오.

   c) 표본평균이 3mm, 허용차($\triangle$) = ± 0.5mm이고, A = 1000원 일때 손실함수[$L_{(y)}$]식을 쓰고 계산하시오.

6. 3정 5행 활동은 현장의 낭비를 현재화시키는 활동이며, 이를 통해 철저한 낭비를 제거하고 궁극적으로 생산성을 향상시키는데 있다. 이에 3불 제거와 현장의 7대 낭비유형과 내용을 설명하시오.

1. 주요품질특성(CTQ)인 내경(y)을 MSA를 한 후 측정 데이타를 100개 수집한 결과 관리상태하에서 평균은 60mm 이고 단기(Short Term)변동의 모 표준편차 σ_{ST} = 1.0mm 이고 전체변동의 모 표준편차는 σ_{LT} = 2.0 mm이다. 규격은 61 ± 5 일때 관리력과 기술력을 4상한으로 나누어 현재 내경 품질수준 위치를 해석하시오.

   (단, 소숫점 2자리까지 구하시오)

   1) 기술력(Zst : short term 시그마수준, Zk)을 구하시오.

   2) 전체품질수준 (Zlt : long term 시그마수준, Zk)을 구하시오.

   3) 관리력 (Zshift)을 구하시오.

   4) 4블럭 다이어그램을 작성하고 내경(y)의 현재 품질수준이 어느 위치에 있는지 해석하시오.

2. 어떤 원사의 생산공정에서 반응온도가 생산되는 원사제품의 강도에 영향을 주는 것으로 생각되는 반응온도의 변화에 따라서 강도가 어떤 변화를 하고, 또한 어떤 온도의 수준에서 가장 높은 강도를 주는가를 알아보기 위한 실험을 하였다. 반응온도를 인자로 수준(A_1 : 60℃, A_2 : 65℃, A_3: 70℃, A_4 : 75℃)를 취하고 각 온도에서 3회씩 반복하여 전체 12회 실험을 랜덤한 순서로 행하였다. 그 결과로 아래 표와 같은 데이

터를 얻었다. 이를 바탕으로 분산분석표를 작성하시오.

	인자의 수준				
	A1	A2	A3	A4	
실험의 반복	8.2	8.6	9.3	8.9	
	8.0	8.8	9.4	8.9	
	8.4	8.7	9.8	8.6	
합계	$T_1 = 24.6$	$T_2 = 26.1$	$T_3 = 28.5$	$T_4 = 26.4$	$T = 105.6$
평균	$\overline{x_1} = 8.2$	$\overline{x_2} = 8.7$	$\overline{x_3} = 9.5$	$\overline{x_4} = 8.8$	$\overline{x_i} = 8.8$

요인	제곱합	자유도	평균제곱	F_0
A	$S_A =$	$\Phi_A =$	$V_A =$	
E	$S_E =$	$\Phi_E =$	$V_E =$	$F_0 =$
T	$S_T =$	$\Phi_T =$		

3. 제조공정에서 Aging 시간(x)과 휘도특성(y)과의 관계를 알기 위해 다음
과 같은 측정 데이터를 얻었다. 이 데이터에 대하여 직선회귀식을 구하
고 분산분석을 하고 유의차 검정과 결정계수(r^2)를 계산하시오.
(단, $\alpha = 0.05$ $F_{0.95}(1, 3) = 10.1$)

Aging시간(x)	2	3	4	5	6
휘도특성(y)	4	7	6	8	10

4. TPM의 정의와 8대 항목의 간략한 추진목표를 설명하시오.

5. 주요한 품질특성에 영향을 주는 요인을 2개이상 선택하여 중 회귀식을 산출하여분석한 결과 P− 값(α = 5%) 와 $R^2_{수정}$ 값을 가지고 4블록 다이어그램을 그리고 4상한으로 나누어 판단방법과 현재 위치를 물음에 답하시오.

1) 4블록 다이어그램을 이용하여 4상한으로 나누어 판단방법을 작성하시오.

2) $y = 1.68 + 3.4\ x_1 + 2.5\ x_2$ 이고 P값 = 0.02, $R^2_{수정} = 0.51$ 일 때의 조처방법을 해석하시오.

6. 린 6시그마의 법칙을 마이크 조지(Mike George)는 5가지로 제시하였다. 이를 설명하시오.

1. 시장수요의 다양화에 대처하면서 기업의 생산성을 유지하려면 경제적인 로트(lot)의 생산이 가능하도록 제품, 부품, 재료의 종류나 규격을 합리적으로 단순화, 계열화하고 소수화해야 된다. 이 목적을 달성하려면 어떤 방법을 적극적으로 활용하는 것이 효과적인지 설명하시오.

2. 'KS 개별심사기준'에서 정하고 있는 관리항목과 검사항목의 차이점에 대하여 설명하시오.

3. 개선 아이디어 발상에 있어서 창조성을 가로막는 3가지 장벽에 대하여 약술하시오.

4. 모집단의 모수를 추정할 때, 모수의 추정값을 한 개의 값으로 추정하는 방법이 점추정이다. 그런데 모수를 추정하기 위하여 이용하는 통계량을 그 모수의 추정량이라 하고, 실제 관측하여 얻은 추정량의 값을 추정값이라 한다. 이때 바람직한 추정량이란 어떤 조건들을 만족시켜야 하는지 설명하시오.

5. 스킵 로트 검사(skip – lot – inspection. KS A ISO 2859 – 3) 실시에 있어 공급자와 소관 권한자 양쪽이 합의한 기간이 없을 때의 실시 기간이 얼마인지 설명하시오.

6. 공정능력과 관련하여 다음 항목의 공식을 쓰시오.
   ① 공정능력치   ② 공정능력지수   ③ 공정능력비   ④ 공정성능지수

7. 기업의 경영전략계획을 수립할 때, 기업의 강점과 약점이 무엇인가? 사업환경에서 어떤 기회와 위협이 존재하는가의 질문의 답을 얻을 수 있는 분석기법이 무엇인지 설명하시오.

8. '미터협약'은 몇 년도에 어디서 체결되었는지 설명하시오.

9. 어떤 회사에서 제품의 강도를 추정하고자 한다. 정규분포 시 표준편차는 ???일 때 95% 신뢰구간에서 추정오차가 2 이내가 되도록 하려면 표본의 크기 n은 얼마여야 하는지 식과 답을 쓰시오.

10. 고객들이 기업에 대해서 원하는 것이 무엇인가? 그리고 제품 / 서비스에 대해 고객이 중요하다고 판단하는 것은 무엇인가? 기업은 이 같은 질문들에 대한 답을 알아야 한다. 고객이 무엇을 중요하게 생각하는지를 모르는 기업은 쓸데없는 것을 개선하느라 귀중한 자원을 낭비할 위험이 있다. 고객에게 숭요한 것이 무엇인지 알아내는 데 사용되는 괴정(process)을 무슨 과정이라고 하는지 설명하시오.

11. 일부 실시 요인실험에 대하여 설명하시오.

12. 다음 데이터의 평균, 절사평균, 표준편차, 변동계수에 대하여 식과 답을
    쓰시오.

    데이터: 3, 5, 7, 2, 8, 18, 6

13. 클레임(claim)의 정의와 그 내용을 2가지로 분류하여 간단히 설명하시오.

83회 기출문제

1. 품질을 제품의 생산단계순서로 분류하여 기술하시오.

2. 검사특성곡선, OC곡선(operating characteristic curve, OC curve)의 3가지 타입(type)에 대하여 기술하시오.

3. 중소제조기업에서 SPC 개선활동을 추진하고자 한다. SPC 개선활동의 단계와 단계별 추진절차를 나타내고 주요 내용을 설명하시오.

4. 산업표준화의 3요소를 요약하여 설명하시오.

5. 다음은 전선의 직경을 n=5개씩 측정한 데이터에서 메디안(median)과 범위(R)를 산출한 표이다. 메디안 관리도의 UCL과 LCL을 구하시오.

군의 번호	1	2	3	4	5	6	7	8	9	10	11	12	13	14	15
메디안(Me)	12	10	12	15	12	13	13	10	10	12	10	10	10	12	11
범위(R)	6	5	7	5	8	7	6	8	7	4	4	2	4	6	7

※ 시료사이즈(n) 5의 측정 데이터 생략

※ A4의 값

n	3	4	5	6	7
A_4	1.19	0.80	0.69	0.55	0.51

6. 다구찌 품질공학에서 ON-LINE QC와 OFF-LINE QC의 관계를 설명(도표 등을 활용)하고, 정적특성에서의 손실함수와 SN비에 대하여 산식과 의의를 설명하시오.

83회 기출문제

1. 품질경영의 정의는 일반적으로 품질경영의 의미(what)와 달성하는 방법
(how)으로 구성된다. 품질경영을 다른 경영방법들과 구분 짓는 것은 방
법론(how)의 요소이다. 이 방법(how)은 품질경영의 중요한 요소이다.
이 품질경영의 핵심요소를 5가지만 정리하시오.

2. 제조물책임(Product Liability)법에서 말하는 제조물의 정의와 그 결함에
대하여 설명하시오.

3. 중소제조기업에서 공정관리를 위한 관리도를 운영하고자 한다. 데이터의
형태에 따른 관리도의 종류를 나열하고, 관리도의 해석에 있어서 정상상
태와 이상상태(out of control)를 세분하여 설명하시오.

4. 고객이 어떻게 가치를 정의하는가를 이해하는 것은 기업으로서 매우 중요하다. 제품이나 서비스의 가치는 고객이 느끼는 호감 정도의 합이라고 한다. 그러면 고객이 원하는 속성(호감)을 5가지만 설명하시오.

5. 신QC 7가지 도구 / 기법 중 5가지에 대하여 그 활용방법을 설명하시오. (정의, 사용처, 활용방법, 장점 등)

6. 공업제품의 신뢰성에 대하여 다음 내용을 설명하시오.
   가. 용어의 설명
      : 신뢰성(reliability), 보전도(maintainability), 고장률(failure rate), MTBF, MTTR, MTTF, 리던던시(redundancy), 부담경감(derating)
   나. 다음의 신뢰성 시험법에 대하여 설명하시오.
      − 환경시험, 스크리닝(Screening) 시험, 수명시험
   다. 신뢰성 향상을 위한 설계상의 기법을 나열하고 이를 설명하시오.

83회 기출문제

1. 품질경영의 목표를 달성하기 위해서는 리더십(leadership)이 매우 중요하다. 여기서 리더십의 유형은 사람들이 어떻게 그들이 이끌고자 하는 사람들과 어떻게 상호작용하는가와 관련되어 있다. 리더십의 형태를 3가지만 분류하여 설명하시오.

2. $L_8(2^7)$ 직교배열표를 이용한 실험에서 다음과 같은 결과를 얻었다. A의 주 효과를 구하시오.

배치한 因子 列番 No	A 1	B 2	C 3	D 4	E 5	F 6	G 7	실험 데이타
1	1	1	1	1	1	1	1	9
2	1	1	1	2	2	2	2	12
3	1	2	2	1	1	2	2	8
4	1	2	2	2	2	1	1	15
5	2	1	2	1	2	1	2	16
6	2	1	2	2	1	2	1	20
7	2	2	1	1	2	2	1	13
8	2	2	1	2	1	1	2	13
							계	106

3. KS A ISO 2859(계수값 검사에 대한 샘플링 검사절차)에 대하여 설명하시오.

4. 우리나라의 품질경영에 관련된 품질문제를 해결하기 위하여 많은 사람들을 해외의 기업에 파견하여 다른 나라의 품질개선 과정과 그 방법을 배우게 하고, 외국의 전문서적을 선별하여 번역하고 또한 외국의 전문가들을 초청하여 최고경영자, 팀장(부과장), 실무자를 위한 교육과정을 개설해야 한다. 이러한 노력에 의하여 품질문제를 해결하기 위한 획기적인 전략들 중에 핵심적이고 기본적인 내용을 4가지만 설명하시오.

5. "품질경영시스템에 대한 이론적 배경"(ISO9000:2000. 2.1)에 대하여 설명하시오.

6. 신뢰성이 요구되는 제품을 제조하는 제조기업에 있어서 연구개발 및 설계단계에 있어서의 진도관리와 평가검토방안과 기법에 대하여 단계별로 설명하시오.

1. 식스시그마에서 이야기하는 Bill Smith의 결함누출이론을 간략히 기술하시오.

2. DFMEA(Design Failure Mode & Effect Analysis)에서 RPN(Risk Priority Number)의 산출요소(구성요소)를 설명하고 그 산출식을 기술하시오.

3. C_{PK}와 P_{PK}의 차이점을 기술하시오.

4. 공정의 품질을 관리도로 관리하고 있을 때, 관리상태에 대한 이점을 5가지로 기술하시오.

5. PL(Product Liability)법 중 제조업자 면책사항 4가지의 경우를 설명하시오.

6. 계측기의 재현성 및 반복성(R&R)에 대하여 설명하시오.

7. ISO / STACO에서의 표준화의 목적(6가지)을 설명하시오.

8. ISO9000 : 2000 품질경영시스템에서 지정하고 있는 품질경영 책임자 (대리인)의 역할을 4가지만 설명하시오.

9. 신뢰성에서 용장성(冗長性 : Redundancy)에 대하여 설명하시오.

10. 품질기능전개(QFD)에서 품질의 집은 고객의 요구품질이 무엇인지를 규명하는 것으로부터 시작된다. 이때 고객의 요구사항은 어떤 방법을 통해 입수하는지 7가지 이상을 열거하시오.

11. 체비셰프 부등식을 나타내고 간단히 설명하시오.

12. 품질분임조 활동에서 분임조장의 역할을 열거하시오.

13. QC 공정도의 구성내용을 7가지 이상 열거하시오.

1. AQL의 개념을 설명하고 이와 OC곡선(특성곡선) 간의 관계에 대하여 설명하시오.

2. 싱글PPM 품질혁신 운동(활동) 추진 6단계 중 첫 단계인 S단계가 무엇인지 상세히 설명하고 또한 이 단계에서의 추진 내용이 무엇인지 열거하시오.

3. 관리도는 어떤 경우에 사용하면 좋은지 설명하고, 또한 이 관리도의 관리한계(CL, UCL, LCL) 산출식을 쓰시오.

4. ISO9000 : 2000의 4.1(일반적 요구사항)에서 언급한, 프로세스 접근요구사항(a~f)을 설비보전팀을 가정하여 각각 기술하시오.

5. 직교배열표 $L_9(3^4)$로 인자를 랜덤하게 배치한 결과 다음 표를 얻었다. A의 제곱합은 얼마인가?

인 자	A	C		B	실험데이터	x^2
NO. 열	1	2	3	4	x	
1	1	1	1	1	8	64
2	1	2	2	2	12	144
3	1	3	3	3	10	100
4	2	1	2	3	10	100
5	2	2	3	1	12	144
6	2	3	1	2	15	225
7	3	1	3	2	22	484
8	3	2	1	3	18	324
9	3	3	2	1	18	324
계					125	1909

6. 품질보증(Quality Assurance)의 중요한 기능과 품질보증업무의 사전대책 및 사후대책을 기술하시오.

82회 기출문제

1. 제품의 전형적인 고장패턴, 즉 욕조(Bathtub)곡선에 대해 설명하고, 각 고장 기간에 대한 고장의 원인 및 대책을 설명하시오.

2. 미국의 파라수라만(Parasuraman) 등에 의해 개발된 서비스품질 측정도구인 SERVQUAL(10가지)에 대해 설명하시오.

3. 린 6시그마가 무엇인지 상세히 설명하고 또한 린 6시그마가 지향하는 목표를 쓰시오.

4. 어떤 화학약품 생산공정에서 반응온도(x)와 수율(y)과의 관계를 조사하기 위해 10쌍의 데이터를 뽑고 조사한 결과 다음의 데이터를 얻었다. 아래 문제의 답을 쓰시오.

$S(xx) = 147.7$ $S(xy) = 83.4$ $S(yy) = 60.1$ $\sum x_i = 118$ $\sum y_i = 57$

   (1) x에 대한 y의 회귀직선을 구하시오.
   (2) 회귀선에 의해 설명되는 변동 SR을 구하시오.
   (3) 회귀로부터의 변동, 즉 오차변동 SE를 구하시오.

5. ISO9000 : 2000(8.2.2)에서 언급한 내부품질감사의 요구사항 중, 심사 프로그램(Audit Program)에 고려해야 할 사항을 최소 5가지 기술하시오.

6. 육안관능검사(Visual Inspection)의 검사 정확도를 향상시킬 수 있는 방안을 4M에 기초하여 기술하시오.

82회 기출문제

1. ISO9000 : 2000 품질경영시스템에서 요구하는 경영책임 중 경영검토 (최고경영자에 의한)의 목적과 검토 입력 및 출력 사항에 포함되어야 할 내용을 구분하여 설명하시오.

2. 종합적 품질경영(TQM)의 목적과 목표지표, 효과(유형 / 무형)에 대하여 각각 구분하여 설명하시오.

3. 어떤 부품의 제조공정에서 데이터를 뽑아 특성치를 관리하려고 한다. 그런데 이 부품의 제조공정은 정규분포를 한다. 평균치가 125, 표준편차가 14.8이다. n = 4인 데이터를 25조 뽑아 관리도를 작성하였다. UCL = 140.8, LCL = 109.2이다. 이 부품의 규격은 108.5 ~ 139.5로 주어져 있다.

(1) 규격 밖으로 벗어나는 부품의 비율을 구하시오.

(2) 만일 공정평균이 UCL 쪽으로 1σ만큼 변동하였다면, 이때 검출되는 비율을 구하시오.

[단 Z가 $N(0.12)$인 표준정규분포일 때, $P(Z > -1.11) = 0.8665$, $P(Z < -1.11) = 0.1335$, $P(Z > 0.98) = 0.1635$, $P(Z < 0.98) = 0.8365$, $P(Z < 0.14) = 0.5557$, $P(Z > 0.14) = 0.4443$]

4. 품질공학의 특징을 열거하고 각기 내용을 기술하시오.

5. 6시그마 추진단계별 주요 활동을 소개하시오.

6. 공성능력을 분석할 경우에

(1) 공정의 산포가 규격의 최대치와 최소치의 차와 같을 때
(2) 공정의 산포는 규격의 최대치와 최소치의 차보다 작으나, 공정중심이 규격한계의 중심에서 벗어나 있을 때
(3) 공정의 산포가 규격의 최대치와 최소치의 차보다 클 때 이를 각각의 경우에 대한 조치사항에 대하여 설명하시오.

1. 계측기의 관리에 있어서 교정(Calibration)과 소급성(Traceability)에 대하여 약술하시오.

2. 품질기능전개(QFD)의 개념을 간략히 쓰시오.

3. 데이터의 통계량을 계산하는 과정에서 정규분포의 변동, 분산, 표준편차를 계산하는 산출식을 쓰시오.

4. ISO9001 : 2000에서 품질경영시스템 구조의 핵심 구성요소 5가지를 나열하시오.

5. 모집단의 종류를 나열하고 조처방법을 나열하시오.

6. 샘플(표본) 채취방법의 종류를 나열하고 특징을 설명하시오.

7. 제품의 품질특성항목이 계수(정성적)와 계량(정량적) 항목이 있는데 측정의 신뢰도를 확보하기 위해서 측정시스템(MSA)의 4가지 이상 평가방법 및 조치방법을 나열하시오.

8. Single PPM의 추진스텝을 쓰고 단계별 개요를 적으시오.

9. 품질공학에서 정특성과 동특성의 개요를 쓰고 차이점을 설명하시오.

10. Robustness 개념을 간략히 설명하시오.

11. 중심극한의 정리에 대한 개념을 간략히 설명하시오.

12. KANO 품질모형 3요소에 대하여 간략히 쓰시오.

13. 제품의 신뢰성을 평가하는 과정에서 10개의 제품을 10시간 동안 가동하여 3시간, 5시간, 9시간에 각 하나씩 고장이 발생하고 나머지 7개 제품은 고장이 발생하지 않았다. MTBF를 구하시오(제품의 고장은 지수분포를 한다고 가정).

80회 기출문제

1. 신QC 7가지 도구를 나열하시고 용도와 작성법을 간략히 설명하시오.

2. 설계검토(Design Review)의 각 단계별 검토내용을 기술하시오.

3. 제품의 주요한 품질특성(CTQ)인 치수를 측정하는데 정규분포를 따르고 있는 모집단이다.

   신뢰수준은 95%($\alpha = 5\%$)이고 ($\beta = 10\%$)로 추정오차는($\mu \pm \mu_0$) = ± 2 mm, $\sigma = 2.5$mm일 때 샘플크기(n)의 공식을 나열하고 샘플크기(n)를 정수 값으로 구하시오.

4. PCB 제품의 공정 품질특성인 전류(A)를 Xbar−s 관리도를 작성하여 (n=6)일 때 평균이 10.5이고 샘플표준편차가 0.5A이다. 규격은 11±2A일 때 모표준편차를 추정한 후 공정능력지수 및 적합품률을 구하시오(단 n=6일 때 C=0.954, d=2.534).

   a) Cp를 구하시오.

   b) Cpk를 구하시오.

   c) 하한 시그마 수준(Z)을 구하시오.

   d) 하한 시그마 수준일 때의 적합품률(양품률)을 구하시오.

   (단 Z=2.85일 때 부적합률(P)=0.22%, Z=3일 때 부적합률(P)=0.135%이다.)

5. 통계적 공정관리의 의미는 무엇이고 이의 필요성에 대한 회사에서의 사례를 세 가지 설명하고 SPC활동의 활성화 방법 5가지를 설명하시오.

6. 개발단계에서 DFMEA(Design FMEA)가 왜 필요하고 이의 활성화를 위해서 어떻게 접근해야 하는지를 설명하고 자사제품을 기준으로 하나의 고장모드에 대해서 DFMEA를 작성하시오.

80회 기출문제

1. 다음의 분산분석표를 보시고 ①에서 ⑨번의 각 항목을 설명하시고 종합적인 결론을 나타내시오.

요 인	①DF	②SS	③MS	④F	⑤P
품 종	5	⑥2.43507	⑦0.487014	⑧53.27	⑨0.000
토 양	3	0.01878	0.006260	0.68	0.575
오 차	15	0.13715	0.009143		
총 계	23	2.59100			

2. 제조기업의 생산현장에서 품질관리를 어떻게 하여야 하는지 핵심적인 요소로 구분하여 나열하고 주요 활동내용을 기술하시오.

3. 열처리 공정에서 품질특성인 경도(H)를 2개 라인의 데이터를 16개씩 측정값을 얻었다. 품질산포인 분산검정과 $\sigma A^2 = \sigma B^2$ 가정하에서 평균치가 다른지 검정과 구간추정을 하시오.

라인	측정 데이터								평균	표준편차
A	46.7	50.1	53.8	49.4	56.6	50.1	52.9	52.7	51.7	2.48
	54.2	49.8	49.7	54.2	50.2	52.4	53.5	51.6		
B	45.5	48.4	51.5	47.9	53.8	48.4	50.7	50.6	49.8	2.09
	51.9	48.1	48.0	51.9	48.5	50.3	51.3	49.7		

(단, $F_{0.9E}(15,15)=2.40$, $F_{0.97E}(15,15)=2.86$, $t_{0.9E}(30)=1.697$, $t_{0.97E}(30)=2.042$)

a) 2개 라인의 모분산 간에 A라인 경도가 큰지 $\alpha = 5\%$로 주어질 때 체계적으로 가설검증하시오(단 분산은 소수점 2자리로 끝맺음하시오).

b) 두 라인 간 경도의 A라인 모평균이 큰지 $\alpha = 5\%$로 주어질 때 가설 검증하시오.

c) 두 라인 간 경도의 모평균이 어느 정도 차이 나는지 신뢰수준 95%로 구간추정하시오.

4. 주요한 품질특성에 영향을 주는 요인을 2개 이상 선택하여 중회귀식을 산출하여 분석한 결과 P-value(α=5%)와 R^2(adj)값을 가지고 4블록 다이어그램을 그리고 4상한으로 나누어 판단방법과 현재 위치를 물음에 답하라.

a) 4블록 다이어그램을 이용하여 4상한으로 나누어 판단방법을 작성하라.

b) $y = 0.98 + 2.5x_1 + 1.3x_2$이고 P값 = 0.10, R^2(adj) = 0.85일 때의 조치방법을 해석하시오.

5. PL(제조물책임)법의 대응책으로서 PL예방대책, 제품안전대책, PL방어·소송대책으로 구분하고 있는데, PL예방대책으로서 기업체의 설계/개발부문, 생산부문, 품질관리부문에서 실천할 사항들은 무엇인지 각 부문별로 두 가지씩 예를 들어 설명하시오.

6. 오토바이 엔진의 자동 점화시스템에서는 현재 25KV의 고전압을 이용하여 불꽃을 튀게 하여 엔진을 점화하고 있다. 전압이 15KV로 떨어졌을 때에는 불꽃이 튀지 않아 엔진이 점화되지 않는다($\triangle 0 = 15$KV). 이때 운전자의 사회적 손실 A_0은 15,000원이다. 제조회사의 제품하한규격($\triangle$)을 구하시오(제조회사의 손실비용 $A = 8,000$원).

다음에 제시되는 손실함수식에서 알맞은 식을 이용하시오.

$$망대특성 L(y) = k\frac{1}{y^2} \qquad 망소특성 L(y) = ky^2 \qquad 망목특성 L(y) = k(y-m)^2$$

1. 품질데이터에 대한 다음 가설검정기법에 대하여 그 용도와 검정통계량 산출식을 포함하여 설명하시오.

   [t‐Test, Chi‐Squre Test, 상관분석, 분산분석(ANOVA)]

2. 기업에서 검사체제를 구축하는 과정을 단계별로 나타내시고 단계별 추진 내용을 설명하시오.

3. 동박을 생산하는 공장에서 신설비를 도입하여 최적운전조건을 설정하는 데 영향을 주는 원인변수의 인자는 A(촉매량), B(용해온도), C(속도), D(압하량), E(Cu성분), F(이송량), G(전류량), H(리턴량) 8개이고 교호작용 요인은 A×B, A×E, B×C, A×F 4개이다.

2수준으로 실험을 설계하고자 할 때 직교배열표(직교표 : $L_a(2^c)$로 물음에 답하시오.

a) 직교배열표(직교표) 실험 중 적합한 최소실험 배치는 어떤 직교표이고 총 실험횟수와 요인 수를 적으시오.

b) 2수준계 직교배열표에 실험인자를 다음 열에 배치했을 때 4개의 교호작용을 기본 표시를 이용하여 해당 열에 배치하시오.

인자	A	B		C	D			E		G	
열	1	2	3	4	5	6	7	8	9	10	11
기본표시	a	b	ab	c	ac	bc	abc	d	ad	bd	abd

c) 2수준계의 표준직교표에서 인자의 변동(제곱합)을 구하는 공식을 적으시오.

4. 동박을 생산하는 공장에서 신설비를 도입하여 호일 두께(y)에 대해 최적 운전조건을 설정하는 데 영향을 주는 원인변수 중 제어인자는 A(촉매량), B(용해온도), C(속도), D(Cu성분), F(이송량), G(전류량) 신호인자는 S(압하량), 잡음인자(N), 외부온습도 등이다. 표준직교표인 $L_8(2^7)$인 품질특성이 동특성으로 실험설계하고자 할 때 물음에 답하시오.

(1) 직교표 실험설계의 프로세스 매핑을 하시오.

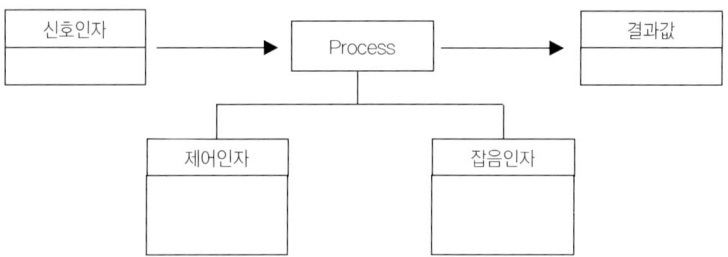

(2) 상기 실험설계를 $L_8(2^7)$ 동특성 실험한 데이터이다. 물음에 답하시오.

인자명	A 촉매량	B 온도	C 속도	D 성분	F 이송량	G 전류량	error	SN	$S\varphi$
1수준	3	500	2.5	0.5	180	18			
2수준	5	600	4.5	0.8	180	25			
	1	2	3	4	5	6	7		
1	1	1	1	1	1	1	1	1.97	11.64
2	1	1	1	2	2	2	2	-2.04	11.07
3	1	2	2	1	1	2	2	-2.06	11.09
4	1	2	2	2	2	1	1	-2.86	11.44
5	2	1	2	1	2	1	2	2.03	12.06
6	2	1	2	2	1	2	1	-0.31	11.90
7	2	2	1	1	2	2	1	-0.08	11.90
8	2	2	1	2	1	1	2	-2.22	12.78

1. 고객만족(CS) 조사의 3가지 원칙을 쓰고 설명하시오.

2. 제품의 고장률 패턴인 욕조곡선(Bathtub Curve)에 대해 설명하시오.

3. 개인의 속성과 신념의 형성과정을 설명하는 심리학 분야의 기법에서 유래한 것으로 소비자들은 그들이 갖고자 하는 속성이나 기능을 가진 제품을 구매하며 중요한 속성에서 뛰어난 성과를 보이는 브랜드를 선택하게 될 것이라는 것에 기초한 소비자의 만족도를 측정하는 모형을 무엇이라 하는가?

 - 다속성 모델

4. 품질특성 중 참특성과 대용특성에 대하여 설명하시오.

5. 제품에 잠재하는 위험의 크기를 나타내는 단어를 시그널워드라고 한다.
   시그널워드 3종류를 쓰고 설명하시오.

6. 실험계획의 5가지 원리를 설명하시오.

7. 어떤 제품이나 서비스가 갖고 있는 속성 각각에 대해 고객이 부여하는
   효용을 추정함으로써 그 고객이 선택할 제품이나 서비스를 예측하기 위
   한 분석기법이 있다.
   이러한 분석기법 중 신제품의 개념평가, 포지셔닝(Positioning), 경쟁분
   석 가격설정 시장세분화 등에 적용하는 기법을 무엇이라고 하는가?
   - CONJOINT 분석

8. 실패코스트 중 숨겨진 실패코스트(Hidden failure cost)에 대하여 설명
   하시오.

9. 사실표준과 공식표준에 대하여 비교 설명하시오.

10. 측정시스템(MSA)에서 변동에 영향을 미치는 5가지에 대하여 설명하시오.

11. 시스템 구조 중에서 n 중 k(k－out of－n)구조와 대기(standby)구조
   를 설명하시오.

12. 중심극한 정리에 대하여 설명하시오.

13. 품질경영원칙 8가지를 쓰시오.

1. 벤치마킹 파트너 간의 윤리적 지침 중 5가지를 쓰시오.

2. 어느 전기조립품의 잡음 레벨을 관리하고 있다. 군 구분하여 n＝5의 $\bar{x}$ － Rs 관리도를 $\bar{x}$ 관리도의 CL＝61, R 관리도의 CL＝1.63이고 $\bar{x}$의 이동범위의 평균치 Rs＝0.70(단 n＝2일 때, d2＝1.128, n＝5일 때 d2＝2.236)

   가) σb, σw, σx를 구하시오.

   나) 관리계수 Cf를 구하고 평가하시오.

   다) 전기조립품의 규격이 60±2일 때 공정능력지수 CPk를 구하고 판정하시오.

3. 크기 N＝1000인 로트에서 검사방식(n, c)＝(50, 1)인 계수형 샘플링 검사에 대한 OC곡선을 작성하시오(단 로트의 합격확률 계산에 이항분포를 이용하시오).

로트의 부적합품(불량)률 P%	로트의 합격확률 L(P)
1	
2	
3	
4	
5	
6	
7	

4. 개발, 설계, 생산, 출하단계에서 실시되는 신뢰성 시험에 대하여 설명하시오.

5. 서비스의 유형과 내용에 따라 중요도가 다르지만 서비스품질의 결정요소라고 할 수 있는 품질특성 10가지에 대하여 열거하고 설명하시오.

6. 품질창출, 평가, 결과의 관계에서 품질코스트를 분류하고 각각에 대하여 설명하시오.

79회 기출문제

1. 품질분임조는 같은 직장 내에서 품질활동을 자발적으로 그리고 자주적으로 행하기 위해 종업원들이 참여하는 소규모의 집단이다. 이러한 소집단이 성공하기 위한 조건 중 5가지만 열거하시오.

2. FMEA과 FTA에 대해 설명하시오. 그리고 설계 FMEA를 실무에서 적용할 때 사용하는 양식을 제시하고, 이의 활용방법에 대해 구체적으로 설명하시오.

3. A회사의 공정은 잘 관리되고 있으며, 부적합품(불량)률이 4%로 나타났다. 사용 재료를 변경한 다음, 크기 200개의 샘플을 취하여 조사한바, 부적합품 수(불량개수)가 20개 발견되었다.
   가. 재료변경으로 인해 부적합품(불량)률이 달라졌다고 할 수 있는가?(α = 0.05) (단 $U_{0.95}$ = 1.645, $U_{0.975}$ = 1.96)
   나. 재료변경 후의 모부적합품(불량)률의 95% 신뢰구간을 구하시오.

4. 다음 라틴방격의 DATA가 있다.

	A1	A2	A3
B1	C1 = 73	C2 = 66	C3 = 76
B2	C2 = 64	C3 = 81	C1 = 75
B3	C3 = 85	C1 = 67	C2 = 65

가) 데이터 구조식을 쓰시오.

나) 분산분석을 하시오(단 $F_{0.95}(2, 2) = 19.0$).

5. 어떤 화합물의 전기분해에 의한 작업을 할 때 사용되는 첨가물의 양(X)
과 수율(Y)과의 관계 데이터는 다음과 같다(단위: 첨가물 g, 수율 %).

x(g)	2	3	4	4	3	5	7	9
y(%)	48	55	70	65	60	80	84	90

가) 상관관계를 구하시오.

나) 분산분석표를 이용하여 회귀분석을 실시하시오. (단 $F_{0.95}(1, 6) = 6.99$,
$F_{0.99}(1, 6) = 13.7$)

다) 첨가물의 양(X)에 대한 수율(Y)의 직선 회귀식을 구하시오.

6. 공정능력에 대하여 설명하고, 공정능력지수 CP, CPK에 대하여 비교 설
   명하시오.

79회 기출문제

1. KSA ISO 2859 − 1(LOT별 AQL 지표형 샘플링 검사)의 검사엄격도 조정에 사용되는 전환 스코어법(swiching score)을 설명하고 보통검사에서 수월한 검사로 넘어가는 조건을 설명하시오.

2. 어떤 강재의 인장강도는 클수록 좋다고 하며 규격하한은 48kg / ㎠로 규정되어 있다.

   $\sigma = 3$kg/㎠일 때, $p_0 = 0.5\%$ $p_1 = 2.5\%$ $\alpha = 0.05$ $\beta = 0.10$을 만족하는 계량 규준형 1회 샘플링 검사방식(n. XL)을 구하고 판정에 대해 설명을 하시오.

   (단 $K_{0.005} = 2.58$, $K_{0.0025} = 1.96$, $K_{0.05} = 1.645$, $K_{0.10} = 1.282$)

3. 어떤 화학공장에서 제품의 수율에 관한 영향을 조사할 목적으로 반응온도(A)를 4수준, 촉매량(B)을 3수준으로 $4 \times 3 = 12$회의 반복이 없는 이원배치의 랜덤실험을 하였다.

	A1	A2	A3	A4
B1	89.0	87.6	88.0	88.6
B2	88.0	87.3	87.7	88.2
B3	87.9	86.7	86.5	86.9

   가. 분산분석표를 작성하고 해석하시오.

(단 F0.95(2, 6) = 5.14, F0.99(2, 6) = 10.9, F0.95(3, 6) = 4.76,
F0.99(3, 6) = 9.78)
나. 수준 A3B2에서 결측치가 나왔다고 가정했을 때, 결측치를 추정하시오.

4. 국내에서 많은 기업이 6시그마를 도입 운영하고 있다. 그러나 이에 대한
   문제점도 많은 상황이다. 종업원의 규모 300명인 전자제품을 생산하는
   회사에서 6시그마를 도입하고자 한다. 효과적인 도입 추진단계를 설명하
   시오. 그리고 추진상에 어떤 문제점들이 있는지, 이러한 문제점을 해결하
   기 위한 방안에 대해 의견을 서술하시오.

5. 품질기능전개(QFD)와 관련하여 다음 사항을 설명하시오.
   가) 품질기능전개
   나) 품질의 집(HOQ: House of Quality) 모형과 내용
   다) 품질기능전개의 단계

6. 제품안전과 관련하여 미국 소비자제품안전위원회(CPSC)에서는 제품안전
   경영시스템(PSMS)의 핵심사안 9가지와 함께 5개 분야 프로그램을 정
   해, 이를 시스템으로 갖추도록 권하고 있다. 이에 대해 설명하시오.

1. 일반적으로 품질특성은 다음 3가지 형태로 구분된다. 다음의 품질특성에 관하여 설명하시오.

① 망소특성   ② 망대특성   ③ 망목특성

2. 기존의 실험계획법과 다구찌기법의 가장 큰 차이점을 설명하시오.

3. 6시그마의 추진체계를 5단계로 나누고 각 단계에서 사용되는 기법 등을 열거하시오.

4. 표준화의 목적을 달성하기 위한 표준화의 7가지 원리(ISO/STACO에서 제시한 7가지 원리)와 표준화의 효과를 설명하시오.

5. 신QC 7가지 도구를 열거하고 이를 설명하시오.

6. 고장형태 및 영향해석(FMEA)기법에서 RPN이란?

7. 측정시스템분석(MSA)에서 반복성과 재현성의 의미는?

8. 서비스품질관리에서 SERVQUAL 5가지 특성은?

9. 일반적인 통계적 공정관리(SPC)의 대표적인 3가지 관리기법(Tool)은?

10. ERP, CRM, SCM의 기본 개념을 간략히 기술하시오.

11. 공정능력지수(CP, CPK)와 시그마 수준의 관계식을 기술하시오.

12. 품질공학의 특징을 5가지 이상 나열하시오.

13. 3정5S의 정의와 내용을 기술하시오.

77회 기출문제

1. D. A. Garvin이 분류한 제품품질의 8가지 차원(8 – Dimension)에 대하여 기술하시오.

2. '관리란 무엇인지'를 관리사이클의 관점에서 각 단계별로 구분하고 단계별 수행해야 할 내용을 설명하시오.

3. 품질보증(Quality assurance)의 주요 기능과 품질보증업무의 사전대책과 사후대책을 설명하시오.

4. 다음과 같이 1원배치법의 데이터가 얻어졌다. 각 변동을 구하고 분산분석표(ANOVA)를 작성하시오.

	인자 A의 수준		
	A1	A2	A3
반복데이터	10	9	5
	12	7	7
	14	8	6
합	36	24	18

5. OC곡선의 정의를 기술하고, 이때 로트가 합격하는 확률 L(P)값을 구하는 방법 3가지를 기술하시오.

6. Single PPM 품질혁신 운동(활동) 추진 6단계를 소개하고 설명하시오.

77회 기출문제

1. 사내표준화에 대하여 다음 사항을 설명하시오.

   1) 사내표준화의 의의

   2) 사내표준의 구분

   3) 사내표준의 체계

   4) 사내표준화의 실시순서

2. 방침관리와 목표관리를 구분하여 설명하시고, 균형성과지표(BSC)에서의 관점별 지표들을 기술하시오.

3. 초기고장기, 우발고장기, 마모고장기의 원인과 각 고장 기간에 고장률을 감소시키기 위한 초기고장기, 우발고장기, 마모고장기의 조치를 각각 구분하여 설명하시오.

4. 2^3요인배치법에서 다음 실험 데이터가 얻어졌다. 인자 C의 변동 Sc를 구하시오.

실험번호	인자 A의 수준			데이터
	A	B	C	
1	0	0	0	12
2	0	0	1	13
3	0	1	0	15
4	0	1	1	18
5	1	0	0	7
6	1	0	1	10
7	1	1	0	12
8	1	1	1	15

5. 6시그마 추진을 위한 전문품질요원의 벨트(Belt)를 구분하고 각기 역할의 특징을 소개하시오.

6. 다음과 같이 9개 부품으로 구성된 시스템이 있다.
   전체 시스템의 신뢰도 Rs가 0.868이고, 각 부품의 신뢰도가 다음과 같을 때 부품 4의 신뢰도 $\propto R\_4$는 얼마인가?

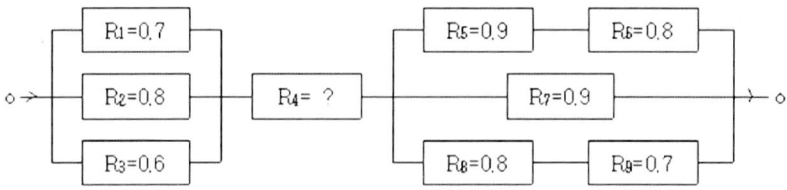

77회 기출문제

1. 품질경영활동을 품질기획(QP), 품질관리(QC), 품질보증(QA), 품질개선(QI)
   으로 구분하여 설명하시오.

2. 통계적 가설검정에 대하여 다음 사항을 기술하시오.
   1) 가설의 수립
   2) t – Test의 용도와 검정통계량 산출식 및 의미
   3) Chi – Square Test의 용도와 검정통계량 산출식 및 의미
   4) ANOVA의 용도와 검정통계량 산출식 및 의미

3. ISO9000시리즈 인증의 이점과 ISO9000의 품질시스템 구축과 PLP의
   공통점을 설명하시오.

4. 어떤 수지(resin)를 생산하는 한 화학업체에서의 이 수지에 포함되는 불순물의 함량률을 줄이기 위한 실험을 실시하고자 한다. 규격상한은 4.0%이고, 이 규격이 만족되지 않으면 10㎏당 50,000원의 손실이 발생한다. 이 불순물에 영향을 주리라고 예상되는 4가지 제어인자를 다음과 같이 취해 주었다.

> A: 본드의 배합비 3수준(A0, A1, A2)
>
> B: 본딩방법 3수준(B0, B1, B2)
>
> C: 표면처리방법 3수준(C0, C1, C2)
>
> D: 열처리방법 3수준(D0, D1, D2)

비제어인자로서
> U: 작업자 2수준(비숙련공, 숙련공)
>
> V: 수지 생산라인 2수준

을 선택해 주고, 생산된 수지를 실험실에서 분석하여 불순물의 함량 %를 얻었다.

이 실험은 망소특성실험이다. SN비의 값을 구하시오.

인자배치	A	B	C	D	불순물함량(%)				SN비
열번호	1	2	3	4	U_D		U_1		
실험번호					V_D	V_1	V_D	V_1	
1	0	0	0	0	6.80	5.52	2.27	3.75	
2	0	1	1	1	3.43	2.58	2.49	2.11	
3	0	2	2	2	2.17	2.50	1.57	1.98	
4	1	0	1	2	1.79	2.81	1.33	1.76	
5	1	1	2	0	1.98	2.38	2.57	2.00	
6	1	2	0	1	2.93	2.78	2.61	2.17	
7	2	0	2	1	2.43	2.18	1.70	1.56	
8	2	1	0	2	4.25	3.90	1.91	1.63	
9	2	2	1	0	4.05	3.28	1.50	2.12	

5. 과거에는 품질을 불량률, 불량개수, 결점 수, 단위당 결점 수 등으로 구분하여 관리하는 경우 p관리도, np관리도, c관리도, u관리도를 사용하였다. 최근에는 품질을 구분하는 방식이 바뀌었다. 이를 KS A 3201 : 2001을 근거로 소개하고, 또한 4가지 관리도의 중심선(CL)과 관리한계 (UCL, LCL) 산출식을 기술하시오.

6. 측정시스템분석(MSA)을 통해서 다음의 데이터를 얻었다.
   이로부터 공차대비 %R&R을 구하고 판정 및 조처사항을 기술하시오.
   EV = 3.01   AV = 3.22   PV = 4.25   규격: 120±4.5(㎜)

1. 신뢰성 샘플링 검사의 특징 4가지 중 3가지를 서술하시오.

2. 어떤 제품 계열을 살리고 죽일 것인가, 또는 가격을 올리고, 내릴 것인가를 결정하는 전략적 의사결정에 필요한 자료를 제시하는 데 도움이 되고, 기업의 중요한 활동에서 프로세스, 제품, 품질비용을 추적하여 얻은 재무 및 운영성과 정보를 수집하여 품질비용을 계산하는 데 활용 가능한 방법은 무엇인가?

3. 어떠한 현상을 유발시키는 시스템의 구조를 밝히기 위한 연구는 과학분야, 사회분야 등 많은 분야에서 행해지고 있다. 그러나 이러한 현상은 정도의 차이는 있지만 고정된 상태로 남아 있지 않고 관찰시점, 실험조건, 환경 등에 따라 변하기 때문에 현상의 구조적인 특성을 파악하는 것은 매우 어렵고, 시간과 비용이 들어가지만 많은 사람들이 모형화 작업을 통하여 현상을 지배하고 있는 변수나 인자의 효율적인 관계식을 밝히고 이러한 변수들의 관계를 기술하고 형태를 파악하는 통계적 기법을 무엇이라 하는가?

4. 제조기업에 있어서 제품이 개발되고 생산되어 소비자의 손에 들어가 사용될 때까지는 일반적으로 6단계를 거치게 된다. 그 단계별 순서대로 정리하시오.

5. 실험계획법에서 '단일인자실험법'(single factor experiments)의 취약점은?

6. X - bar 관리도를 작성하는데 R 관리도를 먼저 작성하는 이유는?

7. 고객만족도 조사는 측정결과 그 자체에 의미가 있는 것은 아니다. 조사결과에는 유용한 고객정보와 고객요구가 담겨 있으므로 충분한 분석을 통해 조사 자료의 활용가치를 극대화시켜야 한다. 이를 위한 적절한 분석방법을 2가지만 서술하시오.

8. 분할실험의 이점과 결점을 1가지씩만 제시하시오.

9. 신뢰성에서 리던던시(Redundancy) 설계란?

10. 제품의 제조단계에 있어서 일반적으로 제품의 고유 신뢰도를 증대시키는 방법을 3가지만 서술하시오.

11. n×n의 라틴방격(Latin square)을 간략히 설명하시오.

12. 계수치 관리도의 장점 및 단점을 2가지씩 나열하시오.

13. 6시그마는 프로세스의 변동을 감소하여 완벽한 프로세스를 추구한다. 그러면 어떻게 하여 프로세스를 개선할 수 있을까? 여기에서 개선의 대상이 되고, 또한 대개 주요 제품이나 서비스에 대한 고객의 핵심요구사항 또는 기업의 가치를 증진시키는 핵심 프로세스이며, 기업이 개선의 대상으로 선정한 핵심품질요소(특성)를 무엇이라 하는가?

76회 기출문제

1. 관리도의 관리한계는 법을 채택하고 있다.

   다음의 $\bar{x} - R$ 관리도의 관리한계식 근거를 제시하시오.

(1) $\bar{x}$ 관리도

   ① $\bar{\bar{x}} \pm A\sigma\,(UCL = \bar{\bar{x}} \pm A\sigma,\ LCL = \bar{\bar{x}} - A\sigma)$

   ② $\bar{\bar{x}} \pm A_2\bar{R}\,(UCL = \bar{\bar{x}} + A_2\bar{R},\ LCL = \bar{\bar{x}} - A_2\bar{R})$

(2) R 관리도

   ① $UCL = D_4\bar{R}$

   ② $LCL = D_3\bar{R}$

   ③ $UCL = D_2\sigma$

   ④ $LCL = D_1\sigma$

2. 실험계획법은 일반적으로 제품의 품질특성에 어떤 요인들이 영향을 미치는가를 알아보기 위하여 실험의 배치와 실행을 어떻게 하며, 수집된 데이터를 어떤 방법으로 분석하면 최소의 노력과 비용으로 최대의 정보를 얻을 수 있는가 하는 실험에 대한 계획방법을 의미하나 기존의 실험계획

법으로는 연구실에서의 실험결과와 현장에서의 실행결과가 다르게 나타나는 경우가 빈번히 발생하여 정확한 의사결정이 어려워 고객의 요구를 만족시키기 위하여 기존의 전통적인 기법보다 더욱 효율적인 새로운 다구찌기법이 등장하게 되었다. 그러면 전통적인 실험계획법과 다구찌기법과의 차이점을 5가지만 정리하시오.

3. 기업 내부에서 6시그마의 성공을 저해하는 장애요소를 5가지만 서술하시오.

4. 고객이 어떠한 과정을 거쳐 제공된 제품이나 서비스에 대한 만족 혹은 불만족을 가지는 고객만족의 기본 공식을 설명하고, 그 가치의 크기에 따라 고객의 인식 유형을 정리하시오.

5. 종래의 전통적인 품질관리(QC)방법에 비하여 다구찌의 QC 접근방식에는 여러 가지 독특한 면이 있다. 이러한 특성은 품질공학의 바탕이 된다. 그 특성을 5가지만 정리하시오.

6. 계량 규준형 1회 샘플링 검사(표준편차를 알 때)의 개요를 설명하고, 불량률을 보증하는 경우 상한 규격치가 주어질 때 검사방식의 설계 근거를 제시하시오.

76회 기출문제

1. PL시행으로 인한 기업이 얻을 수 있는 장점과 단점을 각각 4가지씩 서술하시오.

2. 경영자들은 품질비용자료를 해당 기업의 품질개선 프로그램의 비용과 수익을 확인하거나 품질개선에 대한 장기적인 추세를 파악하는 데 사용한다. 그러나 일부 경영자들은 품질을 측정하는 비용에 관한 개념과 이론적이고 정적인 생산환경을 가정하지만 다분히 동적인 품질비용 모형의 한계점에 대해 우려되는 점들을 말하고 있다. 즉 품질비용 보고절차를 유지하기보다는 차라리 단념하는 경우도 많다. 왜 우려하는가에 대한 품질비용의 제약점들을 5가지만 열거하시오.

3. 제품과 서비스의 품질은 여러 요소들에 의해서 직접영향을 받게 되는데 Feigenbaum이 제시한 품질에 영향을 미치는 9개의 요소인 9M은 무엇들인지 설명하시오.

4. 신뢰성 설계기술 중 최적의 재료를 선정하여 제품제조에 사용하는 것은 대단히 중요한 일이다. 최적의 재료를 선정할 때 고려해야 할 요소를 5가지만 제시하고 간략히 설명하시오.

5. 현장관리자는 제품의 품질 및 생산성 향상에 지대한 관심을 가지고 현장을 관리감독하고 있다. 현장관리자의 문제는 생산성이 떨어질 때 생산성을 저해하는 요인을 4M에 의하여 그 원인을 찾아 개선대책을 강구하고자 할 때 그 세부내용을 기술하시오.

6. 외부 및 내부 고객의 욕구가 모든 상황에 있어서 항상 같다는 생각을 가져서는 안 된다. 외부 고객을 만족시키는 것도 중요하지만 내부 고객의 욕구를 파악하여 충족시키도록 해야 한다. 고객의 욕구는 다양하고 특히 지역에 따라 다르다. 지역에 따른 고객의 욕구 파악은 기업의 성공에 상당히 중요하다. 따라서 고객의 욕구를 파악하는 방법 중 4가지 방법만 정리하시오.

76회 기출문제

1. 중소기업의 이직률은 기술개발 및 축적, 기술력 향상에 지대한 영향을 미친다. 특히 생산현장의 이직률은 작업안정성, 납기준수, 품질보증 등에 막대한 지장을 초래하고 있다. 이에 따라 귀하가 중소기업을 운영하고 있다면 이직률을 줄이는 방법을 서술하시오.

2. 다구찌의 품질공학은 on－line QC와 off－line QC를 통하여 제품품질이 사회에 끼치는 손실을 최소화시키는 것이다. 제품의 품질은 주로 제품 및 공정 설계단계에서 결정되므로 off－line QC가 특히 중요하며, 이와 같은 설계 활동은 시스템 설계, 파라미터 설계, 허용차 설계를 통하여 체계적으로 이루어져야 한다. 여기서 망목특성치인 경우에 파라미터 설계 시 고려하여야 할 주요 착안 사항을 4가지 지적하시오.

3. 샘플링 검사에서 위험과 소비자 위험에 대하여 기술하시오.

4. 어떤 기계를 24시간 간격으로 점검한 결과 고장 난 부품(ri)과 고장 날 만한 부품(ki)을 교체한 수는 다음 표와 같다. 이 기계의 평균수명을 추정하시오.
   (단 계산과정이 없으면 감점처리)

ti	ri	ki	ti	ri	ki
48	0	2	168	2	3
72	0	3	192	1	1
96	1	2	216	1	1
120	1	1	264	2	1
144	2	2	288	1	3

5. A. V. Feigenbaum의 품질코스트 4가지 효용(이용방법)을 간략히 서술하시오.

6. 품질경영활동에 있어서 필수적인 품질정보에 대하여 기술하시오.

인자배치	A	B	C	D	불순물함량(%)				SN비
열번호	1	2	3	4	U_D		U_1		
실험번호					V_D	V_1	V_D	V_1	
1	0	0	0	0	6.80	5.52	2.27	3.75	
2	0	1	1	1	3.43	2.58	2.49	2.11	
3	0	2	2	2	2.17	2.50	1.57	1.98	
4	1	0	1	2	1.79	2.81	1.33	1.76	
5	1	1	2	0	1.98	2.38	2.57	2.00	
6	1	2	0	1	2.93	2.78	2.61	2.17	
7	2	0	2	1	2.43	2.18	1.70	1.56	
8	2	1	0	2	4.25	3.90	1.91	1.63	
9	2	2	1	0	4.05	3.28	1.50	2.12	

7. 과거에는 품질을 불량률, 불량개수, 결점 수, 단위당 결점 수 등으로 구분하여 관리하는 경우 p관리도, np관리도, c관리도, u관리도를 사용하였다. 최근에는 품질을 구분하는 방식이 바뀌었다. 이를 KS A 3201:2001을 근거로 소개하고, 또한 4가지 관리도의 중심선(CL)과 관리한계(UCL,

LCL) 산출식을 기술하시오.

6. 측정시스템분석(MSA)을 통해서 다음의 데이터를 얻었다.
   이로부터 공차대비 %R&R을 구하고 판정 및 조처사항을 기술하시오.

   EV = 3.0   1AV = 3.22   PV = 4.25   규격: 120±4.5(㎜)

1. 품질코스트(Quality Cost)를 분류하고, 그 내용을 간단히 설명하시오.

2. 고장률[개 / 시간], 수리율[개 / 시간]일 때 시간의 이용도(Availability)는 얼마인가?

3. PL(Product Liability), PLP(Product Liability Prevention)와 PLD (Product Liability Defense)에 대하여 개념과 요점만 간단히 설명하시오.

4. 관리도의 용도에 의한 분류로 해석용 관리도와 관리용 관리도를 나누고 있다. 관리용 관리도의 이점을 기술하시오.

5. 사실표준(De Facto Standard)과 공식표준(De Jure Standard)에 대해 설명하시오.

6. 제품안전(PS)과 제조물책임(PL)법과 관련하여 'State of the Art'라는 용어를 사용하고 있다. 이에 대해 간략히 설명하시오.

7. 측정시스템 분석(MSA)에서 변동에 영향을 미치는 5가지 요인을 쓰고 각각에 대해 설명하시오.

8. '프로세스'와 '프로세스 접근방법'에 대해 설명하시오.

9. 결함과 불량품의 차이를 간략히 설명하시오.

10. 6시그마가 무결점 운동과 다른 점을 간략히 설명하시오.

11. 다구찌의 2차 손실함수(Quadratic Loss Function)의 의미를 간략히 설명하시오.

12. 신뢰성 설계란 설계품질의 하나인 신뢰성을 실현하기 위한 설계로서 신뢰성 특유의 설계 수법이 사용된다. 그 설계수법 중 5가지만 나타내고 설명하시오.

13. 실험계획에 있어서 분할법, 교락법 및 일부 실시법은 각각 어떤 경우에 사용하는 것이 유리한가에 대해 간단히 기술하시오.

74회 기출문제

1. K축(shaft)의 지름이 0.8775±0.0025㎜로 주어져 있다. 이 축의 제조 공정을 관리하기 위하여 20일간에 걸쳐서 매일 5개씩 데이터를 취해 $\bar{x} - R$ 관리도를 작성하여 공정은 안정상태에 있었다. 다음 데이터를 사용하여 답하시오.

   $\bar{x} - R$ 관리도의 $\bar{x} = 0.8758mm$, $\bar{R} = 0.0039$이다.

   n = 5일 때 $d_2 = 2.33$수식이다.

   (1) 공정능력지수 C_p를 구하시오(10점).

   (2) C_p의 값이 어떤 범위에 있을 때 공정이 좋다고 생각되는가(5점).

   (3) 공정능력비 D_p를 나타내는 계산식을 구하시오(5점).

   (4) 공정능력비는 공정능력지수와 비교하여 어떤 경우에 사용이 유리한가 (5점).

2. ISO9000:2000 품질경영시스템에서 성과를 개선하는 방향으로 조직을 이끌어 가기 위하여, 최고경영자가 사용할 수 있는 품질경영 8대 원칙에 대하여 간단하게 기술하시오.

3. 관리도를 활용하는 데 있어 공정이 안정(관리)상태 또는 이상상태 여부를 판정하는 기준(관리도 보는 방법)에 대해 기술하시오.

4. KS A ISO9001:2000 규격에서 요구하는 품질경영시스템을 조직에서 도입·운영하기 위한 절차에 대해 중소기업 규모의 특정업종을 선정하여 기술하시오.

5. 부품 A와 B를 선형적으로 연결하여 조립품을 만드는 공정이 있다. 부품 A의 길이는 평균 40, 표준편차 3인 정규분포에 따르고, 부품 B의 길이는 평균 60, 표준편차 4인 정규분포에 따른다고 한다. 조립품의 길이의 규격이 100±10이라면 조립품 가운데 몇%가 규격을 벗어나겠는가?
[단 Z가 $N(0, 1^2)$인 표준정규분포일 때, $P(Z>0.5)=0.3085$, $P(Z>1.0)=0.1587$, $P(Z>1.5)=0.0668$, $P(Z>2.0)=0.0228$]

6. 미국의 MBNQA(Malcom Baldrige National Qudlity Award), 일본의 데밍상, 한국의 국가품질상의 특징을 비교하여 설명하시오.

1. 계수값이 검사에 대한 샘플링 검사(KS A ISO 2859 - 1)의 보통검사, 까다로운 검사 및 수월한 검사에 대한 전환규칙 및 절차를 기술하시오.

   (1) 보통검사에서 까다로운 검사로(4점)

   (2) 까다로운 검사에서 보통검사로(4점)

   (3) 보통검사에서 수월한 검사로(6점)

   (4) 수월한 검사에서 보통검사로(6점)

   (5) 검사정지(5점)

2. 어떤 조립공장에서 최근 15로트의 최종검사에서 성능 불량개수는 다음과 같다.

로트 No.	1	2	3	4	5	6	7	8	9	10	11	12	13	14	15
시료크기(n)	100	100	100	100	100	100	100	100	100	100	100	100	100	100	100
불량개수(Pn)	3	5	7	10	8	4	2	1	6	5	3	8	4	4	5

   (1) 관리한계선을 구하라(10점).

   (2) 관리도를 작성하시오(10점).

   (3) 조립공정의 관리상태를 조사하라(5점).

3. KS 인증제도와 ISO9000 인증제도에 대하여 인증의 대상, 관련 법규, 심사기준 및 요구사항, 심사단계, 사후관리방법의 내용을 비교하여 설명하시오.

4. 품질기능전개(QFD), 품질의 집(House of Quality)에 대해 설명하고, 품질기능전개 4단계와 각 단계별 주요 내용을 기술하시오.

5. 평균 50, 표준편차 10인 정규분포에 따르는 어떤 제품의 품질특성의 평균을 관리하기 위해 부분군의 크기 n＝4이며, 3 관리한계선을 갖는 관리도를 사용하고 있다. 이 제품의 생산공정에 갑자기 이상이 발생하여 품질특성의 평균은 20% 증가하고, 표준편차는 2배로 증가하였다면, 관리도에서 이 변화를 탐지하기까지 평균 몇 개의 부분군(ARL)이 필요하겠는가?
   [단 Z가 $N(0, 1^2)$의 표준정규분포일 때 $P(Z > 0.5) = 0.3085$, $P(Z > 1.0) = 0.1587$, $P(Z > 2.0) = 0.0228$, $P(Z > 2.5) = 0.0062$)]

6. 과제 달성형 접근방법과 문제해결형 접근방법과의 차이점을 설명하시오.

1. 어떤 기계의 소음을 줄이기 위하여 연구한 결과 모터의 베어링 부분에
   대하여 조립 후 베어링유격(A)과 진동상태(B)가 소음의 요인임을 알 수
   있다. 다음에 답하시오.

   (1) 볼 베어링의 유격 $A_1 = 0\mu$, $A_2 = 5\mu$, $A_3 = 10\mu$의 수준으로 그리고,
       진동상태를 $B_1 = 40\mu$, $B_2 = 110\mu$, $B_3 = 180\mu$으로 변환시켜 가면서
       1회씩 실험한 경우의 데이터 구조식(X_{ij})을 구하시오(5점).

   (2) 인자 A_i($i = 1, 2, 3$)가 주는 효과의 평균을 구하고 그 근거를 밝히시
       오(6점).

   (3) 각 수준을 조합한 조건 A_iB_j에서 실험을 3회 반복한다면 1회씩만 실
       험한 것과 비교할 때 어떤 이점을 가지고 있는가(6점).

   (4) '(3)'의 실험에서 전체의 실험, 즉 $3 \times 3 \times 3 = 27$회를 랜덤하게 실시
       하였을 때 오차항(e_{ij})에 가장 중요한 4가지 가정은 무엇인가(8점).

2. 사내에서 시험 및 검사를 위하여 제품검사 규격을 작성할 경우 규격에
   포함되어야 할 항목을 기술하시오(10항목으로 기술).

3. 계수값 검사에 대한 샘플링 검사절차 – 제1부: 로트별 검사에 대한 AQL 지표형 샘플링 검사방식(KS A ISO2859 – 1:2001) 규격에서 사용하는 다음의 용어에 대해 각각 설명하시오.

   (1) 합격품질수준(AQL)   (2) 한계품질(LQ)   (3) 샘플링 검사 스킴 (Sampling Scheme)

   (4) 프로세스 평균(Process average)   (5) 소비자 위험품질(CRQ)

4. 기업에서 개선활동을 추진하는 데 있어 많이 활용되고 있는 기법인 6SIGMA 와 Single PPM의 추진단계에 대해 비교 설명하시오.

5. 카노의 품질의 이원적 인식방법(매력적 품질과 당연적 품질)에 대해서 설명하시오.

6. TQM과 BPR(Business Process Reengineering)의 차이점을 조직, 초점, 개선방식, 기법의 면에서 비교 설명하시오.

1. 정확도 / 정밀도에 대하여 설명하시오.

2. MTBF / MTTR을 간략히 설명하시오.

3. CP, CPK가 어떻게 다른가 차이를 설명하시오.

4. FMEA Sheet 작성 시 포함할 항목을 5가지 이상 기술하시오.

5. Random Sampling 방식 4가지 중 3가지 원칙을 쓰시오.

6. ISO9001 / 2000에서 4항부터 8항까지 요구하는 사항의 제목을 위에서 언급한 대로 기술하시오.

7. 설계가 있는 조직과 없는 조직이 해야 할 일을 ISO9000:2000에 근거
하여 설명하시오.

8. Gage R & R에 대해 쓰시오.

9. MSA 특성 5가지를 설명하시오.

10. 계량치 / 계수치 Data의 차이점을 쓰시오.

11. S / N비란?(Signal과 Noise, 즉 신호와 잡음)

12. Random Sampling 방식 4가지를 설명하시오.

13. ISO9000 / 2000 특정 요구사항 3가지를 나열하시오.

73회 기출문제

1. Juran은 건전한 품질경영활동을 통한 품질향상 노력을 강조하였다.
   이를 위해 Juran이 제안한 품질 3진법(Quality Trilogy)에 대해 기술하시오.

2. 장기적인 품질목표를 전략적으로 전개하기 위해 제시된 전략적 품질경영의 접근단계와 이를 성공적으로 전개하기 위한 요소에 대해 기술하시오.

3. 품질경영시스템의 Process Approach 방식의 실행을 위한 단계를 기술하시오.

4. 최근, 여러 기업에서 전개하고 있는 6sigma 활동과 품질경영시스템과의 연계성에 대해 기술하시오.

5. 예방, 평가, 실패 Cost의 상관성을 이용하여 전체 품질 Cost의 합이 최소가 되는 최적품질수준을 모색할 수 있다. 이 최적품질 Cost Model에 있어서 전통적 Model과 수정 Model을 비교하여 그 차이점과 이 2 Model 의 유용성에 대해 기술하시오.

6. 설계고장 유형영향분석(DFMEA)과 공정고장 유형영향분석(PFMEA)의 차이, 위험우선순위(RPN)를 구성하는 요소들과 RPN 산출방법, RPN을 낮출 수 있는 대안에 대해 기술하시오.

73회 기출문제

1. KANO에 의해 제안된 품질의 이원적 인식방법에 대해 기술하시오.

2. 6시그마 품질혁신 Project의 기본적인 추진방법을 나타내는 5단계의 Road Map에 대해 기술하시오.

3. 기업에서 품질의 비용이나 Process 활동을 회계시스템으로 제대로 반영하지 못하는 문제점을 개선하기 위하여 등장한 활동원가계산(ABC) 등에 대해 설명하고 그 기대효과에 대해 기술하시오.

4. CTQ를 망대특성으로 보고 $L_8(2^7)$ 직교표의 4행의 SN비를 계산하고 모든 인자가 유의하다고 보고 최적조합수준을 적으시오(단 풀이과정을 적으시오).

요인명	A	B	C	D	F	G	e	측정 Data		망대 SN비	망소 SN비	망목 SN비
	원료	압력	온도	RPM	유량	높이	오차	M_1	M_2			
수준 0	A	10	100	100	2	5		온습도1	온습도2			
수준 1	B	15	150	120	7	10						
열번호	1	2	3	4	5	6	7	Y_1	Y_2			
1	0	0	0	0	0	0	0	15.0	15.4	23.635	−23.638	34.606
2	0	0	0	1	1	1	1	21.0	12.1	23.421	−24.679	6.398
3	0	1	1	0	0	1	1	22.5	10.1	22.299	−24.831	5.368
4	0	1	1	1	1	0	0	14.2	15.8	(23.485)	(−23.534)	(22.450)
5	1	0	1	0	1	0	1	24.0	15.4	25.263	−26.091	10.210
6	1	0	1	1	0	1	0	18.9	12.6	23.421	−24.116	10.969
7	1	1	0	0	1	1	0	20.6	13.5	24.065	−24.819	10.620
8	1	1	0	1	0	0	1	21.4	13.2	24.022	−24.998	9.945
기본표시	a	b	ab	ac	bc	abc						

5. CTQ를 망소특성(Smaller the Better)으로 보고 ( ) 직교표의 4행의 SN비를 계산하고 모든 인자가 유의하다고 보고 최적조합수준을 적으시오(단 풀이과정을 적으시오).

6. CTQ를 망목특성(Nominal the Best)으로 보고 ( ) 직교표의 4행의 SN비를 계산하고 모든 인자가 유의하다고 보고 SN비에 대한 최적조합수준을 적으시오.
(단 SPEC는 20±5이며 SN비는, ???를 이용한 공식으로 이용하시오.)
(단 풀이과정을 적으시오.)

73회 기출문제

1. ISO9001:2000 국제표준에서 권고하는 품질경영 8가지 원칙에 대해 기술하시오.

2. 제조물책임법(PL)제도에 대응하려면 기업에서 준비해야 할 부분과 항목에 대해 기술하시오.

3. 최근 구매활동의 일환으로 기업의 가격경쟁력을 확보하기 위해 특정한 활동 및 프로세스를 아웃소싱(outsourcing)하는 경향이 증대되고 있는데 기업의 입장에서 고객을 위한 아웃소싱 업체로부터의 품질을 어떠한 방식으로 평가하고 관리해야 하는가를 기술하시오.

4. 마케팅 프로세스에서의 품질관리는 어떠한 초점과 방식으로 전개되어야 하는가에 대해 기술하시오.

5. 미국의 파라수라만(Parasuraman) 등에 의해 개발된 서비스품질 측정도구인 SERVQUAL에 대해 기술하시오.

6. 어느 회사의 공정에서 n=5의 군으로 하여 1개월간 k=20의 데이터에 대해 계산한 결과가 다음과 같다.

군번호	1	2	3	4	5	6	7	8	9	10
$\bar{x}$	10.45	10.45	10.00	10.80	10.90	10.35	11.35	10.85	10.55	10.50
R	2.0	1.5	1.0	2.5	1.5	1.0	1.5	0.5	2.0	1.5
군번호	11	12	13	14	15	16	17	18	19	20
$\bar{x}$	10.55	9.95	10.45	10.95	11.00	10.05	11.50	10.80	11.10	11.45
R	2.5	2.5	1.0	1.5	1.0	2.0	0.5	2.0	1.5	1.0

① $\bar{x} - R$ 관리도의 UCL, LCL을 구하고 관리상태를 판정하시오.
(단 n=5일 때, $d_2=2.326$, $A_3=0.58$, $D_4=2.11$, $D_3= -$)

② 이 제품의 규격이 10±2㎝로 되어 있을 때, 공정능력지수 C_{pk}를 구하고 판정하시오.

항 목	NO	출제 문제
품질 개요	1	QC의 기본 사고 10가지를 설명하시오.
	2	CSM(고객만족경영)에 대하여 설명하시오.
	3	QM(품질경영)에 대하여 설명하시오.
	4	품질개선에 대한 조직원의 역할을 설명하시오.
	5	LINE STOP 제도에 대하여 설명하시오.
	6	데밍의 품질철학 7가지 병폐, 14가지 품질개선 원칙에 대하여 설명하시오.

항 목	NO	출제 문제
田口 品質	1	S / N비에 대하여 설명하시오.
	2	田口品質 중 NOISE에 대하여 설명하시오.
	3	ON LINE, OFF LINE 품질에 대하여 설명하시오.
	4	田口品質 중 손실함수에 대하여 설명하시오.
	5	기존의 품질공학과 田口品質 공학에 대하여 설명하시오.

항 목	NO	출제 문제
品質 費用	1	Q - COST에 대하여 설명하시오.
	2	Q - COST를 4가지로 구분하여 설명하시오.
	3	Q - COST의 관계를 그래프로 설명하시오.
	4	COPQ에 대하여 설명하시오.

항 목	NO	출제 문제
샘플링 검사	1	OC곡선에 대하여 설명하시오.
	2	AQL 선정 시 유의사항을 설명하시오.
	3	AOQL, AOQ, LTPD에 대하여 설명하시오.
	4	샘플링 검사의 4가지 형식과 형태에 대하여 설명하시오.
	5	검사의 목적에 대하여 설명하시오.

항 목	NO	출제 문제
6시그마 활동	1	6시그마 추진절차 중 DMAIC에 대하여 설명하시오.
	2	6시그마 내용 중 3.4PPM과 2PPB에 대하여 설명하시오.
	3	모토롤라의 6시그마 활동에 대하여 설명하시오.

항 목	NO	출제 문제
관리도 공정 능력	1	CUSUM 관리도와 EWMA 관리도에 대하여 설명하시오.
	2	RUN, TREND, CYCLE에 대하여 설명하시오.
	3	$x-R$ 관리도에 대하여 설명하고 그리시오.
	4	관리한계선을 구하고 관리상태를 판정하시오.
	5	공정능력지수 CP, CPK를 구하시오.
	6	공정능력지수 등급에 따른 조처방법을 설명하시오.

항 목	NO	출제 문제
신뢰성 계측 시스템	1	FMFA, FTA에 대하여 설명하시오.
	2	계측기 R&R에 대하여 설명하시오.
	3	계측기 5가지 특성에 대하여 설명하시오.
	4	신뢰성 향상 기법에 대하여 설명하시오.
	5	고유 신뢰성 설계와 사용 신뢰성 특유 기법에 대하여 설명하시오.
	6	BATH-TUB에 대하여 설명하시오.

항 목	NO	출제 문제
통계	1	불편추정량, 일치추정량, 충분추정량에 대하여 설명하시오.
	2	DATA의 불량률 추정 문제 등.
	3	모수인자와 변량인자에 대하여 설명하시오.
실험 계획	1	실험계획의 기본 원리 5가지를 설명하시오.
	2	반복 없는 2원배치의 계산 문제
	3	ANOVA 작성 문제
	4	실험계획의 순서를 설명하시오.

항 목	NO	출제 문제
표준화	1	사내표준의 역할과 요건에 대하여 설명하시오.
	2	사내표준의 기능적 역할에 대하여 설명하시오.
	3	방침관리와 목표관리에 대하여 설명하시오.
ISO	1	ISO9000 - 1994의 20개 조항을 설명하시오.
	2	ISO9000 - 1994, ISO9000 - 2000의 차이점을 설명하시오.
	3	ISO9000의 부속 규정 7가지에 대하여 설명하시오.

항 목	NO	출제 문제
PL법	1	PL법에 대하여 설명하시오.
	2	PL법의 2대 분류에 대하여 설명하시오.
품질상	1	MBNQA상 제도에 대하여 설명하시오.
	2	MBNQA 평가가준 5가지 이상을 설명하시오.

항 목	NO	출제 문제
기타 용어	1	생산성 저해요소 8가지와 F/B 관리기법에 대하여 설명하시오.
	2	MTBF, MTTF, MTTR를 설명하시오.
	3	MTBF의 점추정 방법에 대하여 설명하시오.
	4	표준수에 대하여 설명하시오.
	5	BENCH MARKING에 대하여 설명하시오.
	6	DESIGN REVIEW에 대하여 설명하시오.
	7	QC 공정도에 대하여 설명하시오.
	8	TPM 활동(자주보전)에 대하여 설명하시오.
	9	3정5S 활동에 대하여 설명하시오.

*부록

관련수치표

1. 표준정규분포표

$$F(z) = \int_{-\infty}^{x} f(z)dz \qquad\qquad F(z): \text{정규분포의 밀도함수}$$

$$F(-z) = 1 - F(x)$$

n	.00	.01	.02	.03	.04	.05	.06	.07	.08	.09
.0	.5000	.5040	.5080	.5120	.5160	.5199	.5239	.5279	.5319	.5359
.1	.5398	.5438	.5478	.5517	.5557	.5596	.5636	.5675	.5714	.5753
.2	.5793	.5832	.5871	.5910	.5948	.5987	.6026	.6064	.6103	.6141
.3	.6179	.6217	.6255	.6293	.6331	.6368	.6406	.6443	.6480	.6517
.4	.6554	.6591	.6628	.6664	.6700	.9736	.6772	.6808	.6844	.6879
.5	.6915	.6950	.6985	.7019	.7054	.7088	.7123	.7157	.7190	.7224
.6	.7257	.7291	.7324	.7357	.7389	.7422	.7454	.7486	.7517	.7549
.7	.7580	.7611	.7642	.7673	.7704	.7734	.7764	.7794	.7823	.7852
.8	.7881	.7910	.7939	.7967	.7995	.8023	.8051	.8078	.8106	.8133
.9	.8159	.8186	.8212	.8238	.8264	.8289	.8315	.8340	.8365	.8389
1.0	.8413	.8438	.8461	.8485	.8508	.8531	.8554	.8577	.8599	.8621
1.1	.8643	.8665	.8686	.8708	.8729	.8749	.8770	.8790	.8810	.8830
1.2	.8849	.8869	.8888	.8907	.8925	.8944	.8962	.8980	.8997	.9015
1.3	.9032	.9049	.9066	.9082	.9399	.9115	.9131	.9147	.9162	.9177
1.4	.9192	.9207	.9222	.9236	.9251	.9265	.9279	.9292	.9306	.9319
1.5	.9332	.9345	.9357	.9370	.9382	.9394	.9406	.9418	.9429	.9441
1.6	.9452	.9463	.9474	.9484	.9495	.9505	.9515	.9525	.9535	.6545
1.7	.9554	.9564	.9573	.9582	.9591	.9599	.9608	.9616	.9625	.9633
1.8	.9641	.9649	.9656	.9664	.9671	.9678	.9686	.9693	.9699	.9706
1.9	.9713	.9719	.9726	.9732	.9738	.9744	.9750	.9756	.9761	.9767
2.0	.9772	.9778	.9783	.9788	.9793	.9798	.9803	.9808	.9812	.9817
2.1	.9821	.9826	.9830	.9834	.9838	.9842	.9846	.9850	.9854	.9857
2.2	.9861	.9864	.9868	.9871	.9875	.9878	.9881	.9884	.9887	.9890
2.3	.9893	.9896	.9898	.9901	.9904	.9906	.9909	.9911	.9913	.9916
2.4	.9918	.9920	.9922	.9925	.9927	.9929	.9931	.9932	.9934	.9936
2.5	.9938	.9940	.9941	.9943	.9945	.9946	.9948	.9949	.9951	.9952
2.6	.9953	.9955	.9956	.9957	.9959	.9960	.9961	.9962	.9963	.9964
2.7	.9965	.9966	.9967	.9968	.9969	.9970	.9971	.9972	.9973	.9974
2.8	.9974	.9975	.9976	.9977	.9977	.9978	.9979	.9979	.9980	.9981
2.9	.9981	.9982	.9982	.9983	.9984	.9984	.9985	.9985	.9986	.9986
3.0	.9987	.9987	.9987	.9988	.9988	.9989	.9989	.9989	.9990	.9990
3.1	.9990	.9991	.9991	.9991	.9992	.9992	.9992	.9992	.9993	.9993
3.2	.9993	.9993	.9994	.9994	.9994	.9994	.9994	.9995	.9995	.9995
3.3	.9995	.9995	.9995	.9995	.9996	.9996	.9996	.9996	.9996	.9997
3.4	.9997	.9997	.9997	.9997	.9997	.9997	.9997	.9997	.9997	.9998

2. t분포표

$$v, \ P \rightarrow t$$
$$\begin{pmatrix} \text{자유도 } v\text{와 아래쪽 확률} \\ P\text{에서 } t\text{를 구하는 표} \end{pmatrix}$$

$$P = 2\int_{-\infty}^{t} \frac{\Gamma\left(\dfrac{v+1}{2}\right)dv}{\sqrt{v\pi}\,\Gamma\left(\dfrac{v}{2}\right)\left(1+\dfrac{v^2}{v}\right)^{v+1}}$$

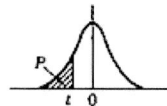

P / v	0.75	0.80	0.85	0.90	0.95	0.975	0.99	0.995	0.9995	P / v
1	1.000	1.376	1.963	3.078	6.314	12.706	31.821	63.657	636.619	1
2	.816	1.061	1.386	1.886	2.920	4.303	6.965	9.925	31.598	2
3	0.765	0.978	1.250	1.638	2.353	3.182	4.541	5.841	12.941	3
4	0.741	0.941	1.190	1.533	2.132	2.776	3.747	4.604	8.610	4
5	0.727	0.920	1.156	1.476	2.015	2.571	3.365	4.032	6.859	5
6	0.718	0.906	1.134	1.440	1.943	2.447	3.143	3.707	5.959	6
7	0.711	0.896	1.119	1.415	1.895	2.365	2.998	3.499	5.405	7
8	0.706	0.889	1.108	1.397	1.860	2.306	2.896	3.355	5.041	8
9	0.703	0.883	1.110	1.383	1.833	2.262	2.821	3.250	4.781	9
10	0.700	0.879	1.093	1.372	1.812	2.228	2.764	3.169	4.587	10
11	0.697	0.876	1.088	1.363	1.796	2.201	2.718	3.106	4.437	11
12	0.695	0.873	1.083	1.356	1.782	2.179	2.681	3.055	4.318	12
13	0.694	0.870	1.079	1.350	1.771	2.160	2.650	3.012	4.221	13
14	0.692	0.868	1.076	1.345	1.761	2.145	2.624	2.977	4.140	14
15	0.691	0.866	1.074	1.341	1.753	2.131	2.602	2.947	4.073	15
16	0.690	0.865	1.071	1.337	1.746	2.120	2.583	2.921	4.015	16
17	0.689	0.863	1.069	1.333	1.740	2.110	2.567	2.898	3.965	17
18	0.688	0.862	1.067	1.330	1.734	2.101	2.552	2.878	3.922	18
19	0.688	0.861	1.066	1.328	1.729	2.093	2.539	2.861	3.883	19
20	0.687	0.860	1.064	1.325	1.725	2.086	2.528	2.845	3.085	20
21	0.686	0.859	1.063	1.323	1.721	2.080	2.518	2.831	3.819	21
22	0.686	0.858	1.061	1.321	1.717	2.074	2.508	2.819	3.792	22
23	0.685	0.858	1.060	1.319	1.714	0.069	2.500	2.807	3.767	23
24	0.685	0.857	1.059	1.318	1.711	20.64	2.492	2.797	3.745	24
25	0.684	0.856	1.058	1.316	1.708	2.060	2.485	2.787	3.725	25
26	0.684	0.856	1.058	1.315	1.706	2.056	2.479	2.779	3.707	26
27	0.684	0.855	1.057	1.314	1.703	2.052	2.473	2.771	3.690	27
28	0.683	0.855	1.056	1.313	1.701	2.048	2.467	2.763	3.674	28
29	0.683	0.854	1.055	1.311	1.699	2.045	2.462	2.756	3.659	29
30	0.683	0.854	1.055	1.310	1.697	2.042	2.457	2.750	3.646	30
40	0.681	0.851	1.050	1.303	1.684	2.021	2.423	2.704	3.551	
60	0.679	0.848	1.046	1.296	1.671	2.000	2.390	2.660	3.460	
120	0.677	0.845	1.041	1.289	1.658	1.980	2.358	2.617	3.373	
∞	0.674	0.842	1.036	1.282	1.645	1.960	2.326	2.576	3.291	

예: $v=10$, $p=0.975$에 대한 t의 값은 2.228이다. 자유도 10의 t분포에 따르는 확률변수가 2.228이하의 절대치를 가지고 출현하는 확률이 97.5%라는 것을 가리킨다.

3. x^2분포표

$v,\ p \to x^2$

$\begin{pmatrix} \text{자유도 } v \text{와 아래쪽 확률} \\ P \text{에서 } x^2 \text{을 구하는 표} \end{pmatrix}$

$$p = \int_o^{x^2} \frac{1}{\Gamma\left(\dfrac{v}{2}\right)} e^{-\frac{x}{2}\left(\frac{x}{2}\right)^{\frac{v-1}{2}} \frac{dx}{2}}$$

P / v	.005	.010	.025	.050	.100	.250	.500	.750	.900	.950	.975	.990	.995
1	0.04393	0.03157	0.03982	0.023	0.0158	0.102	0.455	1.323	2.71	3.84	5.02	6.63	7.88
2	0.0100	0.0201	0.0506	0.103	0.211	0.575	1.386	2.77	4.61	5.99	7.38	9.21	10.60
3	0.0717	0.115	0.216	0.352	0.584	1.213	2.37	4.11	6.25	7.81	9.35	11.34	12.84
4	0.207	0.297	0.484	0.711	1.064	1.923	3.36	5.39	7.78	9.49	11.14	13.28	14.86
5	0.412	0.554	0.831	1.145	1.610	2.67	4.35	6.63	9.24	11.07	12.83	15.09	1.675
6	0.676	0.872	1.237	1.635	2.20	3.45	5.35	7.84	10.64	12.59	14.45	16.81	18.55
7	0.989	1.239	1.690	2.17	2.83	4.25	6.35	9.04	12.02	14.07	16.01	18.48	20.3
8	1.344	1.646	2.18	2.73	3.49	5.07	7.34	10.22	13.36	15.51	17.53	20.1	22.0
9	1.735	2.09	2.70	3.33	4.17	5.90	8.34	11.39	14.68	16.92	19.02	21.7	23.6
10	2.16	2.56	3.25	3.94	4.87	6.74	9.34	12.55	15.99	18.31	20.5	23.2	25.2
11	2.60	3.05	3.82	4.57	5.58	7.58	10.34	13.70	17.28	19.68	21.9	24.7	26.8
12	3.07	3.57	4.40	5.23	6.30	8.44	11.34	14.85	18.55	21.0	23.3	26.2	28.3
13	3.57	4.11	5.01	5.89	7.04	9.30	12.34	15.98	19.81	22.4	24.7	27.7	29.8
14	4.07	4.66	5.63	6.57	7.79	10.17	13.34	17.12	21.1	23.7	26.1	29.1	31.3
15	4.60	5.23	6.26	7.26	8.55	11.04	14.34	18.25	22.3	25.0	27.5	30.6	32.8
16	5.14	5.81	6.91	7.96	9.31	11.91	15.34	19.37	23.5	26.3	28.8	32.0	34.3
17	5.70	6.41	7.56	8.67	10.09	12.79	16.34	20.5	24.8	27.6	30.2	33.4	35.7
18	6.26	7.01	8.23	9.39	10.86	13.68	17.34	21.6	26.0	28.9	31.5	34.8	37.2
19	6.84	7.63	8.91	10.12	11.65	14.56	18.34	22.7	27.2	30.1	32.9	36.2	38.6
20	7.43	8.26	9.59	10.85	12.44	15.45	19.34	23.8	28.4	31.4	34.2	37.6	40.0
21	8.03	8.90	10.28	11.59	13.24	16.34	20.3	24.9	29.6	32.7	35.5	38.9	41.4
22	8.64	9.54	10.98	12.34	14.04	17.24	21.3	26.0	30.8	33.9	36.8	40.3	42.8
23	9.26	10.20	11.69	13.09	14.85	18.14	22.3	27.1	32.0	35.2	38.1	41.6	44.2
24	9.89	10.86	12.40	13.85	15.66	19.04	23.3	28.2	33.2	36.4	39.4	43.0	45.6
25	10.52	11.52	13.12	14.61	16.47	19.94	24.3	29.3	34.4	37.7	40.6	44.3	46.9
26	11.16	12.20	13.84	15.38	17.29	20.8	25.3	30.4	35.6	38.9	41.9	45.6	48.3
27	11.81	12.88	14.57	16.15	18.11	31.7	26.3	31.5	36.7	40.1	43.2	47.0	49.6
28	12.46	13.56	15.31	16.93	18.94	23.7	27.3	32.6	37.9	41.3	44.5	48.3	51.0
29	13.12	14.26	16.05	17.71	19.77	23.6	28.3	33.7	39.1	42.6	45.7	49.6	52.3
30	13.79	14.95	16.79	18.49	20.6	34.5	29.3	34.8	40.3	43.8	47.0	50.9	53.7
40	20.7	22.2	24.4	26.5	29.1	33.7	39.3	45.6	51.8	55.8	59.3	63.7	66.8
50	28.0	29.7	32.4	34.8	37.7	42.9	49.3	56.3	63.2	67.5	71.4	76.2	79.5
60	35.5	37.5	40.5	43.2	46.5	52.3	59.3	67.0	74.4	79.1	83.8	88.4	92.0
70	43.3	45.4	48.8	51.7	55.3	61.7	69.3	77.6	85.5	90.5	95.0	100.4	104.2
80	51.2	53.5	57.2	60.4	64.3	71.7	79.3	88.1	96.6	101.9	106.6	112.3	116.3
90	59.2	61.8	65.6	69.1	73.3	80.6	89.3	98.6	107.6	113.1	118.1	124.1	128.3
100	67.3	70.1	74.2	77.9	82.4	90.1	99.	109.1	118.5	124.3	129.6	135.8	140.2
y_p	−2.58	−2.33	−1.96	−1.64	−1.28	−0.674	0.000	0.674	1.282	1.645	1.960	2.33	2.58

4. F분포표(95%, 99%)

$$\alpha = \int_o^F \frac{v1^{\frac{v_1}{2}} v2^{\frac{v_1}{2}} x^{\frac{v_1}{2}-1}}{B\left(\frac{v_1}{2} \cdot \frac{v_2}{2}\right)} (v_1 x + v_2)\, dx$$

(사유도 v_1, v_2에서 이래쪽 확률 95%및 99%에 대한 F의 값을 구하는 표)

$F = {}^{v1}_{v2}(\alpha)$ $\quad \alpha = \begin{cases} 0.95 \cdots \text{명조자} \\ 0.99 \cdots \text{고딕자} \end{cases}$

v_2 \ v_1	1	2	3	4	5	6	7	8	9	10	12	15	20	24	30	40	60	120	∞
1	161.	200.	216.	225.	230.	234.	237.	339.	241.	242.	244.	246.	248.	249.	250.	251.	252.	253.	254.
	4052.	5000.	5304.	5625.	5764.	5859.	5928.	5982.	6022.	6056.	6106.	6157.	6290.	6235.	6261.	6287.	6313.	6339.	6366.
2	18.5	19.0	19.2	19.2	19.3	19.3	19.4	19.4	19.4	19.4	1.94	19.4	19.4	19.5	19.5	19.5	19.5	19.5	19.5
	98.5	99.0	99.2	99.2	99.3	99.3	99.4	99.4	99.4	99.4	99.4	99.4	99.4	99.5	99.5	99.5	99.5	99.5	99.5
3	10.1	9.55	9.28	9.12	9.01	8.94	8.89	8.85	8.81	8.79	8.74	8.70	8.66	8.64	8.62	8.59	8.57	8.55	8.53
	34.1	30.8	29.5	28.7	28.2	27.9	27.7	27.5	27.3	27.2	27.1	26.9	26.7	26.6	26.5	26.4	26.3	26.2	26.1
4	7.1	6.94	6.59	6.39	6.26	6.16	6.09	6.04	6.00	5.96	5.91	5.86	5.80	5.77	5.75	5.72	5.69	5.66	5.63
	21.2	18.0	16.7	16.0	15.5	15.2	15.0	14.8	14.7	14.5	14.4	14.2	14.0	13.9	13.8	13.7	13.7	13.6	13.5
5	6.61	5.79	5.41	5.19	5.05	4.95	4.88	4.82	4.77	4.74	4.68	4.62	4.56	4.53	4.50	4.46	4.43	4.40	4.36
	16.3	13.3	12.1	11.4	11.0	10.7	10.5	10.3	10.2	10.1	9.89	9.72	9.55	9.47	9.38	9.29	9.20	9.11	9.02
6	5.99	5.14	4.76	4.53	4.39	4.28	4.21	4.15	4.10	4.06	4.00	3.94	3.87	3.84	3.81	3.77	3.74	3.70	3.67
	13.7	10.9	9.78	9.15	8.75	8.47	8.26	8.10	7.98	7.87	7.72	7.56	7.40	7.31	7.23	7.14	7.06	6.97	6.88
7	5.59	4.74	4.35	4.12	3.97	3.87	3.79	3.73	3.68	3.64	3.57	3.51	3.44	3.41	3.38	3.34	3.30	3.27	3.23
	12.2	9.55	8.45	7.85	7.46	7.19	6.99	6.84	6.72	6.62	6.47	631	6.16	6.07	5.99	5.91	5.82	5.74	5.65
8	5.32	4.46	4.07	3.84	3.69	3.58	3.50	3.44	3.39	3.35	3.28	3.22	3.15	3.12	3.08	3.04	3.01	2.97	2.93
	11.3	8.65	7.59	7.01	6.63	6.37	6.18	6.03	5.91	5.81	5.67	5.52	5.36	5.28	5.20	5.12	5.03	4.95	4.86
9	5.12	4.26	3.80	3.63	3.48	3.37	3.29	3.23	3.18	3.14	3.07	3.01	2.94	2.90	2.86	2.83	2.79	2.75	2.71
	10.6	8.02	6.99	6.42	6.06	5.80	5.61	5.47	5.35	5.26	5.11	4.96	4.81	4.73	4.65	4.57	4.48	4.40	4.31
10	4.96	4.10	3.71	3.48	3.33	3.22	3.14	3.07	3.02	2.98	2.91	2.84	2.77	2.74	2.70	2.66	2.62	2.58	2.54
	10.0	7.56	6.55	5.99	5.64	5.39	5.20	5.06	4.94	4.85	4.71	4.56	4.41	4.33	4.25	4.17	4.08	4.00	3.91
11	4.84	3.98	3.59	3.36	3.20	3.09	3.01	2.95	2.90	2.85	2.79	2.72	2.65	2.61	2.57	2.53	2.49	2.45	2.40
	9.65	7.21	6.22	5.67	5.32	5.07	4.89	4.74	4.63	4.54	4.40	4.25	4.10	4.02	3.94	3.86	3.78	3.69	3.60
12	4.75	3.89	3.49	3.26	3.11	3.00	2.91	2.85	2.80	2.75	2.69	2.62	2.54	2.51	2.47	2.43	2.38	2.34	2.30
	9.33	6.93	5.95	5.41	5.06	4.82	4.64	4.50	4.39	4.30	4.16	4.01	3.86	3.78	3.70	3.62	3.54	3.45	3.36
13	4.67	3.81	3.41	3.18	3.03	2.92	2.83	2.77	2.71	2.67	2.60	2.53	2.46	2.42	2.38	2.34	2.30	2.25	2.21
	9.07	6.70	5.74	5.21	4.86	4.62	4.44	4.30	4.19	4.10	3.96	3.82	3.66	3.59	3.51	3.43	3.34	3.25	3.17
14	4.60	3.74	3.34	3.11	2.96	2.85	2.76	2.70	2.65	2.60	2.53	2.46	2.39	2.35	2.31	2.27	2.22	2.18	2.13
	8.86	6.51	5.56	5.04	4.70	4.46	4.28	4.14	4.03	3.94	3.80	3.66	3.51	3.43	3.35	3.27	3.18	3.09	3.00
15	4.54	3.68	3.29	3.06	2.90	2.79	2.71	2.64	2.59	2.54	2.48	2.40	2.33	2.29	2.25	2.20	2.16	2.11	2.07
	8.68	6.36	5.42	4.89	4.56	4.32	4.14	4.00	3.89	3.80	3.67	3.52	3.37	3.29	3.21	3.13	3.05	2.96	2.87

v_1 / v_2	1	2	3	4	5	6	7	8	9	10	12	15	20	24	30	40	60	120	∞
16	4.49	3.63	3.24	3.01	2.85	2.74	2.66	2.59	2.54	2.49	2.42	2.35	2.28	2.24	2.19	2.15	2.11	2.06	2.01
	8.53	6.23	5.29	4.77	4.44	4.20	4.03	3.89	3.78	3.69	3.55	3.41	3.26	3.18	3.10	3.02	2.93	2.84	2.75
17	4.45	3.59	3.20	2.96	2.81	2.70	2.61	2.55	2.49	2.45	2.38	2.31	2.23	2.19	2.15	2.10	2.06	2.01	1.96
	8.40	6.11	5.18	4.67	4.34	4.10	3.93	3.79	3.67	3.59	3.46	3.31	3.16	3.08	3.00	2.92	2.83	2.75	2.65
18	4.41	3.55	3.16	2.93	2.77	2.66	2.58	2.51	2.46	2.41	2.34	2.27	2.19	2.15	2.11	2.06	2.02	1.97	1.92
	8.29	6.01	5.09	4.58	4.25	4.01	3.84	3.71	3.60	3.51	3.37	3.23	3.08	3.00	2.92	2.84	2.75	2.66	2.57
19	4.38	3.52	3.13	2.90	2.74	2.63	2.54	2.48	2.42	2.38	2.31	2.23	2.16	2.11	2.07	2.03	1.98	1.93	1.88
	8.18	5.93	5.01	4.50	4.17	3.94	3.77	3.63	3.52	3.43	3.30	3.15	3.00	2.92	2.84	2.76	2.67	2.58	2.49
20	4.35	3.49	3.10	2.87	2.71	2.60	2.51	2.45	2.39	2.35	2.28	2.20	2.12	2.08	2.04	1.99	1.95	1.90	1.84
	8.10	5.85	4.94	4.43	4.10	3.87	3.70	3.56	3.46	3.37	3.23	3.09	2.94	2.86	2.78	2.69	2.61	2.52	2.42
21	4.32	3.47	3.07	2.84	2.67	2.57	2.49	2.42	2.37	2.32	2.25	2.18	2.10	2.05	2.01	1.96	1.92	1.87	1.81
	8.02	5.78	4.87	4.37	4.04	3.81	3.64	3.51	3.40	3.31	3.17	3.03	2.88	2.80	2.72	2.64	2.55	2.46	2.36
22	4.30	3.44	3.05	2.82	2.66	2.55	2.46	2.40	2.34	2.30	2.23	2.15	2.07	2.03	1.98	1.94	1.89	1.84	1.78
	7.95	5.72	4.82	4.31	3.99	3.76	3.59	3.45	3.35	3.26	3.12	2.98	2.83	2.75	2.67	2.58	2.50	2.40	2.31
23	4.28	3.40	3.03	2.80	2.64	2.53	2.44	2.37	2.32	2.27	2.20	2.13	2.05	2.00	1.96	1.91	1.86	1.81	1.76
	7.88	5.66	4.76	4.26	3.94	3.71	3.54	3.41	3.30	3.21	3.07	2.93	2.78	2.70	2.62	2.54	2.45	2.35	2.26
24	4.26	3.4	3.01	2.78	2.62	2.51	2.42	2.36	2.30	2.25	2.18	2.11	2.03	1.98	1.94	1.89	1.84	1.79	1.73
	7.82	5.61	4.72	4.22	3.90	3.67	3.50	3.36	3.26	3.17	3.03	2.89	2.74	2.66	2.58	2.49	2.40	2.31	2.21
25	4.24	3.39	2.99	2.76	2.60	2.49	2.40	2.34	2.28	2.24	2.16	2.09	2.01	1.96	1.92	1.87	1.82	1.77	1.71
	7.77	5.57	4.68	4.18	3.86	3.63	3.46	3.32	3.22	3.13	2.99	2.85	2.70	2.62	2.54	2.45	2.36	2.27	2.17
26	4.23	3.37	2.98	2.74	2.59	2.47	2.39	2.32	2.27	2.22	2.15	2.07	1.99	1.95	1.90	1.85	1.80	1.75	1.69
	7.72	5.53	4.64	4.14	3.82	3.59	3.42	3.29	3.18	3.09	2.96	2.82	2.66	2.58	2.50	2.42	2.33	2.23	2.13
27	4.21	3.35	2.96	2.73	2.57	2.46	2.37	2.31	2.25	2.20	2.13	2.06	1.97	1.93	1.88	1.84	1.79	1.73	1.67
	7.68	5.49	4.60	4.11	3.78	3.56	3.39	3.26	3.15	3.06	2.93	2.78	2.63	2.55	2.47	2.38	2.29	2.20	2.10
28	4.20	3.34	2.95	2.71	2.56	2.45	2.36	2.29	2.24	2.19	2.12	2.04	1.96	1.91	1.87	1.82	1.77	1.71	1.65
	7.64	5.45	4.57	4.07	3.75	3.53	3.36	3.23	3.12	3.03	2.90	2.75	2.60	2.52	2.44	2.35	2.26	2.17	2.06
29	4.18	3.33	2.93	2.70	2.55	2.43	2.35	2.28	2.22	2.18	2.10	2.03	1.94	1.90	1.85	1.81	1.75	1.70	1.64
	7.60	5.42	4.54	4.04	3.73	3.50	3.33	3.20	3.09	3.00	2.87	2.73	2.56	2.49	2.41	2.33	2.23	2.14	2.03
30	4.17	3.32	2.92	2.69	2.53	2.42	2.33	2.27	2.21	2.16	2.09	2.01	1.93	1.89	1.84	1.79	1.74	1.68	1.62
	7.56	5.39	4.51	4.02	3.70	3.47	3.30	3.17	3.07	2.98	2.84	2.70	2.55	2.47	2.39	2.30	2.21	2.11	2.01
40	4.08	3.23	2.84	2.61	2.45	2.34	2.25	2.18	2.12	2.08	2.00	1.92	1.84	1.79	1.74	1.69	1.64	1.58	1.51
	7.31	5.18	4.31	3.83	3.51	3.29	3.12	2.99	2.89	2.80	2.66	2.52	2.37	2.29	2.20	2.11	2.02	1.92	1.80
60	4.00	3.15	2.76	2.53	2.37	2.25	2.17	2.10	2.04	1.99	1.92	1.84	1.75	1.70	1.65	1.59	1.53	1.47	1.39
	7.08	4.98	4.13	3.65	3.34	3.12	2.95	2.82	2.72	2.63	2.50	2.35	2.20	2.12	2.03	1.94	1.84	1.73	1.60
120	3.92	3.07	2.68	2.45	2.29	2.18	2.09	2.02	1.96	1.91	1.83	1.75	1.66	1.61	1.55	1.50	1.43	1.35	1.25
	6.85	4.79	3.95	3.48	3.17	2.96	2.79	2.66	2.56	2.47	2.34	2.19	2.03	1.95	1.86	1.76	1.66	1.53	1.38
∞	3.84	3.00	2.60	2.37	2.21	2.10	2.01	1.94	1.88	1.83	1.75	1.67	1.57	1.52	1.46	1.39	1.32	1.22	1.00
	6.63	4.61	3.78	3.32	3.02	2.80	2.64	2.51	2.41	2.32	2.18	2.04	1.88	1.70	1.59	1.47	1.32	1.22	1.00

예 1:자유도 $v_1 = 5$, $v_2 = 10$인 F분포의 위쪽 95%의 점은 3.33, 99%의 점은 5.640이다.

예 2:자유도(5, 10)인 F분포의 위쪽 95%의 점을 구하려면 $v_1 = 10$, $v_2 = 5$에 대하여 표를 읽어 4.74를 얻고, 그 역수를 따라 1/4.74로 한다.

주; 자유도가 큰 끝의 보간은 120/v를 사용하는 1차 보간에 의한다.(→31)

F 표(99.5%)

$$F^{v_1}_{v_2}(0.995)$$

자유도 v_1, v_2의 F 분포의 (아래쪽의 99.5%점을 구하는 표)

v_2＼v_1	1	2	3	4	5	6	7	8	9	10	12	15	20	24	30	40	60	120	∞
2	198.	199.	199.	199.	199.	199.	199.	199.	199.	199.	199.	199.	199.	199.	199.	199.	199.	199.	200.
3	55.6	49.8	47.5	46.2	45.4	44.8	44.4	44.1	43.9	43.7	43.4	43.1	42.8	42.6	42.5	42.3	42.1	42.0	41.8
4	31.3	26.3	24.3	23.2	22.5	22.0	21.6	21.4	21.1	21.0	20.7	20.4	20.2	20.0	19.9	19.8	19.6	19.5	19.3
5	22.8	18.3	16.5	15.6	14.9	14.5	14.2	14.0	13.8	13.6	13.4	13.1	12.9	12.8	12.7	12.5	12.4	12.3	12.1
6	18.6	14.5	12.9	12.0	14.5	11.1	10.8	10.6	10.4	10.2	10.0	9.81	9.59	9.47	9.36	9.24	9.12	9.00	8.88
7	16.2	12.4	10.9	10.0	9.52	9.16	8.89	8.68	8.51	8.38	8.18	7.97	7.75	7.64	7.53	7.42	7.31	7.19	7.08
8	14.7	11.0	9.60	8.81	8.30	7.95	7.69	7.50	7.34	7.21	7.01	6.81	6.61	6.50	6.40	6.20	6.18	6.06	5.95
9	13.6	10.1	8.72	7.96	7.47	7.13	6.88	6.69	6.54	6.42	6.23	6.03	5.83	5.73	5.62	5.52	5.41	5.30	5.19
10	12.8	9.43	8.08	7.34	6.87	6.54	6.30	6.12	5.97	5.85	5.66	5.47	5.27	5.17	5.07	4.97	4.86	4.75	4.64
11	12.2	8.91	7.60	6.88	6.42	6.10	5.86	5.68	5.54	5.42	5.24	5.05	4.86	4.76	4.65	4.55	4.44	4.34	4.23
12	11.8	8.51	7.23	6.52	6.07	5.76	5.52	5.35	5.20	5.09	4.91	4.72	4.53	4.43	4.33	4.23	4.12	4.01	3.90
13	11.4	8.19	6.93	6.23	5.79	5.48	5.25	5.08	4.94	4.82	4.64	4.46	4.27	4.17	4.07	3.97	3.87	3.76	3.65
14	11.1	7.92	6.68	6.00	5.56	5.26	5.03	4.86	4.72	4.60	4.43	4.25	4.06	3.96	3.86	3.76	3.66	3.55	3.44
15	10.8	7.70	6.48	5.80	5.37	5.07	4.85	4.67	4.54	4.42	4.25	4.07	3.88	3.79	3.69	3.58	3.48	3.37	3.26
16	10.6	7.51	6.30	5.64	5.21	4.91	4.69	4.52	4.38	4.27	4.10	3.92	3.73	3.64	3.54	3.44	3.33	3.22	3.11
17	10.4	7.35	6.16	5.50	5.07	4.78	4.56	4.39	4.25	4.14	3.97	3.79	3.61	3.51	3.41	3.31	3.21	3.10	2.98
18	10.2	7.21	6.03	5.37	4.96	4.66	4.44	4.28	4.14	4.03	3.86	3.68	3.50	3.40	3.30	3.20	3.10	2.99	2.87
19	10.1	7.09	5.92	5.27	4.76	4.56	4.34	4.18	4.04	3.93	3.76	3.59	3.40	3.31	3.21	3.11	3.00	2.89	2.78
20	9.94	6.99	5.82	5.17	4.76	4.47	4.26	4.09	3.96	3.85	3.68	3.50	3.32	3.22	3.12	3.02	2.92	2.81	2.69
21	9.83	6.89	5.73	5.09	4.38	4.39	4.18	4.01	3.88	3.77	3.60	3.43	3.24	3.15	3.05	2.95	2.84	2.73	2.61
22	9.73	6.81	5.65	5.02	4.51	4.32	4.11	3.94	3.81	3.70	3.54	3.36	3.18	3.08	2.98	2.88	2.77	2.66	2.55
23	9.63	6.73	5.58	4.95	4.54	4.26	4.05	3.88	3.75	3.64	3.47	3.30	3.12	3.02	2.92	2.82	2.71	2.60	2.48
24	9.55	6.66	5.52	4.89	4.49	4.20	3.99	3.83	3.69	3.59	3.42	3.25	3.06	2.97	2.87	2.77	2.66	2.55	2.43
25	9.48	6.60	5.46	4.84	4.43	4.15	3.94	3.78	3.64	3.54	3.37	3.20	3.01	2.92	2.82	2.72	2.61	2.50	2.34
26	9.41	6.54	5.41	4.79	4.38	4.10	3.89	3.73	3.60	3.49	3.33	3.15	2.97	2.87	2.77	2.67	2.56	2.45	2.33
27	9.34	6.49	5.36	4.74	4.34	4.06	3.85	3.69	3.56	3.45	3.28	3.11	2.93	2.83	2.73	2.63	2.52	2.41	2.29
28	9.28	6.44	5.32	4.70	4.30	4.02	3.81	3.65	3.52	3.41	3.25	3.07	2.89	2.79	2.69	2.59	2.48	2.37	2.25
29	9.18	6.40	5.28	4.66	4.26	3.98	3.77	3.61	3.48	3.38	3.21	3.04	2.86	2.76	2.66	2.56	2.45	2.33	2.21
30	9.18	6.35	5.24	4.62	4.23	3.95	3.74	3.58	3.45	3.34	3.18	3.01	2.82	2.73	2.63	2.52	2.42	2.30	2.18
40	8.83	6.07	4.98	4.37	3.99	3.71	3.51	3.35	3.22	3.12	2.95	2.78	2.60	2.50	2.40	2.30	2.18	2.06	1.93
60	8.49	5.80	4.73	4.14	3.76	3.49	3.29	3.13	3.01	2.90	2.74	2.57	2.39	2.29	2.19	2.08	1.96	1.83	1.69
120	8.18	5.54	4.50	3.92	3.55	3.28	3.09	2.93	2.81	2.71	2.54	2.37	2.19	2.09	1.98	1.87	1.75	1.61	1.43
∞	7.88	5.30	4.28	3.72	3.35	3.09	2.90	2.74	2.62	2.52	2.36	2.19	2.00	1.90	1.79	1.67	1.53	1.36	1.00

예 1: 자유도(5, 10)의 F 분포의 아래쪽 99.5%의 점은 6.87이 된다.

예 2: 자유도(5, 10)의 F분포의 위쪽 99.5%의 점은 1/13.60이 된다.

F 표(97.5%)

97.5%

$$F^{v_1}_{v_2}(0.975)$$

v_2 \ v_1	1	2	3	4	5	6	7	8	9	10	12	15	20	24	30	40	60	120	∞
1	648.	800.	864.	900.	922.	937.	948.	957.	963.	969.	977.	985.	993.	997.	1001.	1006.	1010.	1014.	1018.
2	38.5	39.0	39.2	39.2	39.3	39.3	39.4	39.4	39.4	39.4	39.4	39.4	39.4	39.5	39.5	39.5	39.5	39.5	39.5
3	17.4	16.0	15.4	15.1	14.9	14.7	14.7	14.5	14.5	14.4	14.3	14.3	14.2	14.1	14.1	14.0	14.0	13.9	13.9
4	12.2	10.6	9.98	9.60	9.36	9.20	9.07	8.98	8.90	8.84	8.75	8.66	8.56	8.51	8.46	8.41	8.36	8.31	8.26
5	10.0	8.43	7.76	7.39	7.15	6.98	6.85	6.76	6.68	6.62	6.52	6.43	6.33	6.28	6.23	6.18	6.12	6.07	6.02
6	8.81	7.26	6.60	6.23	5.99	5.82	5.70	5.60	5.52	5.46	5.37	5.27	5.17	5.12	5.07	5.01	4.96	4.90	4.85
7	8.07	6.54	5.89	5.52	5.29	5.12	4.99	4.90	4.82	4.76	4.67	4.57	4.47	4.42	4.36	4.31	4.25	4.20	4.14
8	7.57	6.06	5.42	5.05	4.82	4.65	4.53	4.43	4.36	4.30	4.20	4.10	4.00	3.95	3.89	3.84	3.78	3.73	3.67
9	7.21	5.71	5.08	4.72	4.48	4.32	4.20	4.10	4.03	3.96	3.87	3.77	3.67	3.61	3.56	3.51	3.45	3.39	3.33
10	6.94	5.46	4.83	4.47	4.24	4.07	3.95	3.85	3.78	3.72	3.62	3.52	3.42	3.37	3.31	3.26	3.20	3.14	3.08
11	6.72	5.26	4.63	4.28	4.04	3.88	3.76	3.66	3.59	3.53	3.43	3.33	3.23	3.17	3.12	3.06	3.00	2.94	2.88
12	6.55	5.10	4.47	4.12	3.89	3.73	3.61	3.51	3.44	3.37	3.28	3.18	3.07	3.02	2.96	2.91	2.85	2.79	2.72
13	6.41	4.97	4.35	4.00	3.77	3.60	3.48	3.39	3.31	3.25	3.15	3.05	2.95	2.89	2.84	2.78	2.72	2.66	2.60
14	6.30	4.86	4.24	3.89	3.66	3.50	3.38	3.29	3.21	3.15	3.05	2.95	2.84	2.79	2.73	2.67	2.61	2.55	2.49
15	6.20	4.76	4.15	3.80	3.58	3.41	3.29	3.20	3.12	3.06	2.96	2.86	2.76	2.70	2.64	2.58	2.52	2.45	2.40
16	6.12	4.69	4.08	3.73	3.50	3.34	3.22	3.12	3.05	2.99	2.89	2.79	2.68	2.63	2.57	2.51	2.45	2.38	2.32
17	6.04	4.62	4.01	3.66	3.44	3.28	3.16	3.06	2.98	2.92	2.82	2.72	2.62	2.56	2.50	2.44	2.38	2.32	2.25
18	5.98	4.56	3.95	3.61	3.38	3.22	3.10	3.01	2.93	2.87	2.77	2.67	2.56	2.50	2.44	2.38	2.32	2.26	2.19
19	5.92	4.51	3.90	3.56	3.33	3.17	3.05	2.96	2.88	2.82	2.72	2.62	2.51	2.45	2.39	2.33	2.27	2.20	2.13
20	5.87	4.46	3.86	3.51	3.29	3.13	3.01	2.91	2.84	2.77	2.68	2.57	2.46	2.41	2.35	2.29	2.22	2.15	2.09
21	5.83	4.42	3.82	3.48	3.25	3.09	2.97	2.87	2.80	2.73	2.64	2.53	2.42	2.37	2.31	2.25	2.18	2.11	2.04
22	5.79	4.38	3.78	3.44	3.22	3.05	2.93	2.84	2.76	2.70	2.60	2.50	2.39	2.33	2.27	2.21	2.14	2.08	2.00
23	5.75	4.35	3.75	3.41	3.18	3.02	2.90	2.81	2.73	2.67	2.57	2.47	2.36	2.30	2.24	2.18	2.11	2.04	1.97
24	5.72	4.32	3.72	3.38	3.15	2.99	2.87	2.78	2.70	2.64	2.54	2.44	2.33	2.27	2.21	2.15	2.08	2.01	1.94
25	5.69	4.29	3.69	3.35	3.13	2.97	2.85	2.75	2.68	2.61	2.51	2.41	2.30	2.24	2.18	2.12	2.05	1.98	1.91
26	5.66	4.27	3.67	3.33	3.10	2.94	2.82	2.73	2.65	2.59	2.49	2.39	2.28	2.22	2.16	2.09	2.03	1.95	1.88
27	5.63	4.24	3.65	3.31	3.08	2.92	2.80	2.71	2.63	2.57	2.47	2.36	2.25	2.19	2.13	2.07	2.00	1.93	1.85
28	5.61	4.22	3.63	3.29	3.06	2.90	2.78	2.69	2.61	2.55	2.45	2.34	2.23	2.17	2.11	2.05	1.98	1.91	1.83
29	5.59	4.20	3.61	3.27	3.04	2.88	2.76	2.67	2.59	2.53	2.43	2.32	2.21	2.15	2.09	2.03	1.96	1.89	1.81
30	5.57	4.18	3.59	3.25	3.03	2.87	2.75	2.65	2.57	2.51	2.41	2.31	2.20	2.14	2.07	2.01	1.94	1.87	1.79
40	5.42	4.05	3.46	3.13	2.90	2.74	2.62	2.53	2.45	2.39	2.29	2.18	2.07	2.01	1.94	1.88	1.80	1.72	1.64
60	5.29	3.93	3.34	3.01	2.79	2.63	2.51	2.41	2.33	2.27	2.17	2.06	1.94	1.88	1.82	1.74	1.67	1.58	1.48
120	5.15	3.80	3.23	2.89	2.67	2.52	2.39	2.30	2.22	2.16	2.05	1.94	1.82	1.76	1.69	1.61	1.53	1.43	1.31
∞	5.02	3.69	3.12	2.79	2.57	2.41	2.29	2.19	2.11	2.05	1.94	1.83	1.71	1.64	1.57	1.48	1.39	1.27	1.00

예 1: 자유도(5, 10)의 F 분포의 아래쪽 97.5%의 점은 4.24이 된다. 예 2: 자유도(5, 10)의 F분포의 위쪽97.5%의 점은 1/6.620이 된다.

F 표(90%)

$$F^{v_1}_{v_2}(0.90)$$

(자유도 v_1, v_2의 F 분포의 아래쪽의 90%점을 구하는 표)

v_2 \ v_1	1	2	3	4	5	6	7	8	9	10	12	15	20	24	30	40	60	120	∞
1	39.9	49.5	53.6	55.8	57.2	58.2	58.0	59.4	59.9	60.2	60.7	61.2	61.7	62.0	62.3	62.5	62.8	63.1	63.3
2	8.53	9.00	9.16	9.24	9.29	9.33	9.35	9.37	9.38	9.39	9.41	9.42	9.44	9.45	9.46	9.47	9.47	9.48	9.49
3	5.54	5.46	5.39	5.34	5.31	5.28	5.27	5.25	5.24	5.23	5.22	5.20	5.18	5.18	5.17	5.16	5.15	5.14	5.13
4	4.54	4.32	4.19	4.11	4.05	4.01	3.98	3.95	3.94	3.92	3.90	3.87	3.84	3.83	3.82	3.80	3.79	3.78	3.76
5	4.60	3.78	3.62	3.52	3.45	3.40	3.37	3.34	3.32	3.30	3.27	3.24	3.21	3.19	3.17	3.16	3.14	3.12	3.10
6	3.78	3.46	3.29	3.18	3.11	3.05	3.01	2.98	2.96	2.94	2.90	2.87	2.84	2.82	2.80	2.78	2.76	2.74	2.72
7	3.59	3.26	3.07	2.96	2.88	2.83	2.78	2.75	2.72	2.70	2.67	2.63	2.59	2.58	2.56	2.54	2.51	2.49	2.47
8	3.46	3.11	2.92	2.81	2.73	2.66	2.62	2.59	2.56	2.54	2.50	2.46	2.42	2.40	2.38	2.36	2.34	2.32	2.29
9	3.36	3.01	2.81	2.69	2.61	2.55	2.51	2.47	2.44	2.42	2.38	2.34	2.30	2.28	2.25	2.23	2.21	2.18	2.16
10	3.28	2.92	2.73	2.61	2.52	2.46	2.41	2.38	2.35	2.32	2.28	2.24	2.20	2.18	2.16	2.13	2.11	2.08	2.06
11	3.23	2.86	2.66	2.54	2.45	2.39	2.34	2.30	2.27	2.25	2.21	2.17	2.12	2.10	2.08	2.05	2.03	2.00	1.97
12	3.13	2.81	2.61	2.48	2.39	2.33	2.28	2.24	2.21	2.19	2.15	2.10	2.06	2.04	2.01	1.99	1.96	1.93	1.90
13	3.14	2.76	2.56	2.43	2.35	2.28	2.23	2.20	2.16	2.14	2.10	2.05	2.01	1.98	1.96	1.93	1.90	1.88	1.85
14	3.10	2.73	2.52	2.39	2.31	2.24	2.19	2.15	2.12	2.10	2.05	2.01	1.96	1.94	1.91	1.89	1.86	1.83	1.80
15	3.07	2.70	2.49	2.36	2.27	2.21	2.16	2.12	2.09	2.06	2.02	1.97	1.92	1.90	1.87	1.85	1.82	1.79	1.76
16	3.05	2.67	2.46	2.33	2.24	2.18	2.13	2.09	2.06	2.03	1.99	1.94	1.89	1.87	1.84	1.81	1.78	1.75	1.72
17	3.03	2.64	2.44	2.31	2.22	2.15	2.10	2.06	2.03	2.00	1.96	1.91	1.86	1.84	1.81	1.78	1.75	1.72	1.69
18	3.01	2.62	2.42	2.29	2.20	2.13	2.08	2.04	2.00	1.98	1.93	1.89	1.84	1.81	1.78	1.75	1.72	1.69	1.66
19	2.99	2.61	2.40	2.27	2.18	2.11	2.06	2.02	1.98	1.96	1.91	1.86	1.81	1.79	1.76	1.73	1.70	1.67	1.63
20	2.97	2.59	2.38	2.25	2.16	2.09	2.04	2.00	1.96	1.94	1.89	1.84	1.79	1.77	1.74	1.71	1.68	1.64	1.61
21	2.96	2.57	2.36	2.23	2.14	2.08	2.02	1.98	1.95	1.92	1.88	1.83	1.78	1.75	1.72	1.69	1.66	1.62	1.59
22	2.96	2.56	2.35	2.22	2.13	2.06	2.01	1.97	1.93	1.90	1.86	1.81	1.76	1.73	1.70	1.67	1.64	1.60	1.57
23	2.94	2.55	2.34	2.21	2.11	2.05	1.99	1.95	1.92	1.89	1.84	1.80	1.74	1.72	1.69	1.66	1.62	1.59	1.55
24	2.93	2.54	2.33	2.19	2.10	2.04	1.98	1.94	1.91	1.88	1.83	1.78	1.73	1.70	1.67	1.64	1.61	1.57	1.53
25	2.92	2.53	2.32	2.18	2.09	2.02	1.97	1.93	1.89	1.87	1.82	1.77	1.72	1.69	1.66	1.63	1.59	1.56	1.52
26	2.91	2.52	2.31	2.17	2.08	2.01	1.96	1.92	1.88	1.86	1.81	1.76	1.71	1.68	1.65	1.61	1.58	1.54	1.50
27	2.90	2.51	2.30	2.17	2.07	2.00	1.95	1.91	1.87	1.85	1.80	1.75	1.70	1.67	1.64	1.60	1.57	1.53	1.49
28	2.89	2.50	2.29	2.16	2.06	2.00	1.94	1.90	1.87	1.84	1.79	1.74	1.69	1.66	1.63	1.59	1.56	1.52	1.48
29	2.89	2.50	2.28	2.15	2.06	1.99	1.93	1.89	1.86	1.83	1.78	1.73	1.68	1.65	1.62	1.58	1.55	1.51	1.47
30	2.88	2.49	2.28	2.14	2.05	1.98	1.93	1.88	1.85	1.82	1.77	1.72	1.67	1.64	1.61	1.57	1.54	1.50	1.46
40	2.84	2.44	2.23	2.09	2.00	1.93	1.87	1.83	1.79	1.76	1.71	1.66	1.61	1.57	1.54	1.51	1.47	1.42	1.38
60	2.79	2.39	2.18	2.04	1.95	1.87	1.82	1.77	1.74	1.71	1.66	1.60	1.54	1.51	1.48	1.44	1.40	1.35	1.29
120	2.75	2.35	2.13	1.99	1.90	1.82	1.77	1.72	1.68	1.65	1.60	1.55	1.48	1.45	1.41	1.37	1.32	1.26	1.19
∞	2.71	2.30	2.08	1.94	1.85	1.77	1.72	1.67	1.63	1.60	1.55	1.49	1.42	1.38	1.34	1.30	1.24	1.17	1.00

예 1: 자유도(5, 10)의 F분포의 아래쪽 90%의 점은 2.52가 된다. 예 2: 자유도(5, 10)의 F분포의 위쪽 90%의 점은 1/3030이 된다.

5. 관리도용 계수표

군의 크기	관리 한계를 위한 계수											중심선을 위한 계수			
	A	A_2	A_3	B_3	B_4	B_5	B_6	D_1	D_2	D_3	D_4	c_2	$1/c_2$	d_2	$1/d_2$
2	2.121	1.880	2.659	.	3.267	–	2.606	.	3.686	.	3.267	0.7979	1.2533	1.128	0.8865
3	1.732	10.23	1.954	–	2.568	–	2.276	.	4.358	.	2.574	0.8862	1.1284	1.693	0.5907
4	1.500	0.729	1.628	–	2.266	–	2.088	.	4.698	–	2.282	0.9213	1.0854	2.059	0.4857
5	1.342	0.577	1.427	–	2.089	–	1.964	–	4.918	–	2.114	0.9400	1.0638	2.326	0.4299
6	1.225	0.483	1.287	0.030	1.970	0.029	1.874	–	5.078	–	2.004	0.9515	1.0510	2.534	0.3946
7	1.134	0.419	1.182	0.118	1.882	0.113	1.806	0.204	5.204	0.076	1.924	0.9594	1.0423	2.704	0.3698
8	1.061	0.373	1.099	0.185	1.815	0.179	1.751	0.388	5.306	0.136	1.864	0.9650	1.0363	2.847	0.3512
9	1.000	0.337	1.032	0.239	1.761	0.232	1.707	0.547	5.393	0.184	1.816	0.9693	1.0317	2.970	0.3367
10	0.949	0.308	0.975	0.284	1.716	0.276	1.669	0.687	5.469	0.223	1.777	0.9727	1.0281	3.078	0.3249
11	0.905	0.285	0.927	0.321	1.679	0.313	1.637	0.811	5.535	0.256	1.744	0.9754	1.0252	3.173	0.3152
12	0.866	0.266	0.886	0.354	1.646	0.346	1.610	0.922	5.594	0.283	1.717	0.9776	1.0229	3.258	0.3069
13	0.832	0.249	0.850	0.382	1.618	0.374	1.585	1.025	5.647	0.307	1.693	0.9794	1.0210	3.336	0.2998
14	0.802	0.235	0.817	0.406	1.594	0.399	1.563	1.118	5.696	0.328	1.672	0.9810	1.0194	3.407	0.2935
15	0.775	0.223	0.789	0.428	1.572	0.421	1.544	1.203	5.741	0.347	1.653	0.9823	1.0180	3.472	0.2880
16	0.750	0.212	0.763	0.448	1.552	0.440	1.526	1.282	5.782	0.363	1.637	0.9835	1.0168	3.532	0.2831
17	0.728	0.203	0.739	0.466	1.534	0.458	1.511	1.356	5.820	0.378	1.622	0.9845	1.0157	3.588	0.2787
18	0.707	0.194	0.718	0.482	1.518	0.475	1.496	1.424	5.866	0.391	1.608	0.9854	1.0148	3.640	0.2747
19	0.688	0.187	0.698	0.497	1.503	0.490	1.483	1.487	5.891	0.403	1.597	0.9862	1.0140	3.689	0.2711
20	0.671	0.180	0.680	0.510	1.490	0.504	1.470	1.549	5.921	0.415	1.585	0.9869	1.0133	3.735	0.2677
21	0.655	0.173	0.663	0.523	1.477	0.516	1.459	1.605	5.951	0.425	1.575	0.9876	1.0126	3.778	0.2647
22	0.640	0.167	0.647	0.534	1.466	0.528	1.448	1.659	5.979	0.434	1.566	0.9882	1.0119	3.819	0.2618
23	0.626	0.162	0.633	0.545	1.455	0.539	1.438	1.710	6.006	0.443	1.557	0.9887	1.0114	3.858	0.2592
24	0.612	0.157	0.619	0.555	1.445	0.549	1.429	1.759	6.031	0.451	1.548	0.9892	1.0109	3.895	0.2567
25	0.600	0.153	0.606	0.565	1.435	0.559	1.420	1.806	6.056	0.459	1.541	0.9896	1.0105	3.931	0.2544

출전 : ASTM, philadelphia, PA, USA

n	2	3	4	5	6	7	8	9	10	∞
A_4	1.88	1.19	0.80	0.69	0.55	0.51	0.43	0.41	0.36	
A_9	2.695	1.826	1.522	1.363	1.263	1.194	1.143	1.104	1.072	
m_3	1.000	1.160	1.092	1.198	1.135	1.214	1.160	1.223	1.176	1.253
d_3	0.853	0.888	0.880	0.864	0.848	0.833	0.820	0.808	0.797	
c_5	0.6028	0.4633	0.3888	0.3412	0.3075	0.3075	0.2621	0.2458	0.2322	

6. (누적)포아송 분포표

$$p_{(C)} = (np'c/c!)e^{-np}((\ ) \ \text{안은} \ \text{累積值})$$

np c	0.1	0.2	0.3	0.4	0.5
0	0.905 (0.905)	0.819 (0.819)	0.741 (0.741)	0.670 (0.670)	0.607 (0.607)
1	0.091 (0.996)	0.164 (0.983)	0.222 (0.963)	0.268 (0.938)	0.303 (0.910)
2	0.004 (1.000)	0.016 (0.999)	0.033 (0.996)	0.054 (0.992)	0.076 (0.986)
3		0.010 (1.000)	0.004 (1.000)	0.007 (0.999)	0.013 (0.999)
4				0.001 (1.000)	0.001 (1.000)

np c	0.6	0.7	0.8	0.9	1.0
0	0.549 (0.549)	0.497 (0.497)	0.449 (0.449)	0.406 (0.406)	0.368 (0.368)
1	0.329 (0.878)	0.349 (0.845)	0.359 (0.808)	0.366 (0.772)	0.368 (0.736)
2	0.099 (0.977)	0.122 (0.967)	0.144 (0.952)	0.166 (0.938)	0.184 (0.920)
3	0.020 (0.997)	0.028 (0.995)	0.039 (0.991)	0.049 (0.987)	0.061 (0.981)
4	0.003 (1.000)	0.005 (1.000)	0.008 (0.999)	0.011 (0.998)	0.016 (0.997)
5			0.001 (1.000)	0.002 (1.000)	0.003 (1.000)

np c	1.1	1.2	1.3	1.4	1.5
0	0.333 (0.333)	0.301 (0301)	0.273 (0.273)	0.247 (0.247)	0.223 (0.223)
1	0.366 (0.699)	0.361 (0.662)	0.354 (0.627)	0.345 (0.592)	0.335 (0.558)
2	0.201 (0.900)	0.217 (0.879)	0.230 (0.857)	0.242 (0.834)	0.251 (0.809)
3	0.074 (0.974)	0.087 (0.966)	0.100 (0.957)	0.113 (0.947)	0.126 (0.935)
4	0.021 (0.995)	0.026 (0.992)	0.032 (0.989)	0.039 (0.986)	0.047 (0.982)
5	0.004 (0.999)	0.007 (0.999)	0.009 (0.998)	0.011 (0.997)	0.014 (0.996)
6	0.001 (1.000)	0.001 (1.000)	0.002 (1.000)	0.003 (1.000)	0.004 (1.000)

np c	1.6	1.7	1.8	1.9	2.0
0	0.202 (0.202)	0.183 (0.183)	0.165 (0.165)	0.150 (0.150)	0.135 (0.135)
1	0.323 (0.525)	0.311 (0.494)	0.298 (0.463)	0.284 (0.434)_	0.271 (0.406)
2	0.258 (0.783)	0.264 (0.758)	0.268 (0.731)	0.270 (0.704)	0.271 (0.677)
3	0.138 (0.921)	0.149 (0.907)	0.161 (0.892)	0.171 (0.875)	0.180 (0.857)
4	0.055 (0.976)	0.064 (0.971)	0.072 (0.964)	0.081 (0.956)	0.090 (0.947)
5	0.018 (0.994)	0.022 (0.993)	0.026 (0.990)	0.031 (0.987)	0.036 (0.983)
6	0.005 (0.999)	0.006 (0.999)	0.008 (0.998)	0.010 (0.997)	0.012 (0.995)
7	0.001 (1.000)	0.001 (1.000)	0.002 (1.000)	0.003 (1.000)	0.004 (0.999)
8					0.001 (1.000)

np / c	2.1	2.2	2.3	2.4	2.5
0	0.123 (0.123)	0.111 (0.111)	0.100 (0.100)	0.091 (0.091)	0.082 (0.082)
1	0.257 (0.380)	0.244 (0.355)	0.231 (0.331)	0.218 (0.309)	0.205 (0.287)
2	0.270 (0.650)	0.268 (0.623)	0.265 (0.596)	0.261 (0.570)	0.256 (0.543)
3	0.189 (0.839)	0.197 (0.820)	0.203 (0.799)	0.209 (0.779)	0.214 (0.757)
4	0.099 (0.938)	0.108 (0.928)	0.117 (0.916)	0.125 (0.904)	0.134 (0.891)
5	0.042 (0.980)	0.048 (0.976)	0.054 (0.970)	0.060 (0.964)	0.067 (0.958)
6	0.015 (0.995)	0.017 (0.933)	0.021 (0.991)	0.024 (0.988)	0.028 (0.986)
7	0.004 (0.999)	0.005 (0.998)	0.007 (0.998)	0.008 (0.996)	0.010 (0.996)
8	0.001 (1.000)	0.002 (1.000)	0.002 (1.000)	0.003 (0.999)	0.003 (0.999)
9				0.001 (1.000)	0.001 (1.000)

np / c	2.6	2.7	2.8	2.9	3.0
0	0.074 (0.074)	0.067 (0.067)	0.061 (0.061)	0.055 (0.055)	0.050 (0.050)
1	0.193 (0.267)	0.182 (0.249)	0.170 (0.231)	0.160 (0.215)	0.149 (0.199)
2	0.251 (0.518)	0.245 (0.494)	0.238 (0.469)	0.231 (0.446)	0.224 (0.423)
3	0.128 (0.736)	0.221 (0.715)	0.223 (0.692)	0.224 (0.670)	0.224 (0.647)
4	0.141 (0.877)	0.149 (0.864)	0.156 (0.848)	0.162 (0.832)	0.224 (0.815)
5	0.074 (0.951)	0.080 (0.944)	0.087 (0.935)	0.094 (0.926)	0.168 (0.916)
6	0.032 (0.983)	0.036 (0.980)	0.041 (0.976)	0.045 (0.971)	0.101 (0.966)
7	0.012 (0.995)	0.014 (0.994)	0.016 (0.992)	0.019 (0.990)	0.050 (0.988)
8	0.004 (0.999)	0.005 (0.999)	0.006 (0.998)	0.007 (0.997)	0.008 (0.999)
9	0.001 (1.000)	0.001 (1.000)	0.002 (1.000)	0.002 (0.999)	0.003 (1.999)
10				0.001 (1.000)	0.001 (1.000)

np / c	3.1	3.2	3.3	3.4	3.5
0	0.045 (0.045)	0.041 (0.041)	0.037 (0.037)	0.033 (0.033)	0.030 (0.030)
1	0.140 (0.185)	0.130 (0.171)	0.122 (0.159)	0.113 (0.146)	0.106 (0.136)
2	0.216 (0.401)	0.209 (0.380)	0.201 (0.360)	0.193 (0.339)	0.185 (0.321)
3	0.224 (0.625)	0.223 (0.603)	0.222 (0.582)	0.219 (0.558)	0.216 (0.537)
4	0.173 (0.798)	0.178 (0.781)	0.182 (0.764)	0.186 (0.744)	0.189 (0.726)
5	0.107 (0.905)	0.114 (0.895)	0.120 (0.884)	0.126 (0.870)	0.132 (0.858)
6	0.056 (0.061)	0.061 (0.956)	0.066 (0.950)	0.071 (0.941)	0.077 (0.935)
7	0.025 (0.986)	0.028 (0.984)	0.031 (0.981)	0.035 (0.976)	0.038 (0.973)
8	0.010 (0.996)	0.011 (0.995)	0.012 (0.993)	0.015 (0.991)	0.017 (0.990)

c \ np	3.1	3.2	3.3	3.4	3.5
9	0.003 (0.999)	0.004 (0.999)	0.005 (0.998)	0.006 (0.997)	0.007 (0.997)
10	0.001 (1.000)	0.001 (1.000)	0.001 (1.000)	0.002 (0.999)	0.002 (0.999)
11				0.001 (1000)	0.001 (1.000)

c \ np	3.6	3.7	3.8	3.9	4.0
0	0.027 (0.027)	0.025 (0.025)	0.022 (0.022)	0.020 (0.020)	0.018 (0.018)
1	0.098 (0.125)	0.091 (0.116)	0.085 (0.107)	0.079 (0.099)	0.073 (0.091)
2	0.177 (0.302)	0.169 (0.285)	0.161 (0.268)	0.154 (0.253)	0.147 (0.238)
3	0.213 (0.515)	0.209 (0.494)	0.205 (0.473)	0.200 (0.453)	0.195 (0.433)
4	0.019 (1.706)	0.193 (0.687)	0.194 (0.667)	0.195 (0.648)	0.195 (0.628)
5	0.138 (0.844)	0.143 (0.830)	0.148 (0.815)	0.152 (0.800)	0.157 (0.785)
6	0.083 (0.927)	0.088 (0.918)	0.094 (0.909)	0.099 (0.899)	0.104 (0.889)
7	0.042 (0.969)	0.047 (0.965)	0.051 (0.960)	0.055 (0.954)	0.060 (0.949)
8	0.019 (0.988)	0.022 (0.987)	0.024 (0.984)	0.027 (0.981)	0.030 (0.979)
9	0.008 (0.996)	0.009 (0.996)	0.010 (0.994)	0.012 (0.993)	0.013 (0.992)
10	0.003 (0.999)	0.003 (0.999)	0.004 (0.998)	0.004 (0.997)	0.005 (0.997)
11	0.001 (1.000)	0.001 (1.000)	0.001 (0.999)	0.002 (0.999)	0.002 (0.999)
12			0.001 (1.000)	0.001 (1.000)	0.001 (1.000)

c \ np	4.1	4.2	4.3	4.4	4.5
0	0.017 (0.017)	0.015 (0.015)	0.014 (0.014)	0.012 (0.012)	0.011 (0.011)
1	0.068 (0.085)	0.063 (0.078)	0.058 (0.072)	0.054 (0.066)	0.050 (0.061)
2	0.139 (0.224)	0.132 (0.210)	0.126 (0.198)	0.119 (0.185)	0.113 (0.174)
3	0.190 (0.414)	0.185 (0.395)	0.180 (0.378)	0.174 (0.359)	0.169 (0.343)
4	0.195 (0.609)	0.195 (0.590)	0.193 (0.571)	0.192 (0.551)	0.190 (0.533)
5	0.160 (0.769)	0.163 (0.753)	0.166 (0.737)	0.169 (0.720)	0.171 (0.704)
6	1.110 (0.879)	0.114 (0.867)	0.119 (0.856)	0.124 (0.844)	0.138 (0.832)
7	0.064 (0.943)	0.069 (0.936)	0.073 (0.929)	0.078 (0.922)	0.082 (0.914)
8	0.033 (0.976)	0.036 (0.972)	0.040 (0.969)	0.043 (0.965)	0.046 (0.960)
9	0.015 (0.991)	0.017 (0.989)	0.019 (0.988)	0.021 (0.986)	0.023 (0.983)
10	0.006 (0.997)	0.007 (0.996)	0.008 (0.996)	0.009 (0.995)	0.011 (0.994)
11	0.002 (0.999)	0.003 (0.999)	0.003 (0.999)	0.004 (0.999)	0.004 (0.998)
12	0.001 (1.000)	0.001 (1.000)	0.001 (1.000)	0.001 (1.000)	0.001 (0.999)
13					0.001 (1.000)

7. 이항분포표

n	X	p								
		0.10	0.20	0.30	0.40	0.50	0.60	0.70	0.80	0.90
2	0	0.8100	0.6400	0.4900	0.3600	0.2500	0.1600	0.0900	0.0400	0.0100
	1	0.1800	0.3200	0.4200	0.4800	0.5000	0.4800	0.4200	0.3200	0.1800
	2	0.0100	0.0400	0.0900	0.1600	0.2500	0.3600	0.4900	0.6400	0.8100
3	0	0.7290	0.5120	0.3430	0.2160	0.1250	0.0640	0.0270	0.0080	0.0010
	1	0.24230	0.3840	0.4410	0.4320	0.3750	0.2880	0.1890	0.0960	0.0270
	2	0.0270	0.0960	0.1890	0.2880	0.3750	0.4320	0.4410	0.3840	0.2430
	3	0.0010	0.0080	0.0270	0.0640	0.1250	0.2160	0.3430	0.5120	0.7290
4	0	0.6561	0.4096	0.2401	0.1296	0.0625	0.0256	0.0081	0.0016	0.0001
	1	0.2916	0.4096	0.4116	0.3456	0.2500	0.1536	0.0756	0.0256	0.0036
	2	0.0486	0.1536	0.2646	0.3456	0.3750	0.3456	0.2646	0.1536	0.0486
	3	0.0036	0.0256	0.0756	0.1536	0.2500	0.3456	0.4116	0.4096	0.2916
	4	0.0001	0.0016	0.0081	0.0256	0.0625	0.1296	0.2401	0.4096	0.6561
5	0	0.5905	0.3277	0.1681	0.0778	0.0313	0.0102	0.0024	0.0003	
	1	0.3281	0.4096	0.3602	0.2592	0.1562	0.0768	0.0284	0.0064	0.0004
	2	0.0729	0.2048	0.3087	0.3456	0.3125	0.2304	0.1323	0.0512	0.0081
	3	0.0081	0.5012	0.1323	0.2304	0.3125	0.3456	0.3087	0.2048	0.0729
	4	0.0004	0.0064	0.0284	0.0768	0.1562	0.2592	0.3602	0.4096	0.3281
	5		0.0003	0.0024	0.0102	0.0313	0.0778	0.1681	0.3277	0.5905
6	0	0.5314	0.2621	0.1176	0.0467	0.0156	0.0041	0.0007	0.0001	
	1	0.3543	0.3932	0.3025	0.1866	0.0938	0.0369	0.0102	0.0015	0.0001
	2	0.0984	0.2458	0.3241	0.3110	0.2344	0.1382	0.0595	0.0154	0.0012
	3	0.0146	0.0819	0.1852	0.2765	0.3125	0.2765	0.1852	0.0819	0.0146
	4	0.0012	0.0514	0.0595	0.1382	0.2344	0.3110	0.3241	0.2458	0.0984
	5	0.0001	0.0015	0.0102	0.0369	0.0938	0.1866	0.3025	0.3932	0.3543
	6		0.0001	0.0007	0.0041	0.0156	0.0476	0.1176	0.2621	0.5314
7	0	0.4783	0.2097	0.0824	0.0280	0.0078	0.0019	0.0002		
	1	0.3720	0.3670	0.2471	0.1306	0.0547	0.0172	0.0036	0.0004	
	2	0.1240	0.2753	0.3177	0.2613	0.1641	0.0774	0.0250	0.0043	0.0002
	3	0.0230	0.1147	0.2269	0.2903	0.2734	0.1935	0.0972	0.0287	0.0026
	4	0.0026	0.0287	0.0972	0.1935	0.2734	0.2903	0.2269	0.1147	0.0230
	5	0.0002	0.0043	0.0250	0.0774	0.0641	0.2613	0.3177	0.2753	0.1240
	6		0.0004	0.0036	0.0172	0.0547	0.1306	0.2471	0.3670	0.3720
	7			0.0002	0.0016	0.0078	0.0280	0.0824	0.2097	0.4783
8	0	0.4305	0.1678	0.0576	0.0168	0.0039	0.0007	0.0001		
	1	0.3826	0.3355	0.1976	0.0896	0.0312	0.0079	0.0012	0.0001	
	2	0.1488	0.2936	0.2965	0.2090	0.1094	0.0413	0.0100	0.0011	
	3	0.0331	0.1468	0.2541	0.2787	0.2188	0.1239	0.0467	0.0092	0.0004
	4	0.0046	0.0459	0.1361	0.2322	0.2734	0.2322	0.1361	0.0549	0.0046

n	X					p				
		0.10	0.20	0.30	0.40	0.50	0.60	0.70	0.80	0.90
	5	0.0004	0.0092	0.0467	0.1239	0.2188	0.2787	0.2541	0.1468	0.0331
	6		0.0011	0.0100	0.0413	0.1094	0.2090	0.2965	0.2936	0.1488
	7		0.0001	0.0012	0.0079	0.0312	0.0896	0.1976	0.3355	0.3826
	8			0.0001	0.0007	0.0039	0.0168	0.0576	0.1678	0.4305
9	0	0.3874	0.1342	0.0404	0.0101	0.0020	0.0003			
	1	0.3874	0.3020	0.1556	0.0605	0.0176	0.0035	0.0004		
	2	0.1722	0.3020	0.2668	0.1612	0.0703	0.0212	0.0039	0.0003	
	3	0.0446	0.1762	0.2668	0.2508	0.1641	0.0743	0.0210	0.0028	0.0001
	4	0.0074	0.0661	0.1715	0.2808	0.2461	0.1672	0.0735	0.0165	0.0008
	5	0.0008	0.0165	0.0735	0.1672	0.2491	0.2508	0.1715	0.0661	0.0074
	6	0.0001	0.0028	0.0210	0.0743	0.1641	0.2508	0.2668	0.1762	0.0446
	7		0.0003	0.0039	0.0212	0.0703	0.1612	0.2668	0.3020	0.1722
	8			0.0004	0.0035	0.0176	060605	0.1556	0.3020	0.3874
	9				0.0003	0.0020	0.0101	0.0404	0.1342	0.3874
10	0	0.3487	0.1074	0.0282	0.0060	0.0010	0.0001			
	1	0.3487	0.2684	0.1211	0.0403	0.0098	0.0016	0.0001		
	2	0.1937	0.3020	0.2335	0.1209	0.0439	0.0106	0.0014	0.0001	
	3	0.0574	0.2013	0.2668	0.2150	0.1772	0.0425	0.0090	0.0008	
	4	0.0112	0.0881	0.2001	0.2508	0.2051	0.1115	0.0368	0.0055	0.0001
	5	0.0015	0.0264	0.1029	0.2007	0.2461	0.2007	0.1029	0.0264	0.0015
	6	0.0001	0.0055	0.0368	0.1115	0.2051	0.2508	0.2001	0.0881	0.0112
	7	0.0008	0.0090	0.0425	0.1172	0.2150	0.2668	0.2013	0.0574	0.0001
	8			0.0014	0.0106	0.0439	0.1209	0.2335	0.3020	0.1937
	9			0.0001	0.0016	0.0098	0.0403	0.1211	0.2684	0.3874
	10				0.0001	0.0010	0.0060	0.0282	0.1074	0.3487
11	0	0.3138	0.0859	0.0198	0.0036	0.0005				
	1	0.3835	0.2362	0.0932	0.0266	0.0054	0.0007			
	2	0.2131	0.2953	0.1998	0.0887	0.0269	0.0052	0.0005		
	3	0.0710	0.2215	0.2568	0.1774	0.0806	0.0234	0.0037	0.0002	
	4	0.0158	0.1107	0.2201	0.2365	0.1611	0.0710	0.0173	0.0017	
	5	0.0025	0.0388	0.1321	0.2207	0.2256	0.1471	0.0566	0.0097	0.0003
	6	0.0003	0.0097	0.0566	0.1471	0.2256	0.2207	0.1321	0.0388	0.0025
	7		0.0017	0.0173	0.0701	0.1611	0.2365	0.2201	0.1107	0.0158
	8		0.0002	0.0037	0.0234	0.0806	0.1774	0.2568	0.2215	0.0710
	9			0.0005	0.0052	0.0269	0.0887	0.1998	0.2953	0.2131
	10				0.0007	0.0054	0.0266	0.0932	0.2362	0.3835
	11					0.0005	0.0036	0.0198	0.0859	0.3138

8. 계수규준형 1회 샘플링검사표(KS A 3102)

p₂(%) \ p₁(%)	0.71~0.91	0.91~1.12	1.13~1.40	1.41~1.80	1.81~2.24	2.25~2.80	2.81~3.55	3.56~4.50	4.51~5.60	5.61~7.10	7.11~9.00	9.01~11.2	11.3~14.0	14.1~18.0	18.1~22.4	22.5~28.0	28.1~35.5
0.090~0.112	*	400 1	→	↓	↑	↑	60 0	50 0	↓	↓	→	↓	↓	→	→	→	→
0.113~0.140	*	→	300 1	→	↑	↑	↑	←	40 1	↓	→	↓	↓	→	→	→	→
0.141~0.180	*	500 2	↓	250 1	→	↓	↓	↓	↑	30 0	→	↓	↓	→	→	→	→
0.181~0.224	*	*	400 2	→	200 1	→	↓	↓	↓	↓	25 1	→	→	↓	↓	↓	↓
0.225~0.280	*	*	500 3	300 2	→	150 1	→	↓	↓	↓	↓	20 0	→	→	→	→	→
0.281~0.355	*	*	*	400 4	250 3	200 2	120 1	→	↑	↓	↓	↓	15 0	←	↑	↓	↑
0.356~0.450	*	*	*	500 6	300 4	250 2	150 2	100 1	←	↑	→	↓	↓	15 0	←	→	→
0.451~0.560	*	*	*	*	400 4	300 4	200 3	120 2	80 1	→	→	↓	↓	↓	10 0	↑	→
0.561~0.710	*	*	*	*	500 6	400 6	250 4	150 4	100 2	60 1	→	↓	↓	↓	↓	7 0	↑
0.711~0.900	*	*	*	*	*	*	300 6	200 6	120 3	80 2	50 1	→	↓	↓	↓	←	5 0
0.901~1.12	*	*	*	*	*	*	500 10	250 6	150 4	100 3	60 2	40 1	→	↓	↓	↓	←
1.13~1.40	*	*	*	*	*	*	*	300 10	200 6	120 4	80 3	50 2	30 1	*	*	*	*
1.41~1.80	*	*	*	*	*	*	*	*	250 10	150 6	100 4	60 3	40 2	25 1	*	*	*
1.81~2.24	*	*	*	*	*	*	*	*	*	250 10	120 6	70 4	50 3	30 2	20 1	*	*
2.25~2.80	*	*	*	*	*	*	*	*	*	*	200 10	100 6	60 4	40 3	25 2	15 1	*
2.81~3.55	*	*	*	*	*	*	*	*	*	*	*	150 10	80 6	50 4	30 3	20 2	10 1
3.56~4.50	*	*	*	*	*	*	*	*	*	*	*	*	120 10	60 6	40 4	25 3	15 2
4.51~5.60	*	*	*	*	*	*	*	*	*	*	*	*	*	100 10	50 6	30 4	20 3
5.61~7.10	*	*	*	*	*	*	*	*	*	*	*	*	*	*	70 10	40 6	25 4
7.11~9.00	*	*	*	*	*	*	*	*	*	*	*	*	*	*	*	60 10	30 6
9.01~11.2	*	*	*	*	*	*	*	*	*	*	*	*	*	*	*	*	*

9. 계량규준형 샘플링검사 설계보조표

p_1 / p_0	c	n
17 이상	0	$2.56 / p_0 + 115 / p_1$
16 ~7.9	1	$17.8 / p_0 + 194 / p_1$
7.8 ~5.6	2	$40.9 / p_0 + 266 / p_1$
5.5 ~4.4	3	$68.3 / p_0 + 344 / p_1$
4.3 ~3.6	4	$98.5 / p_0 + 400 / p_1$
3.5 ~2.8	6	$164 / p_0 + 527 / p_1$
2.7 ~2.3	10	$308 / p_0 + 700 / p_1$
2.2 ~2.0	15	$502 / p_0 + 1065 / p_1$
1.99~1.86	20	$704 / p_0 + 1350 / p_1$

10. 계량규준형 1회 샘플링검사표(KS A 3103)

〈표 1〉 m_0 m_1을 근거로 하여 n, G_0를 구하는 표 $(a = 0.05,\ \beta = 0.10)$

$\dfrac{\|m_1 - m_0\|}{\sigma}$	n	G_0
2.069 이상	2	1.163
1.690~2.068	3	0.950
4.463~1.686	4	0.822
1.309~1.462	5	0.736
1.195~1.308	6	0.672
1.106~1.194	7	0.622
1.035~1.105	8	0.582
0.975~1.034	9	0.548
0.925~0.974	10	0.520
0.882~0.924	11	0.469
0.845~0.881	12	0.475
0.812~0.844	13	0.456
0.772~0.811	14	0.440
0.756~0.711	15	0.425
0.732~0.755	16	0.411
0.710~0.731	17	0.399
0.690~0.709	18	0.383
0.671~0.689	19	0.377
0.654~0.670	20	0.368
0.585~0.653	25	0.329
0.534~0.584	30	0.300
0.495~0.533	35	0.278
0.463~0.494	40	0.260
0.436~0.462	45	0.245
0.414~0.435	50	0.233

<표 2> p_0, p_1을 기초로 하여 n, k를 구하는 표(σ기지: 불량률 보증)

($\alpha = 0.05$, $\beta = 0.10$)

좌측은 k, 우측은 n

p₀(%) 대표치	범위	0.80	1.00	1.25	1.60	2.00	2.50	3.15	4.00	5.00	6.30	8.00	10.0
p₁(%) 대표치 → 범위		0.71~0.90	0.91~1.12	1.13~1.40	1.41~1.80	1.81~2.24	2.25~2.80	2.81~3.55	3.56~4.50	4.51~5.60	5.61~7.10	7.11~9.00	9.01~11.2
0.100	0.090~0.112	2.71 18	2.66 15	2.61 12	2.56 10	2.51 8	2.45 7	2.40 6	2.34 5	2.28 4	2.21 4	2.14 3	2.08 3
0.125	0.113~0.140	2.68 23	2.63 18	2.58 14	2.53 11	2.48 9	2.43 7	2.37 6	2.31 5	2.25 5	2.19 4	2.11 3	2.05 3
0.160	0.141~0.180	2.64 29	2.60 22	2.55 17	2.50 13	2.45 11	2.39 9	2.35 7	2.28 6	2.22 5	2.15 4	2.09 4	2.01 3
0.200	0.181~0.224	2.61 39	2.57 28	2.52 21	2.47 16	2.42 13	2.36 10	2.30 8	2.25 7	2.19 6	2.12 5	2.05 4	1.98 3
0.250	0.225~0.280	*	2.54 37	2.49 27	2.44 20	2.38 15	2.33 12	2.28 10	2.21 8	2.15 6	2.09 5	2.02 4	1.95 4
0.315	0.281~0.355	*	*	2.46 36	2.40 25	2.35 19	2.30 14	2.24 11	2.18 9	2.12 7	2.06 6	1.99 5	1.92 4
0.400	0.356~0.450	*	*	*	2.37 33	2.32 24	2.26 18	2.21 14	2.15 11	2.08 8	2.02 7	1.95 6	1.89 5
0.500	0.451~0.560	*	*	*	2.33 46	2.28 31	2.23 23	2.17 17	2.11 13	2.05 10	1.99 8	1.92 6	1.85 5
0.630	0.561~0.710	*	*	*	*	2.25 44	2.19 30	2.14 21	2.08 15	2.02 12	1.95 9	1.89 7	1.81 6
0.800	0.711~0.900	*	*	*	*	*	2.16 42	2.10 28	2.04 20	1.98 15	1.91 11	1.84 8	1.78 7
1.00	0.901~1.12		*	*	*	*	*	2.06 39	2.00 26	1.94 18	1.88 14	1.81 10	1.74 8
1.25	1.13~1.40			*	*	*	*	*	1.97 36	1.91 24	1.84 17	1.77 12	1.70 9
1.60	1.41~1.80				*	*	*	*	*	1.86 34	1.80 23	1.73 16	1.66 12
2.00	1.81~2.24					*	*	*	*	*	1.76 31	1.69 20	1.62 14
2.50	2.25~2.80						*	*	*	*	1.72 46	1.65 28	1.58 19
3.16	2.81~3.55							*	*	*	*	2.60 42	1.53 26
4.00	3.56~4.50								*	*	*	*	1.49 39
5.00	4.51~5.60									*	*	*	*
6.30	5.61~7.10										*	*	*
8.00	7.11~9.00											*	*
10.00	9.01~11.2												*

12. 계량규준형 1회 샘플링 검사(KS A 3104)

[p_0(%), p_1(%)를 기초로 하여 시료의 크기 n 과 합격 판정치를 계산하기 위한 계수 k를 구하는 표]

$(\alpha = 0.05, \quad \beta = 0.10)$

왼쪽 아래의 숫자는 n, 오른쪽 숫자는 k

각 칸의 표기는 k / n (행 = p_0(%), 열 = p_1(%))

p_0 대표치	p_0 범위	0.80 0.71~0.90	1.00 0.91~1.12	1.25 1.13~1.42	1.60 1.41~1.80	2.00 1.81~2.24	2.50 2.25~2.80	3.15 2.81~3.55	4.00 3.56~4.50	5.00 4.51~5.60	6.30 5.61~7.10	8.00 7.11~9.00	10.0 9.01~11.20	11.30 11.30~14.00	14.10 14.10~18.00	18.10 18.10~22.40	22.50 22.50~28.00	28.10 28.10~35.50
0.100	0.090~0.112	2.71/87	2.67/68	2.62/54	2.57/42	2.52/34	2.47/28	2.42/23	2.36/19	2.31/16	2.24/13	2.19/11	2.11/9	2.07/8	1.95/7	1.87/5	1.87/5	1.77/4
0.125	0.113~0.140		2.64/80	2.59/62	2.54/48	2.49/38	2.44/31	2.39/25	2.32/20	2.28/17	2.21/14	2.16/12	2.10/10	2.02/8	1.91/7	1.90/6	1.82/5	1.72/4
0.160	0.141~0.180		2.60/98	2.56/74	2.50/56	2.46/44	2.40/35	2.35/28	2.30/23	2.23/18	2.18/15	2.10/12	2.04/10	2.00/9	1.86/7	1.85/6	1.77/5	1.67/4
0.200	0.181~0.224			2.53/90	2.47/66	2.43/51	2.37/40	2.32/31	2.26/25	2.20/20	2.14/16	2.08/13	2.02/11	1.95/9	1.86/8	1.80/6	1.72/5	1.63/4
0.250	0.225~0.280				2.44/79	2.39/59	2.34/46	2.28/35	2.23/28	2.17/22	2.12/18	2.04/14	1.99/12	1.93/10	1.80/8	1.75/6	1.67/5	1.53/4
0.315	0.281~0.355				2.41/98	2.36/71	2.31/54	2.25/41	2.19/31	2.14/25	2.07/19	2.00/15	1.94/12	1.88/10	1.78/9	1.75/6	1.62/5	1.53/4
0.400	0.356~0.450					2.32/89	2.27/65	2.22/48	2.16/36	2.10/28	2.04/22	1.98/17	1.92/14	1.85/11	1.72/9	1.69/7	1.64/6	1.47/4
0.500	0.451~0.560						2.23/80	2.18/57	2.12/42	2.07/32	2.00/24	1.94/19	1.88/15	1.81/12	1.69/10	1.64/7	1.58/6	1.51/5
0.630	0.561~0.710							2.14/71	2.08/50	2.03/37	1.97/28	1.90/21	1.83/16	1.77/13	1.66/11	1.62/8	1.52/6	1.45/5
0.800	0.711~0.900							2.10/92	2.05/62	1.99/44	1.92/32	1.83/28	1.79/18	1.72/14	1.62/12	1.56/8	1.51/7	1.39/5
1.000	0.901~1.120								2.01/79	1.95/54	1.89/38	1.78/32	1.76/21	1.69/16	1.57/13	1.53/9	1.45/7	1.33/5
1.250	1.130~1.400									1.91/69	1.85/47	1.74/40	1.72/24	1.65/18	1.55/15	1.50/10	1.39/7	1.33/6
1.600	1.410~1.800									1.87/95	1.80/60	1.69/50	1.67/34	1.60/20	1.48/17	1.45/11	1.35/8	1.26/6
2.000	1.810~2.240										1.76/81	1.65/67	1.63/43	1.56/24	1.43/19	1.40/12	1.32/9	1.19/6
2.500	2.250~2.800											1.61/96	1.59/57	1.52/29	1.39/23	1.36/14	1.27/10	1.17/7
3.150	2.810~3.550												1.49/83	1.47/36	1.34/29	1.31/16	1.22/11	1.13/8
4.000	3.560~4.500													1.42/48	1.29/38	1.25/19	1.17/13	1.08/9
5.000	4.510~5.600													1.37/69	1.23/53	1.20/23	1.11/15	1.02/10
6.300	5.610~7.100														1.18/87	1.15/30	1.07/19	0.97/12
8.000	7.110~9.000															1.10/44	1.00/24	0.89/14
10.000	9.010~11.200															1.04/68	0.95/34	0.84/18

[비고] 공란에 대한 샘플링검사 방식은 없다.

13. 계수값 축차 샘플링 검사(KS A 8422)

〈부표 1-A〉 생산자 위험 $\alpha = 0.05$ 및 소비자 위험 $\beta = 0.10$에 대한 축차 샘플링 방식의 파라미터(부적합품률 검사, 주샘플링표) (계수)

PRQ	파라미터	CRQ(소비자 위험 품질 수준)																
		0.80	1.00	1.25	1.60	2.00	2.50	3.15	4.00	5.00	6.30	8.00	10.00	12.50	16.00	20.00	25.00	31.50
1.25	h_A					4.713	3.189	2.386	1.890	1.580	1.348	1.168	1.036	0.929	0.830	0.755	0.688	0.627
	h_R					6.052	4.095	3.063	2.426	2.028	1.731	1.500	13.1	1.193	1.066	0.969	0.884	0.805
	g					0.016 0	0.018 0	0.020 6	0.023 7	0.027 2	0.031 4	0.036 7	0.042 7	0.049 9	0.059 7	0.070 6	0.084 1	0.101 8
1.60	h_A					9.908	4.943	3.247	2.392	1.917	1.586	1.343	1.171	1.036	0.915	0.824	0.745	0.674
	h_R					12.721	6.346	4.169	3.072	2.461	2.036	1.724	1.504	1.330	1.175	1.058	0.957	0.865
	g					0.017 9	0.020 2	0.022 2	0.026 2	0.029 9	0.034 5	0.040 1	0.046 4	0.054 0	0.064 3	0.075 8	0.089 9	0.108 4
2.00	h_A						9.863	4.830	3.154	2.376	1.888	1.553	1.329	1.157	1.008	0.899	0.806	0.723
	h_R						12.663	6.202	4.049	3.051	2.424	1.994	1.706	1.485	1.294	1.154	1.035	0.928
	g						0.022 4	0.025 3	0.028 9	0.032 8	0.037 6	0.043 6	0.050 3	0.058 2	0.069 0	0.081 0	0.095 8	0.115 0
2.50	h_A							9.467	4.637	3.131	2.335	1.843	1.535	1.311	1.123	0.989	0.878	0.780
	h_R							12.155	5.953	4.019	2.998	2.367	1.971	1.683	1.441	1.269	1.127	1.001
	g							0.028 1	0.031 9	0.036 1	0.041 2	0.047 5	0.054 6	0.063 0	0.074 3	0.086 3	0.102 3	0.122 3
3.15	h_A								9.089	4.677	3.100	2.289	1.832	1.521	1.274	1.104	0.967	0.850
	h_R								11.669	6.005	3.980	2.939	2.353	1.953	1.635	1.417	1.242	1.091
	g								0.035 6	0.040 1	0.045 5	0.052 2	0.059 7	0.068 6	0.080 5	0.093 7	0.109 9	0.130 7
4.00	h_A									9.637	4.705	3.060	2.295	1.827	1.484	1.256	1.083	0.938
	h_R									12.372	6.040	3.929	2.947	2.346	1.902	1.613	1.390	1.204
	g									0.044 8	0.0507	0.057 8	0.065 8	0.075 2	0.087 9	0.101 8	0.118 7	0.140 6
5.00	h_A										9.193	4.484	3.013	2.255	1.750	1.445	1.220	1.039
	h_R										11.803	5.757	3.868	2.895	2.247	1.855	1.566	1.333
	g										0.056 3	0.063 9	0.072 4	0.082 4	0.095 7	0.110 3	0.128 1	0.150 9
6.30	h_A											8.753	4.482	2.987	2.162	1.714	1.406	1.171
	h_R											11.238	5.754	3.835	2.776	2.201	1.805	1.503
	g											0.071 2	0.080 2	0.090 8	0.104 9	0.120 4	0.139 0	0.162 9
8.0	h_A												9.184	4.535	2.871	2.132	1.675	1.352
	h_R												11.792	5.822	3.686	2.737	2.151	1.735
	g												0.089 7	0.101 0	0.116 0	0.132 3	0.152 0	0.177 1
10.0	h_A													8.958	4.177	2.776	2.049	1.585
	h_R													11.501	5.363	3.564	2.631	2.035
	g													0.112 1	0.128 0	0.145 2	0.166 0	0.192 2

[비고] PRQ 및 CRQ는 부적합품률(%)로 표시하고 있다.

〈부표 1－B 생산자 위험 $\alpha = 0.05$ 및 소비자 위험 $\beta = 0.10$에 대한 축차 샘플링 방식의 파라미터((100항목당 부적합품률 검사, 주샘플링표)(계속)〉

PRQ	파라미터	CRQ(소비자 위험 품질 수준)																
		0.80	1.00	1.25	1.60	2.00	2.50	3.15	4.00	5.00	6.30	8.00	10.00	12.50	16.00	20.00	25.00	31.50
1.25	h_A				9.120	4.790	3.248	2.436	1.936	1.624	1.392	1.213	1.083	0.978	0.883	0.812	0.751	0.698
	h_R				11.709	6.150	4.170	3.127	2.485	2.085	1.787	1.557	1.390	1.255	1.134	1.042	0.965	0.896
	g				0.014 2	0.016 0	0.018 0	0.020 6	0.023 6	0.027 1	0.031 2	0.036 4	0.042 1	0.048 9	0.057 9	0.067 6	0.079 3	0.093 7
1.60	h_A					10.089	5.044	3.323	2.457	1.976	1.643	1.399	1.228	1.095	0.978	0.891	0.819	0.755
	h_R					12.953	6.476	4.267	3.154	2.537	2.109	1.796	1.577	1.406	1.255	1.144	1.051	0.970
	g					0.017 9	0.020 2	0.022 9	0.026 2	0.029 8	0.034 3	0.039 8	0.045 8	0.053 0	0.062 5	0.072 9	0.085 1	0.100 3
2.00	h_A						10.089	4.956	3.248	2.457	1.962	1.624	1.399	1.228	1.083	0.978	0.891	0.817
	h_R						12.953	6.363	4.170	3.154	2.519	2.085	1.796	1.577	1.390	1.255	1.144	1.048
	g						0.022 4	0.025 3	0.028 9	0.032 7	0.037 5	0.043 3	0.049 7	0.057 3	0.067 3	0.078 3	0.091 1	0.107 0
2.50	h_A							9.741	4.790	3.248	2.436	1.936	1.624	1.399	1.213	1.083	0.978	0.889
	h_R							12.506	6.150	4.170	3.127	2.485	2.085	1.796	1.557	1.390	1.255	1.141
	g							0.028 1	0.031 9	0.036 1	0.041 1	0.047 3	0.054 1	0.062 1	0.072 7	0.084 2	0.097 7	0.114 5
3.15	h_A								9.424	4.873	3.248	2.415	1.949	1.633	1.385	1.218	1.087	0.978
	h_R								12.099	6.256	4.170	3.101	2.502	2.097	1.778	1.564	1.395	1.255
	g								0.035 6	0.040 0	0.045 4	0.052 0	0.059 3	0.067 8	0.079 1	0.091 2	0.105 5	0.123 1
4.00	h_A									10.089	4.956	3.248	2.457	1.976	1.624	1.399	1.228	1.091
	h_R									12.953	6.363	4.170	3.154	2.537	2.085	1.796	1.577	1.401
	g									0.044 8	0.050 6	0.057 7	0.065 5	0.074 6	0.086 6	0.099 4	0.114 6	0.133 3
5.00	h_A										9.741	4.790	3.248	2.457	1.936	1.624	1.399	1.223
	h_R										12.506	6.150	4.170	3.154	2.485	2.085	1.796	1.570
	g										0.056 2	0.063 8	0.072 1	0.081 1	0.094 6	0.108 2	0.124 3	0.144 0
6.30	h_A											9.424	4.873	3.286	2.415	1.949	1.633	1.399
	h_R											12.099	6.256	4.218	3.101	2.502	2.097	1.796
	g											0.071 2	0.080 1	0.090 5	0.104 1	0.118 6	0.135 7	0.156 6
8.0	h_A												10.089	5.044	3.248	2.457	1.976	1.643
	h_R												12.953	6.476	4.170	3.154	2.537	2.109
	g												0.089 6	0.100 8	0.115 4	0.131 0	0.149 2	0.171 5
10.0	h_A													10.089	4.790	3.248	2.457	1.962
	h_R													12.953	6.150	4.170	3.154	2.519
	g													0.112 7	0.127 7	0.144 3	0.163 7	0.187 4

[비고] PRQ 및 CRQ는 100항목당 부적합품률(%)로 표시하고 있다.

14. 계량치 축차 샘플링 검사(KS A 8423)

<표1> 생산자 위험 α=0.05및 소비자 위험 β=0.100에 대한 계량축차 샘플링 방식의 파라미터(부적합품률 검사, 주 샘플링표)

PRQ	파라미터	CRQ(소비자 위험 품질 수준)																
		0.80	1.00	1.25	1.60	2.00	2.50	3.15	4.00	5.00	6.30	8.00	10.00	12.50	16.00	20.00	25.00	31.50
0.100	h_A	3,304	2,947	2,652	2,380	2,172	1,992	1,829	1,681	1,558	1,443	1,336	1,245	1,161	1,074	1,001	0,932	0,863
	h_R	4,242	3,748	3,405	3,056	2,789	2,557	2,348	2,158	2,000	1,853	1,715	1,598	1,490	1,379	1,285	1,196	1,108
	g	2,750	2,708	2,666	2,617	2,572	2,525	2,475	2,420	2,368	2,310	2,248	2,186	2,120	2,042	1,966	1,882	1,786
	n_t	29	23	19	16	13	11	10	8	8	7	7	5	5	4	4	4	4
0.125	h_A	3,664	3,230	2,879	2,561	2,322	2,117	1,934	1,769	1,633	1,508	1,391	1,293	1,202	1,110	1,032	0,958	0,886
	h_R	4,704	4,147	3,696	3,288	2,981	2,718	2,493	2,271	2,097	1,936	1,786	1,659	1,543	1,425	1,325	1,231	1,137
	g	2,716	2,675	2,632	2,584	2,530	2,492	2,441	2,387	2,334	2,277	2,214	2,152	2,087	2,009	1,932	1,849	1,753
	n_t	35	28	23	19	16	13	11	10	8	7	7	5	5	5	4	4	4
0.160	h_A	4,177	3,622	3,187	2,802	2,518	2,279	2,068	1,881	1,728	1,588	1,459	1,351	1,252	1,153	1,069	0,990	0,913
	h_R	5,363	4,651	4,091	3,597	3,233	2,926	2,655	2,414	2,218	2,039	1,873	1,735	1,608	1,480	1,372	1,271	1,172
	g	2,678	2,637	2,595	2,548	2,501	2,454	2,404	2,349	2,296	2,239	2,176	2,115	2,049	1,971	1,835	1,811	1,715
	n_t	46	35	28	22	17	14	13	10	10	8	7	7	5	5	4	4	4
0.200	h_A	4,798	4,080	3,530	3,068	2,731	2,452	2,209	1,997	1,825	1,670	1,528	1,410	1,303	1,195	1,105	1,022	0,939
	h_R	6,160	5,238	4,539	3,939	3,506	3,176	2,837	2,564	2,344	2,144	1,962	1,810	1,673	1,534	1,419	1,312	1,206
	g	2,644	2,602	2,560	2,511	2,466	2,419	2,369	2,314	2,262	2,204	2,142	2,080	2,014	1,936	1,860	1,776	1,680
	n_t	59	44	34	25	20	17	14	11	10	8	7	7	5	5	5	4	4
0.250	h_A	5,655	4,683	3,980	3,398	2,989	2,658	2,275	2,131	1,937	1,763	1,608	1,476	1,359	1,242	1,145	1,056	0,968
	h_R	7,260	6,013	5,110	4,362	3,837	3,412	3,049	2,736	2,462	2,263	2,062	1,895	1,745	1,595	1,471	1,355	1,243
	g	2,608	2,567	2,524	2,476	2,430	2,384	2,303	2,279	2,226	2,169	2,106	2,044	1,979	1,901	1,824	1,741	1,644
	n_t	83	58	41	31	25	19	16	13	11	10	8	7	5	5	5	4	4
0.315	h_A	6,974	5,553	4,591	3,833	3,320	2,917	2,580	2,295	2,071	1,873	1,697	1,552	1,424	1,295	1,191	1,094	1,001
	h_R	8,953	7,130	5,895	4,921	4,263	3,745	3,313	2,946	2,659	2,405	2,179	1,993	1,828	1,664	1,529	1,405	1,285
	g	2,570	2,529	2,487	2,438	2,393	2,346	2,295	2,241	2,183	2,131	2,068	2,007	1,941	1,863	1,787	1,703	1,607
	n_t	125	80	55	38	29	23	19	14	13	10	8	8	7	5	5	5	4
0.40	h_A	9,259	6,912	5,482	4,435	3,763	3,253	2,839	2,498	2,235	2,006	1,805	1,643	1,499	1,358	1,244	1,138	1,037
	h_R	11,887	8,874	7,038	5,694	4,831	4,176	3,645	3,207	2,870	2,576	2,318	2,109	1,925	1,744	1,596	1,462	1,332
	g	2,530	2,489	2,447	2,398	2,353	2,306	2,256	2,201	2,148	2,091	2,029	1,967	1,901	1,823	1,747	1,663	1,567
	n_t	218	122	77	52	37	28	22	17	14	11	10	8	7	7	5	5	4
0.50	h_A	13,488	9,024	6,732	5,218	4,312	3,656	3,141	2,728	2,418	2,153	1,923	1,739	1,579	1,424	1,298	1,184	1,075
	h_R	17,317	11,586	8,643	6,600	5,536	4,693	4,033	3,503	3,105	2,764	2,469	2,233	2,028	1,828	1,667	1,520	1,380
	g	2,492	2,451	2,409	2,360	2,315	2,268	2,218	2,163	2,110	2,053	1,990	1,929	1,863	1,785	1,709	1,625	1,529
	n_t	463	208	116	71	49	35	26	20	16	13	11	10	7	7	5	5	4
0.63	h_A	26,190	13,358	8,882	6,424	5,013	4,209	3,542	3,025	2,649	2,333	2,066	1,855	1,674	1,500	1,362	1,237	1,118
	h_R	33,625	17,150	11,403	8,247	6,552	5,403	4,547	3,884	3,400	2,996	2,652	2,382	2,150	1,926	1,748	1,588	1,438
	g	2,452	2,411	2,368	2,320	2,274	2,227	2,177	2,123	2,070	2,012	1,950	1,888	1,823	1,745	1,668	1,585	1,488
	n_t	1,739	454	202	106	68	46	34	25	19	16	13	10	8	7	7	5	5
0.80	h_A		27,265	13,440	8,511	6,339	5,015	4,095	3,420	2,946	2,562	2,243	1,997	1,789	1,592	1,436	1,298	1,168
	h_R		35,005	17,255	10,927	8,138	6,438	5,253	4,391	3,783	3,289	2,879	2,554	2,297	2,043	1,844	1,666	1,500
	g		2,368	2,325	2,277	2,231	2,184	2,134	2,080	2,027	1,969	1,907	1,845	1,780	1,702	1,625	1,542	1,455
	n_t		1,886	460	185	103	65	44	31	23	19	14	11	10	8	7	5	5
1.00	h_A			26,505	12,374	8,259	6,145	4,819	3,911	3,303	2,827	2,444	2,155	1,914	1,690	1,516	1,363	1,220
	h_R			34,028	15,886	10,603	7,889	6,187	5,021	4,241	3,630	3,137	2,766	2,458	2,170	1,947	1,750	1,567
	g			2,284	2,235	2,189	2,143	2,093	2,039	1,986	1,928	1,866	1,804	1,738	1,660	1,584	1,500	1,404
	n_t			1,781	389	175	97	61	40	29	22	17	13	11	8	7	7	5

(비고) PRQ 및 CRQ는 부적합품률(%)로 표시되어 있다.

〈표 2〉 한계 프로세스 표준 편차 LPSD를 구하기 위한 계수 ψ의 값

PRQ(%)	0.10	0.125	0.16	0.20	0.25	0.315	0.40	0.50	0.63	0.80	1.00	1.25	1.60	2.00	2.50	3.15	4.00	5.00	6.30	8.00	10.00
ψ	0.143	0.146	0.149	0.152	0.155	0.158	0.161	0.165	0.169	0.174	0.178	0.183	0.189	0.194	0.201	0.208	0.216	0.225	0.235	0.246	0.259

[비고] 축차 샘플링 방식을 위한 한계 프로세스 표준 편차 LPSD는 규격 공차$(U-L)$ 값을 표준화한 값 w를 규격 공차$(U-L)$에 곱하여 구한다. 즉, LPSD$=w(U-L)$ 한계 프로세스 표준 편차 링 방식을 연결식 양쪽 규격에 대하여 사용하는 경우의 프로세스 표준 편차의 최대 허용량을 주는 것이다. 프로세스 표준 편차가 LPSD를 넘은 경우는 축차 샘플링 방식은 LPSD는 축차 샘플링 방식은 사용할 수 없다.

〈표 3〉 최대 프로세스 표준 편차 MPSD를 구하기 위한 계수 f의 값(개별식 양쪽 규격)

PRQ(L) \ PRQ(U)	0.100	0.125	0.160	0.200	0.250	0.315	0.400	0.500	0.630	0.800	1.00	1.25	1.60	2.00	2.50	3.15	4.00	5.00	6.30	8.00	10.00
0.100	0.162	0.164	0.166	0.168	0.170	0.172	0.174	0.176	0.179	0.182	0.185	0.188	0.191	0.194	0.198	0.202	0.207	0.211	0.216	0.222	0.229
0.125	0.164	0.165	0.167	0.169	0.172	0.174	0.176	0.179	0.181	0.184	0.187	0.190	0.194	0.197	0.201	0.205	0.209	0.214	0.220	0.226	0.232
0.160	0.166	0.167	0.170	0.172	0.174	0.176	0.179	0.181	0.184	0.187	0.190	0.193	0.196	0.200	0.204	0.208	0.213	0.218	0.223	0.230	0.236
0.200	0.168	0.169	0.172	0.174	0.176	0.178	0.181	0.183	0.186	0.189	0.192	0.195	0.199	0.203	0.207	0.211	0.216	0.221	0.227	0.233	0.240
0.250	0.170	0.172	0.174	0.176	0.178	0.181	0.183	0.186	0.189	0.192	0.195	0.198	0.202	0.206	0.210	0.214	0.219	0.225	0.231	0.237	0.245
0.315	0.172	0.174	0.176	0.178	0.181	0.183	0.186	0.188	0.191	0.195	0.198	0.201	0.205	0.209	0.213	0.218	0.223	0.228	0.235	0.242	0.249
0.400	0.174	0.176	0.179	0.181	0.183	0.186	0.189	0.191	0.194	0.198	0.201	0.204	0.208	0.213	0.217	0.222	0.227	0.233	0.239	0.246	0.254
0.500	0.176	0.179	0.181	0.183	0.186	0.188	0.191	0.194	0.197	0.201	0.204	0.208	0.212	0.216	0.220	0.225	0.231	0.237	0.244	0.251	0.259
0.630	0.179	0.181	0.184	0.186	0.189	0.191	0.194	0.197	0.200	0.204	0.207	0.211	0.216	0.220	0.224	0.230	0.236	0.242	0.248	0.256	0.265
0.800	0.182	0.184	0.187	0.189	0.192	0.195	0.198	0.201	0.204	0.208	0.211	0.215	0.220	0.224	0.229	0.234	0.240	0.247	0.254	0.262	0.271
1.000	0.185	0.187	0.190	0.192	0.195	0.198	0.201	0.204	0.207	0.211	0.215	0.219	0.224	0.228	0.233	0.239	0.245	0.252	0.259	0.268	0.277
1.250	0.188	0.190	0.193	0.195	0.198	0.201	0.204	0.208	0.211	0.215	0.219	0.223	0.228	0.233	0.238	0.244	0.250	0.257	0.265	0.274	0.284
1.600	0.191	0.194	0.198	0.199	0.202	0.205	0.208	0.212	0.216	0.220	0.224	0.228	0.233	0.238	0.244	0.250	0.257	0.264	0.272	0.282	0.292
2.000	0.194	0.197	0.200	0.203	0.206	0.209	0.213	0.216	0.220	0.224	0.228	0.233	0.238	0.243	0.249	0.256	0.263	0.270	0.279	0.289	0.300
2.500	0.198	0.201	0.204	0.207	0.210	0.213	0.217	0.220	0.224	0.229	0.233	0.238	0.243	0.249	0.255	0.262	0.269	0.277	0.287	0.297	0.308
3.150	0.202	0.205	0.208	0.211	0.214	0.218	0.222	0.225	0.230	0.234	0.239	0.244	0.250	0.256	0.262	0.269	0.277	0.285	0.295	0.306	0.318
4.000	0.207	0.209	0.213	0.216	0.219	0.223	0.227	0.231	0.236	0.240	0.245	0.250	0.257	0.263	0.269	0.277	0.286	0.295	0.305	0.317	0.330
5.000	0.211	0.214	0.218	0.221	0.225	0.228	0.233	0.237	0.242	0.247	0.252	0.257	0.264	0.270	0.277	0.285	0.295	0.304	0.315	0.328	0.342
6.300	0.216	0.219	0.223	0.227	0.231	0.235	0.239	0.244	0.248	0.254	0.259	0.265	0.272	0.279	0.287	0.295	0.305	0.315	0.327	0.341	0.356
8.000	0.222	0.226	0.230	0.233	0.237	0.242	0.246	0.251	0.256	0.262	0.268	0.274	0.282	0.289	0.297	0.306	0.317	0.328	0.341	0.356	0.372
10.000	0.229	0.232	0.236	0.240	0.245	0.249	0.254	0.259	0.265	0.271	0.277	0.284	0.292	0.300	0.308	0.318	0.330	0.342	0.356	0.372	0.390

[비고] 축차 샘플링 방식을 위한 최대 프로세스 표준 편차 MPSD는 표준화한 값 f를 규격 공차$(U-L)$에 곱하여 구한다. 즉, MPSD$=f(U-L)$. 최대 프로세스 표준 편차 MPSD는 축차 프로세스 표준 편차의 최대 허용량을 준다. 프로세스 표준 편차가 MPSD를 넘은 경우는 전 로트 불합격이다.
[비고] PRQ(L) 및 PRQ(U)는 부적합품률(%)로 표시되어 있다.

15. AQL 지표형 샘플링 방식(KS A ISO 2589 – 1)

〈부표 1〉 샘플(크기)문자

로트의 크기	특별 검사 수준				일반검사 수준		
	S - 1	S - 2	S - 3	S - 4	I	II	III
2~8	A	A	A	A	A	A	B
9~15	A	A	A	A	A	B	C
16~25	A	A	B	B	B	C	D
26~50	A	B	B	C	C	D	E
51~90	B	B	C	C	C	E	F
91~150	B	B	C	D	D	F	G
151~280	B	C	D	E	E	G	H
281~500	B	C	D	E	F	H	J
501~1,200	C	C	E	F	G	J	K
1,201~3,200	C	D	E	G	H	K	L
3,201~10,000	C	D	F	G	J	L	M
10,001~35,000	C	D	F	H	K	M	N
35,001~150,000	D	E	G	J	L	N	P
150,001~500,000	D	E	G	J	M	P	Q
500,001 and over	D	E	H	K	N	Q	R

514

〈부표 2 -A〉 보통검사의 1회 샘플링 방식(주 샘플문자)

합격품질수준(AQL) 보통검사

각 칸의 값은 Ac Re (합격판정개수 / 불합격판정개수)를 나타낸다.

시료의 크기 문자	시료의 크기	0.010	0.015	0.025	0.040	0.065	0.10	0.15	0.25	0.40	0.65	1.0	1.5	2.5	4.0	6.5	10	15	25	40	65	100	150	250	400	650	1,000
A	2	↓	↓	↓	↓	↓	↓	↓	↓	↓	↓	↓	↓	↓	↓	↓	↓	0 1	1 2	2 3	3 4	5 6	7 8	10 11	14 15	21 22	30 31
B	3	↓	↓	↓	↓	↓	↓	↓	↓	↓	↓	↓	↓	↓	↓	↓	0 1	1 2	2 3	3 4	5 6	7 8	10 11	14 15	21 22	30 31	44 45
C	5	↓	↓	↓	↓	↓	↓	↓	↓	↓	↓	↓	↓	↓	↓	0 1	1 2	2 3	3 4	5 6	7 8	10 11	14 15	21 22	30 31	44 45	↑
D	8	↓	↓	↓	↓	↓	↓	↓	↓	↓	↓	↓	↓	↓	0 1	1 2	2 3	3 4	5 6	7 8	10 11	14 15	21 22	30 31	44 45	↑	↑
E	13	↓	↓	↓	↓	↓	↓	↓	↓	↓	↓	↓	↓	0 1	1 2	2 3	3 4	5 6	7 8	10 11	14 15	21 22	30 31	44 45	↑	↑	↑
F	20	↓	↓	↓	↓	↓	↓	↓	↓	↓	↓	↓	0 1	1 2	2 3	3 4	5 6	7 8	10 11	14 15	21 22	30 31	44 45	↑	↑	↑	↑
G	32	↓	↓	↓	↓	↓	↓	↓	↓	↓	↓	0 1	1 2	2 3	3 4	5 6	7 8	10 11	14 15	21 22	30 31	44 45	↑	↑	↑	↑	↑
H	50	↓	↓	↓	↓	↓	↓	↓	↓	↓	0 1	1 2	2 3	3 4	5 6	7 8	10 11	14 15	21 22	30 31	44 45	↑	↑	↑	↑	↑	↑
J	80	↓	↓	↓	↓	↓	↓	↓	↓	0 1	1 2	2 3	3 4	5 6	7 8	10 11	14 15	21 22	30 31	44 45	↑	↑	↑	↑	↑	↑	↑
K	125	↓	↓	↓	↓	↓	↓	↓	0 1	1 2	2 3	3 4	5 6	7 8	10 11	14 15	21 22	30 31	44 45	↑	↑	↑	↑	↑	↑	↑	↑
L	200	↓	↓	↓	↓	↓	↓	0 1	1 2	2 3	3 4	5 6	7 8	10 11	14 15	21 22	30 31	44 45	↑	↑	↑	↑	↑	↑	↑	↑	↑
M	315	↓	↓	↓	↓	↓	0 1	1 2	2 3	3 4	5 6	7 8	10 11	14 15	21 22	30 31	44 45	↑	↑	↑	↑	↑	↑	↑	↑	↑	↑
N	500	↓	↓	↓	↓	0 1	1 2	2 3	3 4	5 6	7 8	10 11	14 15	21 22	30 31	44 45	↑	↑	↑	↑	↑	↑	↑	↑	↑	↑	↑
P	800	↓	↓	↓	0 1	1 2	2 3	3 4	5 6	7 8	10 11	14 15	21 22	30 31	44 45	↑	↑	↑	↑	↑	↑	↑	↑	↑	↑	↑	↑
Q	1,250	↓	↓	0 1	1 2	2 3	3 4	5 6	7 8	10 11	14 15	21 22	30 31	44 45	↑	↑	↑	↑	↑	↑	↑	↑	↑	↑	↑	↑	↑
R	2,000	↓	0 1	1 2	2 3	3 4	5 6	7 8	10 11	14 15	21 22	30 31	44 45	↑	↑	↑	↑	↑	↑	↑	↑	↑	↑	↑	↑	↑	↑

[비고]
↓ = 화살표 아래쪽의 최초의 샘플링 방식을 사용한다. 시료의 크기가 로트의 크기 이상으로 되면 전수검사한다.
↑ = 화살표 위쪽의 최초의 샘플링 방식을 사용한다.
Ac = 합격판정개수
Re = 불합격판정개수

(부표 2-B) 까다로운 검사의 1회 샘플링 방식(주 샘플링표)

합격품질수준(AQL) 까다로운 검사

각 칸의 값은 「Ac Re」(Ac = 합격 판정개수, Re = 불합격 판정개수)를 나타낸다.

시료의 문자	시료의 크기	0.010	0.015	0.025	0.040	0.055	0.10	0.15	0.25	0.40	0.65	1.0	1.5	2.5	4.0	6.5	10	15	25	40	65	100	150	250	400	650	1,000
A	2	↓	↓	↓	↓	↓	↓	↓	↓	↓	↓	↓	↓	↓	↓	↓	↓	↓	0 1	1 2	2 3	3 4	5 6	8 9	12 13	18 19	27 28
B	3	↓	↓	↓	↓	↓	↓	↓	↓	↓	↓	↓	↓	↓	↓	↓	↓	0 1	1 2	2 3	3 4	5 6	8 9	12 13	18 19	27 28	41 42
C	5	↓	↓	↓	↓	↓	↓	↓	↓	↓	↓	↓	↓	↓	↓	↓	0 1	1 2	2 3	3 4	5 6	8 9	12 13	18 19	27 28	41 42	↑
D	8	↓	↓	↓	↓	↓	↓	↓	↓	↓	↓	↓	↓	↓	↓	0 1	1 2	2 3	3 4	5 6	8 9	12 13	18 19	27 28	41 42	↑	↑
E	13	↓	↓	↓	↓	↓	↓	↓	↓	↓	↓	↓	↓	↓	0 1	1 2	2 3	3 4	5 6	8 9	12 13	18 19	27 28	41 42	↑	↑	↑
F	20	↓	↓	↓	↓	↓	↓	↓	↓	↓	↓	↓	↓	0 1	1 2	2 3	3 4	5 6	8 9	12 13	18 19	27 28	41 42	↑	↑	↑	↑
G	32	↓	↓	↓	↓	↓	↓	↓	↓	↓	↓	↓	0 1	1 2	2 3	3 4	5 6	8 9	12 13	18 19	27 28	41 42	↑	↑	↑	↑	↑
H	50	↓	↓	↓	↓	↓	↓	↓	↓	↓	↓	0 1	1 2	2 3	3 4	5 6	8 9	12 13	18 19	27 28	41 42	↑	↑	↑	↑	↑	↑
J	80	↓	↓	↓	↓	↓	↓	↓	↓	↓	0 1	1 2	2 3	3 4	5 6	8 9	12 13	18 19	27 28	41 42	↑	↑	↑	↑	↑	↑	↑
K	125	↓	↓	↓	↓	↓	↓	↓	↓	0 1	1 2	2 3	3 4	5 6	8 9	12 13	18 19	27 28	41 42	↑	↑	↑	↑	↑	↑	↑	↑
L	200	↓	↓	↓	↓	↓	↓	↓	0 1	1 2	2 3	3 4	5 6	8 9	12 13	18 19	27 28	41 42	↑	↑	↑	↑	↑	↑	↑	↑	↑
M	315	↓	↓	↓	↓	↓	↓	0 1	1 2	2 3	3 4	5 6	8 9	12 13	18 19	27 28	41 42	↑	↑	↑	↑	↑	↑	↑	↑	↑	↑
N	500	↓	↓	↓	↓	↓	0 1	1 2	2 3	3 4	5 6	8 9	12 13	18 19	27 28	41 42	↑	↑	↑	↑	↑	↑	↑	↑	↑	↑	↑
P	800	↓	↓	↓	↓	0 1	1 2	2 3	3 4	5 6	8 9	12 13	18 19	27 28	41 42	↑	↑	↑	↑	↑	↑	↑	↑	↑	↑	↑	↑
Q	1,250	↓	↓	↓	0 1	1 2	2 3	3 4	5 6	8 9	12 13	18 19	27 28	41 42	↑	↑	↑	↑	↑	↑	↑	↑	↑	↑	↑	↑	↑
R	2,000	↓	↓	0 1	1 2	2 3	3 4	5 6	8 9	12 13	18 19	27 28	41 42	↑	↑	↑	↑	↑	↑	↑	↑	↑	↑	↑	↑	↑	↑
S	3,150	↓	0 1	1 2	2 3	3 4	5 6	8 9	12 13	18 19	27 28	41 42	↑	↑	↑	↑	↑	↑	↑	↑	↑	↑	↑	↑	↑	↑	↑

[비고]
↓ = 화살표 아래쪽의 최초의 샘플링 방식을 사용한다. 시료의 크기가 로트의 크기 이상으로 되면 전수검사한다.
↑ = 화살표 위쪽의 최초의 샘플링 방식을 사용한다.
Ac = 합격 판정개수
Re = 불합격 판정개수

〈부표 2-C〉 수월한 검사의 1회 샘플링 방식(주 샘플링표)

시료의 문자	시료의 크기	합격품질수준(AQL), 부적합품 퍼센트 및 1000아이템당 부적합수																																																				
		0.010		0.015		0.025		0.040		0.065		0.10		0.15		0.25		0.40		0.65		1.0		1.5		2.5		4.0		6.5		10		15		25		40		65		100		150		250		400		650		1,000	
		Ac	Re	Ac	Re	Ac	Re	Ac	Re	Ac	Re	Ac	Re	Ac	Re	Ac	Re	Ac	Re	Ac	Re	Ac	Re	Ac	Re	Ac	Re	Ac	Re	Ac	Re	Ac	Re	Ac	Re	Ac	Re	Ac	Re	Ac	Re	Ac	Re	Ac	Re	Ac	Re	Ac	Re	Ac	Re	Ac	Re
A	2	↓																											0	1					1	2	2	3	3	4	5	6	7	8	10	11	14	15	21	22	30	31
B	3																											0	1	←					1	2	2	3	3	4	5	6	7	8	10	11	14	15	21	22	30	31
C	5																									0	1	←						1	2	2	3	3	4	4	5	6	7	8	9	10	11	14	15	21	22	↑	
D	8																					0	1	←						1	2	2	3	3	4	4	5	6	7	8	9	10	11	14	15	21	22	↑			
E	13																			0	1	←						1	2	2	3	3	4	4	5	6	7	8	9	10	11	14	15	21	22	↑					
F	20																	0	1	←						1	2	2	3	3	4	4	5	6	7	8	9	10	11	14	15	21	22	↑							
G	32															0	1	←						1	2	2	3	3	4	4	5	6	7	8	9	10	11	↑													
H	50													0	1	←						1	2	2	3	3	4	4	5	6	7	8	9	10	11	↑															
J	80											0	1	←						1	2	2	3	3	4	4	5	6	7	8	9	10	11	↑																	
K	125									0	1	←						1	2	2	3	3	4	4	5	6	7	8	9	10	11	↑																			
L	200							0	1	←						1	2	2	3	3	4	4	5	6	7	8	9	10	11	↑																					
M	315					0	1	←						1	2	2	3	3	4	4	5	6	7	8	9	10	11	↑																							
N	500	0	1	←						1	2	2	3	3	4	4	5	6	7	8	9	10	11	↑																												
P	800	0	1	←				1	2	2	3	3	4	4	5	6	7	8	9	10	11	↑																														
Q	1,250	0	1	←	1	2	2	3	3	4	4	5	6	7	8	9	10	11	↑																																	
R	2,000			1	2	2	3	3	4	4	5	6	7	8	9	10	11	↑																																			

[비고]
↓ =화살표 아래쪽의 최초의 샘플링 방식을 사용한다. 검의 샘플 크기가 로트 크기 이상이면 전수 검사한다.
↑ =화살표 위쪽의 최초의 샘플링 방식을 사용한다.
Ac =합격 판정개수
Re =불합격 판정개수

〈부표 3−A〉 보통검사의 2회 〈샘플링 방식(주 샘플링표)〉

합격품질수준(AQL) 보통검사

시료의 문자	시료	시료의 크기	시료의 누계
A		(시료크기)	
B	제1	2	2
	제2	2	4
C	제1	3	3
	제2	3	6
D	제1	5	5
	제2	5	10
E	제1	8	8
	제2	8	16
F	제1	13	13
	제2	13	26
G	제1	20	20
	제2	20	40
H	제1	32	32
	제2	32	64
J	제1	50	50
	제2	50	100
K	제1	80	80
	제2	80	160
L	제1	125	125
	제2	125	250
M	제1	200	200
	제2	200	400
N	제1	315	315
	제2	315	630
P	제1	500	500
	제2	500	1,000
Q	제1	800	800
	제2	800	1,600
R	제1	1,250	1,250
	제2	1,250	2,500

AQL 열 (각 열은 Ac · Re) : 0.010 0.015 0.025 0.040 0.055 0.10 0.15 0.25 0.40 0.65 1.0 1.5 2.5 4.0 6.5 10 15 25 40 65 100 150 250 400 650 1,000

각 시료문자 행에는 제1·제2 시료의 Ac Re 값이 대각선 형태로 배열되어 있으며, 표준 진행 값은 다음과 같다(제1 / 제2):

0 2 / 1 2, 0 3 / 3 4, 1 3 / 4 5, 2 5 / 6 7, 3 6 / 9 10, 5 9 / 12 13, 7 11 / 18 19, 11 16 / 26 27, 17 22 / 37 38, 25 31 / 56 57*

빈 칸에는 ← 또는 → 화살표로 인접 방식을 사용하도록 표시되어 있고, * 표시가 있는 칸이 있다.

대응하는 1회 샘플링 방식을 사용한다. (또는 만일 가능하면, 그것 대신으로 아래쪽의 2회 샘플링 방식을 사용한다.

〈부표 4-A〉 보통 검사의 다회 샘플링 방식용 샘플링표

샘플문자	샘플	샘플크기	누계샘플크기	합격품질수준(AQL), 부적합품 퍼센트 및 100아이템당 부적합수																								
				0.010 Ac Re	0.015 Ac Re	0.025 Ac Re	0.040 Ac Re	0.055 Ac Re	0.10 Ac Re	0.15 Ac Re	0.25 Ac Re	0.40 Ac Re	0.65 Ac Re	1.0 Ac Re	1.5 Ac Re	2.5 Ac Re	4.0 Ac Re	6.5 Ac Re	10 Ac Re	15 Ac Re	25 Ac Re	40 Ac Re	65 Ac Re	100 Ac Re	150 Ac Re	250 Ac Re	400 Ac Re	650 Ac Re	1,000 Ac Re
A																													*
B																										++	++	++
C																		++	++	++	++	++	++	++	++	++	++	++

〔비고〕
↓ = 화살표 아래쪽의 최초의 샘플링 방식을 사용한다. 만약 샘플 크기가 로트 크기 이상이면 전수 검사한다.
↑ = 화살표 위쪽의 최초의 샘플링 방식을 사용한다.
Ac = 합격 판정개수
Re = 불합격 판정개수
* = 대응하는 1회 샘플링 방식을 사용한다(만약 샘플을 사용할 수 있다면 아래의 2회 샘플링 방식을 사용해도 좋다.)
++ = 대응하는 2회 샘플링 방식을 사용한다(만약 샘플을 사용할 수 있다면 아래의 다회 샘플링 방식을 사용해도 좋다.)
\# = 이 샘플 크기에서는 합격의 판정을 할 수 없다.

데이터부(샘플문자 D~G, 제1~제5 단계)

D (샘플크기 2, 누계 2·4·6·8·10)
제1: # 2 · 제2: 0 3 · 제3: 0 3 · 제4: 1 4 · 제5: 2 4 …
(AQL 25: 0 4 / 40: 0 5 / 65: 1 7 / 100: 2 9 / 150: 4 12 / 250: 6 18)

E (샘플크기 3, 누계 3·6·9·12·15)
제1: # 2 · 제2: 0 3 · 제3: 0 3 · 제4: 1 4 · 제5: 2 5
(AQL 25: 0 5 / 40: 1 6 / 65: 3 8 / 100: 6 10 / 150: 8 13 / 250: 11 17 / 19 19)

F (샘플크기 5, 누계 5·10·15·20·25)
제1: # 2 · 제2: 0 3 · 제3: 0 3 · 제4: 1 4 · 제5: 2 5
(AQL 25: 0 4 / 40: 1 6 / 65: 3 8 / 100: 5 9 / 6 7 / 150: 6 7)

G (샘플크기 8, 누계 8·16·24·32·40)
제1: # 2 · 제2: 0 3 · 제3: 1 4 · 제4: 2 5 · 제5: 4 5
(AQL 100: 1 7 / 2 9 / 4 10 / 7 13 / 150: 13 19 / 20 25 / 26 26 / 27 / 250: 4 12 / 6 18 / 11 17 / 19 27 / 28 / 29 / 400: 6 18 / 17 / 27 / 29 / 38 / 40 / 48 / 56 / 57)

〈부표 11-A〉 보통 검사의 1회 샘플링 방식(보조적 주 샘플링표)

합격품질수준(AQL), 부적합품 퍼센트 및 1000아이템당 부적합수 / 합격판정개수

각 AQL 칸의 값은 「Ac Re」(합격판정개수 불합격판정개수)를 나타낸다.

샘플 문자	샘플 크기	0.010	0.015	0.025	0.040	0.065	0.10	0.15	0.25	0.40	0.65	1.0	1.5	2.5	4.0	6.5	10	15	25	40	65	100	150	250	400	650	1,000
A	2	↓	↓	↓	↓	↓	↓	↓	↓	↓	↓	↓	↓	↓	↓	0 1	1/3	1/2	1 2	2 3	3 4	5 6	7 8	10 11	14 15	21 22	30 31
B	3	↓	↓	↓	↓	↓	↓	↓	↓	↓	↓	↓	↓	↓	0 1	1/3	1/2	1 2	2 3	3 4	5 6	7 8	10 11	14 15	21 22	30 31	44 45
C	5	↓	↓	↓	↓	↓	↓	↓	↓	↓	↓	↓	↓	0 1	1/3	1/2	1 2	2 3	3 4	5 6	7 8	10 11	14 15	21 22	30 31	44 45	↑
D	8	↓	↓	↓	↓	↓	↓	↓	↓	↓	↓	↓	0 1	1/3	1/2	1 2	2 3	3 4	5 6	7 8	10 11	14 15	21 22	30 31	44 45	↑	↑
E	13	↓	↓	↓	↓	↓	↓	↓	↓	↓	↓	0 1	1/3	1/2	1 2	2 3	3 4	5 6	7 8	10 11	14 15	21 22	30 31	44 45	↑	↑	↑
F	20	↓	↓	↓	↓	↓	↓	↓	↓	↓	0 1	1/3	1/2	1 2	2 3	3 4	5 6	7 8	10 11	14 15	21 22	30 31	44 45	↑	↑	↑	↑
G	32	↓	↓	↓	↓	↓	↓	↓	↓	0 1	1/3	1/2	1 2	2 3	3 4	5 6	7 8	10 11	14 15	21 22	30 31	44 45	↑	↑	↑	↑	↑
H	50	↓	↓	↓	↓	↓	↓	↓	0 1	1/3	1/2	1 2	2 3	3 4	5 6	7 8	10 11	14 15	21 22	30 31	44 45	↑	↑	↑	↑	↑	↑
J	80	↓	↓	↓	↓	↓	↓	0 1	1/3	1/2	1 2	2 3	3 4	5 6	7 8	10 11	14 15	21 22	30 31	44 45	↑	↑	↑	↑	↑	↑	↑
K	125	↓	↓	↓	↓	↓	0 1	1/3	1/2	1 2	2 3	3 4	5 6	7 8	10 11	14 15	21 22	30 31	44 45	↑	↑	↑	↑	↑	↑	↑	↑
L	200	↓	↓	↓	↓	0 1	1/3	1/2	1 2	2 3	3 4	5 6	7 8	10 11	14 15	21 22	30 31	44 45	↑	↑	↑	↑	↑	↑	↑	↑	↑
M	315	↓	↓	↓	0 1	1/3	1/2	1 2	2 3	3 4	5 6	7 8	10 11	14 15	21 22	30 31	44 45	↑	↑	↑	↑	↑	↑	↑	↑	↑	↑
N	500	↓	↓	0 1	1/3	1/2	1 2	2 3	3 4	5 6	7 8	10 11	14 15	21 22	30 31	44 45	↑	↑	↑	↑	↑	↑	↑	↑	↑	↑	↑
P	800	↓	0 1	1/3	1/2	1 2	2 3	3 4	5 6	7 8	10 11	14 15	21 22	30 31	44 45	↑	↑	↑	↑	↑	↑	↑	↑	↑	↑	↑	↑
Q	1,250	0 1	1/3	1/2	1 2	2 3	3 4	5 6	7 8	10 11	14 15	21 22	30 31	44 45	↑	↑	↑	↑	↑	↑	↑	↑	↑	↑	↑	↑	↑
R	2,000	1/3	1/2	1 2	2 3	3 4	5 6	7 8	10 11	14 15	21 22	30 31	44 45	↑	↑	↑	↑	↑	↑	↑	↑	↑	↑	↑	↑	↑	↑

[비고]
↓ = 화살표 아래쪽의 최초의 샘플링 방식을 사용한다. 만약 샘플 크기가 로트 크기 이상이면 전수 검사한다.
↑ = 화살표 위쪽의 최초의 샘플링 방식을 사용한다.
Ac = 합격 판정개수
Re = 불합격 판정개수

16. LQ 지표형 샘플링 방식(KS A ISO 2859-2)

〈부표 A〉한계 품질(LQ)을 지표로 하는 1회 샘플링 박식(절차 A, 주 샘플링표)

로트 크기		한계 품질(LQ)(부적합품 퍼센트)									
		0.50	0.80	1.25	2.0	3.15	5.0	8.0	12.5	20.0	31.5
16~25	n	*	*	*	*	*	*	17(¹)	13	9	6
	Ac							0	0	0	0
26~50	n	*	*	*	*	*	28(¹)	22	15	10	6
	Ac						0	0	0	0	0
51~90	n	*	*	*	50	44	34	24	16	10	8
	Ac				0	0	0	0	0	0	0
91~150	n	*	*	90	80	55	38	26	18	13	13
	Ac			0	0	0	0	0	0	0	12
151~280	n	200(¹)	170(¹)	130	95	65	42	28	20	20	13
	Ac	0	0	0	0	0	0	0	0	1	1
281~500	n	280	220	155	105	80	50	32	32	20	20
	Ac	0		0	0	0	0	0	1	1	3
501~1,200	n	380	255	170	125	125	80	50	32	32	32
	Ac	0	0	0	0	1	1	1	1	3	5
1,201~3,200	n	430	280	200	200	125	125	80	50	50	50
	Ac	0	0	0	1	1	3	3	3	5	10
3,201~10,000	n	450	315	315	200	200	200	125	80	80	80
	Ac	0	0	1	1	3	5	5	5	10	18
10,001~35,000	n	500	500	315	315	315	315	200	125	125	80
	Ac	0	1	1	3	5	10	10	10	18	18
35,001~150,000	n	800	500	500	500	500	500	315	200	125	80
	Ac	1	1	3	5	10	18	18	18	18	18
150,001~500,000	n	800	800	800	800	800	500	315	200	125	80
	Ac	1	3	5	10	18	18	18	18	18	18
500,001 이상	n	1250	1250	1250	1250	800	500	315	200	125	80
	Ac	3	5	10	18	18	18	18	18	18	18

주(¹) 만약 샘플 크기가 로트 크기 이상이면 전수 검사한다.
[비고] * 전수 검사하는(한계 품질은 로트 중 부적합품 개수가 1미만인 것을 의미하거나 또는 적용할 수 있는 샘플링 방식이 없다.)

〈부표 B6〉 한계 품질 5.00%에 대한 1회 샘플링 방식(절차 B, 주 샘플링 표)

검사 수준에 대한 로트 크기					KS A ISO 2859 - 1의 1회 샘플링 방식 (보통 검사)				합격 확률(%) 특정값에 대응하는 공정 품질의 값(1)(부적합품 퍼센트)					각 검사 수준에 대한 한계 품질(LQ)에서의 소비자 위험(β_{LQ})의 최대값(2)		
S-1~S-3	S-4	I	II	III	샘플 문자	AQL	n	Ac	95.0	90.0	50.0	10.0	5.0	S-1~I	II	III
81(3) 이상	81(3)~500,000	81(3)~10,001	81(3)~1,200	81(3)~500	J	0.65	80	1	0.446	0.667	2.09	4.78	5.79	8.6	7.9	6.9
	500,001 이상	10,001~35,000	1,201~3,200	501~1,200	K	1.00	125	3	1.10	1.40	2.93	5.27	6.09	12.4	11.9	11.0
		35,001~150,000	3,201~10,000	1,201~3,200	L	1.00	200	5	1.31	1.58	2.83	4.59	5.18	6.2	6.2	5.7
		150,001 이상	10,001 이상	3,201 이상	M	1.50	315	10	1.97	2.24	3.38	4.85	5.33	8.1	8.1	8.1

주 (1) 공정 품질이 값은 이항 분포에 기초한다.
(2) 초기하 분포에 의한 소비자 위험이 정확한 값은 로트 크기에 따라서 바뀐다. 여기서는 각 검사 수준의 최대값을 부여한다.
(3) 81 미만의 로트에 대해서는 전수 검사한다.

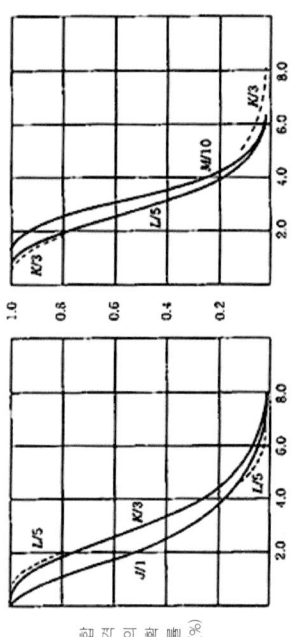

<OC 곡선>

(OC 곡선은 1회 샘플링 방식에 대한 것이다. 샘플 문자 및 Ac로 식별한다.)

17. 스킵로드 샘플링 방식(KS A ISO 2859 - 3)

〈표 1〉 스킵로트 검사적용을 위한 최소 누계 샘플 크기

부적합품수 또는 부적합수	합격 품질 수준(AQL), (부적합품 퍼센트(1) 또는 100단위당 부적합수)												
	0.1	0.15	0.25	0.4	0.65	1	1.5	2.5	4	6.5	10	15	25
	최소 누계 샘플 크기												
0	2,660	1,740	1,040	650	400	260	174	104	65	40	26	17	10
1	4,250	2,840	1,700	1,070	654	425	284	170	107	65	43	28	17
2	5,740	3,830	2,300	1,440	883	574	383	230	144	88	57	38	23
3	7,140	4,760	2,860	1,790	1,098	714	476	286	179	110	71	48	29
4	8,490	5,660	3,400	2,120	1,306	849	566	340	212	131	85	57	34
5	9,800	6,530	3,920	2,450	1,508	980	653	392	245	151	98	65	39
6	11,090	7,390	4,440	2,770	1,706	1,109	739	444	277	171	111	74	44
7	12,360	8,240	4,940	3,090	1,902	1,236	824	494	309	190	124	82	49
8	13,610	9,070	5,440	3,400	2,094	1,361	907	544	340	209	136	91	54
9	14,850	9,900	5,940	3,710	2,285	1,485	990	594	371	229	149	99	59
10	16,080	10,720	6,430	4,020	2,474	1,608	1,072	643	402	247	161	107	64
11	17,290	11,530	6,920	4,320	2,660	1,729	1,153	692	432	266	173	115	69
12	18,500	12,330	7,400	4,630	2,846	1,850	1,233	740	463	285	185	123	74
13	19,700	13,130	7,880	4,930	3,031	1,970	1,313	788	493	303	197	131	79
14	20,890	13,930	8,360	5,220	3,214	2,089	1393	836	522	321	209	139	84
15	22,080	14,720	8,830	5,520	3,397	2,208	1,472	883	552	340	221	147	88
16	23,260	15,500	9,300	5,820	3,578	2,326	1,550	930	582	358	233	155	93
17	24,430	16,290	9,770	6,110	3,758	2,443	1,629	977	611	376	244	163	98
18	25,600	17,070	10,240	6,400	3,938	2,560	1,707	1,024	640	394	256	171	102
19	26,760	17,840	10,700	6,690	4,117	2,676	1,784	1,070	669	412	268	178	107
20	27,930	18,620	11,170	6,980	4,297	2,793	1,864	1,117	698	430	279	186	112
$n^{(2)}$	1,170	780	470	290	180	117	78	47	29	18	12	8	5

수 (1) 부적합품 퍼센트는 10 이하의 **AQL**에 적합하다.

(2) 각각의 추가 부적합품수 또는 부직합수는 **20**의 최소 샘블 크기에 n을 더한다.

예를 들면, **AQL**이 **1%**이고 **22**의 부적합품수 또는 부적합수가 발견되었을 때, 최소 누계 샘플 크기는 다음에 의하여 구해진다.

(2×117)+2793=3027

〈표 2〉 스킵 로트 검사의 개시, 계속, 재개를 위한 합격 판정수

샘플 크기	합격 품질 수준(AQL)([1]), [부적합품 퍼센트([2]) 또는 100단위당 부적합]												
	0.1	0.15	0.25	0.4	0.65	1	1.5	2.5	4	6.5	10	15	25
	합격 관정수												
2								→	→	0	→	0	1
3							→	→	0	→	0	1	1
5						→	→	0	→	0	1	1	2
8					→	→	0	→	0	1	1	2	3
13				→	→	0	→	0	1	1	2	3	5
20			→	→	0	→	0	1	1	2	3	5	7
32		→	→	0	→	0	1	1	2	3	5	7	11
50	→	→	0	→	0	1	1	2	3	5	7	11	17
80	→	0	→	0	1	1	2	3	5	7	11	17	
125	0	→	0	1	1	2	3	5	7	11	17		
200	→	0	1	1	2	3	5	7	11	17			
315	0	1	1	2	3	5	7	11	17				
500	1	1	2	3	5	7	11	17					
800	1	2	3	5	7	11	17						
1250	2	3	5	7	11	17							
2000	3	5	7	11	17								

주 **(1)** 엄격하지 않은 검사에 의하여 화살표 표시한 **Ac=0**을 나타낸다.
　(2) 부적합품 퍼센트 **10** 이하의 AQL에 적용한다.
　　[비고] 이 스킵 로트 합격 판정수는 **ISO 2859‒1**에 주어진 각각의 로트에 대한 합부 판정 기준과 혼동해서는 안 된다.

18. 계수규준형 2회 샘플링 검사

〈표 1〉 $\dfrac{p_1}{p_0}$ 의 비로부터 2회 샘플링검사를 설계하는 표($n_2 = 2n_1$, $a = 0.05$, $\beta = 0.10$)

검사방식 번 호	$\dfrac{p_1}{p_0}$	합격판정개수		$n_1 p$의 값			$L(p) = 0.95$가 되는 점에서의 $\dfrac{\text{ASN}}{n_1}$ 의 근사치
		c_1	c_2	$L(p) = 0.95$	$L(p) = 0.50$	$L(p) = 0.10$	
1	14.50	0	1	0.16	0.84	2.32	1.273
2	8.07	0	2	0.30	1.07	2.42	1.511
3	6.48	1	3	0.60	1.80	3.89	1.238
4	5.39	0	3	0.49	1.35	2.64	1.771
5	5.09	1	4	0.77	1.97	3.92	1.359
6	4.31	0	4	0.68	1.64	2.93	1.985
7	4.19	1	5	0.96	2.18	4.02	1.498
8	3.60	1	6	1.16	2.44	4.17	1.646
9	3.26	2	8	1.68	3.28	5.47	1.476
10	2.96	3	10	2.27	4.13	6.72	1.388
11	2.77	3	11	2.46	4.36	6.82	1.468
12	2.62	4	13	3.07	5.21	8.05	1.394
13	2.46	4	14	3.29	5.40	8.11	1.472
14	2.21	3	15	3.41	5.40	7.55	1.888
15	1.97	4	20	4.75	7.02	9.35	2.029
16	1.74	6	30	7.45	10.31	12.96	2.230

〈표 2〉 $\dfrac{p_1}{p_0}$ 의 비로부터 2회 샘플링검사를 설계하는 표($n_2 = 2n_1$, $a = 0.05$, $\beta = 0.10$)

검사방식 번 호	$\dfrac{p_1}{p_0}$	합격판정개수		$n_1 p$의 값			$L(p) = 0.95$가 되는 점에서의 $\dfrac{\text{ASN}}{n_1}$ 의 근사치
		c_1	c_2	$L(p) = 0.95$	$L(p) = 0.50$	$L(p) = 0.10$	
1	11.90	0	1	0.21	1.00	2.50	1.170
2	7.54	1	2	0.52	1.82	3.92	1.081
3	6.79	0	2	0.43	1.42	2.96	1.340
4	5.39	1	3	0.76	2.11	4.11	1.169
5	4.65	2	4	1.16	2.90	5.39	1.105
6	4.25	1	4	1.04	2.50	4.42	1.274
7	3.88	2	5	1.43	3.20	5.55	1.170
8	3.63	3	6	1.87	3.98	6.78	1.117
9	3.38	2	6	1.72	3.56	5.82	1.248
10	3.21	3	7	2.15	4.27	6.91	1.173
11	3.09	4	8	2.62	5.02	8.10	1.124
12	2.85	4	9	2.90	5.33	8.26	1.167
13	2.60	5	11	3.68	6.40	9.56	1.166
14	2.44	5	12	4.00	6.73	9.77	1.215
15	2.32	5	13	4.35	7.06	10.08	1.271
16	2.22	5	14	4.70	7.52	10.45	1.331
17	2.12	5	16	5.19	8.40	11.41	1.452

19. MTBF(지수분포) 구간 추정의 계수 표(정시중단)

고장수 r	60%		80%		90%		95%	
	상	하	상	하	상	하	상	하
1	4.481	0.334	0.491	0.257	19.496	0.211	39.498	0.179
2	2.426	.467	3.761	.376	5.630	.318	8.262	.277
3	1.954	.544	2.722	.449	3.669	.387	4.849	.342
4	1.742	.595	2.293	.500	2.928	.437	3.670	.391
5	1.618	.632	2.055	.539	2.538	.476	3.080	.429
6	1.537	.661	1.904	.570	2.296	.507	2.725	.459
7	1.479	.684	1.797	.595	2.131	.532	2.487	.485
8	1.435	.703	1.718	.616	2.010	.554	2.316	.508
9	1.400	.719	1.657	.634	1.917	.573	2.187	.527
10	1.372	.733	1.607	.649	1.843	.590	2.085	.544
11	1.349	.744	1.567	.663	1.783	.604	0.003	.559
12	1.329	.755	1.533	.675	1.733	.617	1.935	.572
13	1.312	.764	1.504	.686	1.691	.629	1.878	.585
14	1.297	.772	1.478	.696	1.654	.640	1.829	.596
15	1.284	.780	1.456	.704	1.622	.649	1.787	.606
16	1.272	.787	1.437	.713	1.594	.658	1.750	.616
17	1.262	.793	1.419	.720	1.569	.667	1.717	.625
18	1.253	.799	1.404	.727	1.547	.674	1.687	.633
19	1.244	.804	1.390	.734	1.527	.682	1.661	.640
20	1.237	.809	1.377	.740	1.509	.688	1.637	.647
21	1.230	.813	1.365	.745	1.492	.694	1.615	.654
22	1.223	.818	1.354	.750	1.477	.700	1.596	.660
23	1.217	.822	1.344	.755	1.463	.706	1.578	.666
24	1.211	.825	1.355	.760	1.450	.711	1.561	.672
25	1.206	.829	1.327	.764	1.438	.716	1.545	.677
26	1.201	.832	1.319	.768	1.427	.721	1.531	.682
27	1.197	.835	1.311	.772	1.417	.725	1.517	.687
28	1.193	.838	1.304	.776	1.407	.729	1.505	.692
29	1.189	.841	0.298	.780	1.398	.733	1.493	.696
30	1.185	.844	1.291	.783	1.389	.737	1.482	.700
40	1.156	.865	1.245	.810	1.325	.768	1.400	.734
50	1.137	.879	1.214	.829	1.283	.790	1.347	.759
60	1.124	.839	1.193	.843	1.254	.807	1.370	.777
70	1.113	0.898	1.176	.854	1.232	.820	1.283	.791
80	1.105	.904	1.163	.863	1.214	.830	1.261	.803
90	1.098	.910	1.153	.870	1.200	.839	1.244	.814
100	1.093	.915	1.144	.877	1.189	.847	1.229	.822

(주) 상하한을 구하기 위해 **MTBF**에 곱해야 할 계수는

$$\left(\frac{2r}{x^2(2r,\ 1-\alpha/2)} \cdot \frac{2r}{x^2(2(r+1),\ \alpha/2)} \right) 로 히여 산출$$

20. MTBF(지수분포) 구간 추정의 계수 표(정수중단)

고장수 r	60%		80%		90%		95%	
	상	하	상	하	상	하	상	하
1	4.481	0.621	0.491	0.434	19.496	0.334	39.498	0.271
2	2.426	.668	3.761	.514	5.630	.422	8.262	.359
3	1.954	.701	2.722	.564	3.669	.477	4.849	.415
4	1.742	.725	2.293	.599	2.928	.516	3.670	.456
5	1.618	.744	2.055	.626	2.538	.546	3.080	.488
6	1.537	.759	1.904	.647	2.296	.571	2.725	.514
7	1.479	.771	1.797	.665	2.131	.591	2.487	.536
8	1.435	.782	1.718	.680	2.010	.608	2.316	.555
9	1.400	.791	1.657	.693	1.917	.623	2.187	.571
10	1.372	.799	1.607	.704	1.843	.637	2.085	.585
11	1.349	.806	1.567	.714	1.783	.649	0.003	.598
12	1.329	.812	1.533	.723	1.733	.659	1.935	.610
13	1.312	.818	1.504	.731	1.691	.669	1.878	.620
14	1.297	.823	1.478	.738	1.654	.677	1.829	.630
15	1.284	.828	1.456	.745	1.622	.685	1.787	.639
16	1.272	.832	1.437	.751	1.594	.693	1.750	.647
17	1.262	.836	1.419	.757	1.569	.700	1.717	.654
18	1.253	.840	1.404	.763	1.547	.706	1.687	.661
19	1.244	.843	1.390	.767	1.527	.712	1.661	.668
20	1.237	.846	1.377	.772	1.509	.717	1.637	.674
21	1.230	.849	1.365	.776	1.492	.723	1.615	.680
22	1.223	.852	1.354	.781	1.477	.728	1.596	.685
23	1.217	.855	1.344	.784	1.463	.732	1.578	.691
24	1.211	.857	1.355	.788	1.450	.737	1.561	.695
25	1.206	.860	1.327	.792	1.438	.741	1.545	.700
26	1.201	.862	1.319	.795	1.427	.745	1.531	.705
27	1.197	.864	1.311	.798	1.417	748	1.517	.709
28	1.193	.866	1.304	.801	1.407	.752	1.505	.713
29	1.189	.868	0.298	.804	1.398	.755	1.493	.717
30	1.185	.870	1.291	.806	1.389	.759	1.482	.720
40	1.156	.885	1.205	.828	1.325	.785	1.400	.750
50	1.137	.896	1.211	.844	1.283	.804	1.347	.772
60	1.124	.904	1.193	.856	1.254	.819	1.310	.785
70	1.113	.910	1.176	.865	1.232	.830	1.283	.802
80	1.105	.915	1.163	.873	1.214	.840	1.261	.813
90	1.098	.920	1.153	.879	1.200	.848	1.244	.822
100	1.093	.923	1.144	.885	1.189	.855	1.229	.830

(주) 상하한을 구하기 위해 **MTBF**에 곱해야 할 계수는

$$\left(\frac{2r}{x^2(2r, \ 1-\alpha/2)} \ \cdot \ \frac{2r}{x^2(2r, \ \alpha/2)} \right) \text{로 하여 산출}$$

이광범
(李光範)

•약력•
- 학력: 금오공과대학교 박사과정
- 자격: 품질관리기술사, 공장관리기술사, 품질명장
- 주요 경력
  現) 한국기술사컨설팅 대표
  現) KSA TPM/생산혁신 수석전문위원
  現) KPC 생산혁신 전문위원
  대우조선㈜ PLANT 생산부 근무(1982~1984)
  삼성중공업㈜ 해양사업부 근무(1985)
  삼성코닝㈜ 설비보전, 개선업무(1985~2006)
  6시그마/TPM/IE 총괄
  www.kpec.co.kr

•저서•
공장관리기술사로 가는 비서(공저)

구자활
(具滋活)

•약력•
- 학력: 금오공과대학교 박사 수료
- 자격: 품질관리기술사, PMP(Project Management Professional)
- 주요 경력
  現) 한국기술사컨설팅 수석컨설턴트
  現) 금오공과대학교 지역산업경영연구소 책임연구원/
    시간강사(2007~현재)
  現) 산업단지공단 구미혁신클러스터 전문위원
  한국전기초자(주) 6시그마경영혁신, 생산보전(2000~2007)
  www.kpec.co.kr

감수

조진형
- 한양대학교 산업공학 박사
- 現) 금오공과대학교 산업시스템공학과 교수
- 한국산업경영시스템학회 회장 역임

오현승
- 미국 Iowa State University 산업공학 석/박사
- 現) 한남대학교 산업경영공학과 교수
- 現) 한남대학교 공과대학장

품질관리
기술사

초판인쇄 | 2009년 3월 5일
초판발행 | 2009년 3월 5일

지은이 | 이광범, 구자활
펴낸이 | 채종준
펴낸곳 | 한국학술정보㈜
주 소 | 경기도 파주시 교하읍 문발리 513-5 파주출판문화정보산업단지
전 화 | 031) 908-3181(대표)
팩 스 | 031) 908-3189
홈페이지 | http://www.kstudy.com
E-mail | 출판사업부 publish@kstudy.com

등 록 |
가 격 | 37,000원

ISBN   978-89-534-1328-3 13320 (Paper Book)
         978-89-534-1329-0 18320 (e-Book)